中国开发区实践与思考

（第 2 版）

王一鸣 著

中国商务出版社

·北京·

图书在版编目（CIP）数据

中国开发区实践与思考／王一鸣著. -- 2 版.
北京：中国商务出版社，2025.3. -- ISBN 978-7-5103-
5616-2

Ⅰ. F127.9

中国国家版本馆 CIP 数据核字第 2025B76X76 号

中国开发区实践与思考（第 2 版）

王一鸣　著

出版发行：中国商务出版社有限公司
地　　址：北京市东城区安定门外大街东后巷 28 号　邮　　编：100710
网　　址：http://www.cctpress.com
联系电话：010—64515150（发行部）　　010—64212247（总编室）
　　　　　010—64515164（事业部）　　010—64248236（印制部）
责任编辑：云　天
排　　版：北京天逸合文化有限公司
印　　刷：宝蕾元仁浩（天津）印刷有限公司
开　　本：710 毫米×1000 毫米　1/16
印　　张：21　　　　　　　　　　字　　数：301 千字
版　　次：2025 年 3 月第 2 版　　印　　次：2025 年 3 月第 1 次印刷
书　　号：ISBN 978-7-5103-5616-2
定　　价：98.00 元

第二版前言

本书第一版出版于 2016 年，至今已有 8 年。2024 年又值第一批国家级开发区成立 40 周年，因此就有了出版第二版的想法。

就开发区工作来说，当下最大的变化，或者说开发区面临的最新要求，就是加快构建"双循环"新格局，实现高质量发展。开发区作为对外开放的窗口，在构建"双循环"的新发展阶段，其重要性何在？习近平总书记在 2020 年 4 月第十九届中央财经委员会第七次会议上提出"构建以国内大循环为主体、国内国际双循环相互促进的新发展格局"。构建新发展格局的关键在于经济循环的畅通无阻——经济活动需要各种生产要素的组合在生产、分配、流通、消费各个环节有机衔接，从而实现循环流转。目前许多媒体报道和论坛讨论，多以扩大内需为题，强调"内"和"需"时，自然而然地强调了商品和消费品的"需"，却有意无意地忽略了生产要素的"内外之循环"。笔者认为"双循环"最重要的是生产要素的大循环，而开发区作为生产要素流动的窗口和营商环境的标杆，应该成为"双循环"的战略支点。以自己的开拓性和开创性发展，来撬动、带动、推动"双循环"新格局的建立。开发区又站上了新的起点，开发区该如何发展？正是本书再版的重要出发点。

本次修订的重点是第一篇和第四篇。第一篇主要是增加了近几年各地开发区的实践和笔者的跟踪思考。第四篇用"国企改革和市场经济"代替原来的"管理的原则和职能"。主要是考虑现在各地将"管委会+公司"制作为政策的顶层设计，新增加一篇专门讨论国企改革与市场经济，而替换原来的管理的职能和原则。

　　笔者这几年多有与各地开发区交流的机会，深切地感受到，从事开发区的工作和研究，首先要有产业的观点和市场的观点，或者说产业化和市场化的意识是开发区工作的底层逻辑和基本素养。同时也有感于近年来新能源革命的兴起，特将笔者近年写的《不妨重新认识技术革命》的小文列于下，亦为序。

不妨重新认识技术革命

　　说到技术革命，想必大家都是耳熟能详。目前流行最广的观点，就是18世纪中叶以来，至今将近300年，世界已经发生了四次技术革命。分别是：18世纪中叶发生在英国，以蒸汽机为代表的第一次技术革命。19世纪后期肇始于法（国）德（国），成熟于美国，以内燃机和电力为代表的第二次技术革命。20世纪后期发生于美国，以电子计算机为代表的第三次技术革命。现在正在进行的第四次技术革命，则以互联网和人工智能为代表。上述观点，流行已久，虽然偶见争议，但也是波澜不惊。不仅屡屡见诸媒体报端，而且也凿凿记录在辞海典籍。但笔者不以为然久已。

　　笔者以为，上述观点只是源于对过往经验的总结，缺乏学理依据，充其量也就是约定俗成而已。再说虽有时间先后排序，但在内容梳理上失之全面深刻，对于未来技术发展的指导作用就显得苍白无力。

　　众所周知，技术是改造世界的学问。而技术革命就是技术发展中革命性的突破。自从人类出现于地球，无论是混沌初开的远古，还是文明繁荣的年轮，人类一直都面临着与自然界如何相处的问题。要想适应自然、改造自然、战胜自然，就需要借助技术的力量。不难想象，人与自然相处的过程当中，首先碰到的一定是自身的力量不够，继而也会发现可以借用的材料有限，还会意识到获取信息和处理信息的办法欠缺。有道是"工欲善其事必先利其器"。与之对应，也就有了动力技术革命、材料技术革命和信息技术革命。我们为"技术"立传扬名，让"革命"远播四方。就不妨以学科为"纬"，以时序为"经"。先按内容铺陈，再依进展排列，也就是按照既有"横向"内容，又有"纵向"进展的办法来梳理技术革命。照此观点，我们就可以将已经发生的四次技术革命重新划分如下：蒸汽机和电力都是弥补人的力量不足，可以称为第一次动力技术革命和第二次动力技术革命。前文中第三次和第四次技术革命处于人与自然关系当中，关于如何获取和处理信息，可以界定为第一次信息技术革命和第二次信息技术革命。此外，历史上发现或发展出的钢铁和有机化工材料可以称为材料技术革命。目前正在展开的分子生物学和基因工程可以归纳为生物技术革命。这样的分类和划分，好处何在？作用又有几多？笔者以为至少有二：一方面，从技术的本质来认识技术革命——既拥抱技术崇尚革命，又环境友好顺应自然。另一方面，将技术实践引向深入——有助于厘清科学发现、技术发明和产业发展三者之间的相互关系。让技术架起科学与产业的桥梁，如果说科学总会丰富人类的思想，那么技术就应该面向广阔的市场。这一点在当下之中国——既受惠于历史传统，又企盼着现代文明的国家就显得更加重要。限于篇幅，以下重点讨论动力技术革命，其他三个技术革命另文再议。

关于动力技术革命，亦可称为能源技术革命。毫无疑问，这是所有技术革命当中最为重要的，也是最为基础的。人类如何获得更大的力量和能量——这一定是一个与生俱来又要相伴永远的问题。要打猎、要捕鱼，或农耕、或游牧，即使时至今日，希望环游世界，或仰望星辰大海，都需要更大的力量或动力。以前借用水力畜力，当然扩大了力量，也应用了技术。但这些技术都没有产生革命性的变革。而蒸汽机的诞生和电气化的成熟，就技术来说，就有了革命性的变化，当然也使人类改造自然的力量表现出突破性的飞跃。因此当之无愧地成就了动力技术革命，再按先后次序，就可将流行观点中的第一次和第二次技术革命称之为第一次动力技术革命和第二次动力技术革命。历史已经证明，这两次动力技术革命使人类驾驭自然的能力变得空前强大。

古往今来，人类的梦想不会停顿，技术的发展也永无止境。当下以绿色能源为代表的新能源革命，已经初露端倪，寄托着人类获取更大动力的梦想。新能源的"源网荷储"以及各种新技术新标准，乃至于管理运行的新方式都将应运而生，也必将迎来革命性的变革，或许就可以称之为第三次动力技术革命。循迹更深入的研究，还可以发现英国和美国先后执第一次和第二次动力技术革命的牛耳，从而登上了世界强国的地位。在以新能源为代表的第三次动力技术革命当中，中国能占得先机吗？能捷足先登吗？能永立潮头吗？诚如所愿，不就是我们重新认识技术革命的意义吗？

作　者

2024 年 3 月

第一版前言

2014 年是国家级经济技术开发区（以下称开发区）建立 30 周年。2016 年是邓小平同志题词"开发区大有希望"30 周年。本书开始于 2014 年，完稿于 2016 年，作为开发区的亲历者，谨以此文纪念之。

开发区是对外开放的窗口，也是经济体制改革的试验田，还是我国产业化、城市化和现代化发展路径的成功模式。30 多年来，国家级开发区从再初的 14 家，发展到今天的 200 多家；开发区以制造业为主的第二产业增加值，2014 年占全国的比重超过 20%；开发区从当年的沧海桑田（第一批开发区都建在沿海地区），发展到今天的新兴城市；更加引人注目的是，随着国家共建"一带一路"倡议的实施，开发区的发展模式已经走向了国外。可以毫不夸张地说，作为改革开放的产物，开发区的事业与经济特区一道，获得了巨大的成功。是中国特色社会主义事业的重要组成部分。与开发区的蓬勃发展和生动实践相比，开发区的理论研究则显得相对落后。笔者结合自己长期在开发区工作的经历，试图在这方面作一些回顾和探索。愿意为本已经丰富多彩的改革开放实践增添一抹亮色，抑或为理论创新的碰撞点燃一星火花。

开发区的本质是从产业开发到产业集聚，再到产城融合。以产业化推动城市化、又以城市化引领产业化正是开发区在国家现代化当中的发展定位和历史使命。当前，我国的经济发展已经进入了新常态，不难理解，产业化作为现代化的必经之路，产业的结构调整和转型升级既是适应新常态和引领新常态的基础抓手，也是创新发展尤其是技术创新的重要载体，直接关系到创新发展路径的选择和国家现代化的进程。可以肯定地说，开发区的发展方兴未艾，比以往任何时候都更加值得期待。今天开发区已经"三十而立"，如何继续创新管理，让体制机制永远充满生机和活力，是开发区面对的新课题。怎样实现招商引资和创新驱动的有机结合，使发展持续充满强劲的动力，是开发区面临的新任务。开发区是改革开放的第一线，又是公共管理的最基层。笔者已经在第一批国家级开发区——宁波开发区工作了30个年头，先后担任过宁波开发区联合发展有限公司党委副书记、董事兼副总裁和宁波开发区管委会副主任、巡视员，是"中国开发区30人论坛"的成员。从事过企业的工商管理，也从事过区域行政的公共管理。既亲眼看到了开发区沧海桑田般的巨大变化，也对筚路蓝缕的创业艰辛感同身受。只缘身在其中，才能识得真实面目，何不幸哉。由此，本书故名"开发区实践与思考"。诚为读者献上来自最基层的心声和产生于第一线的观察。

在本书的写作过程中，商务部有关司局、浙江省商务厅、中国开发区协会、浙江省开发区协会的领导以及宁波开发区的同事，给予作者许多宝贵的关心、支持和帮助，在此一并表示衷心的感谢。

作　者
2016 年 6 月

目　录

第二篇　项目评价和招商引资

第三篇　创新发展和金融工具

第四篇 国企改革与市场经济

第一篇
开发区发展概况和开发区管理体制

2024 年是国家级经济技术开发区建立 40 周年。本书第一版于 2016 年出版，这次修改再版之际，感到当时写作的出发点，或者说初心仍然对今天有很强的启示，所以当时开篇的原话还是收录于下：

2014 年是国家级经济技术开发区（以下称开发区或经开区）建立 30 周年，也是党的十八届三中全会决定全面深化改革的元年。全面深化改革的主要方向是让市场机制在资源配置当中起决定性作用。开发区是改革开放的产物，虽然诞生于计划经济时代，但一开始就被赋予进行市场化改革的任务。30 年过去了，无论在国家整体环境是计划经济时代，还是 1992 年后，国家逐步进行社会主义市场经济改革，开发区都在经济体制的改革当中充当了改革的先行者，进行了成功的探索和实践。今天的人们对计划经济和市场经济的对比可能没有那么深的切身感受，对于改革的难度和改革的重要性以及改革的必要性，是否会感同身受呢？我们不妨从开发区的快速发展和开发区的体制改革当中找到一些过去的回忆和未来的展望，相信大家有这方面的兴趣。

2014 年也是国家实行共建"一带一路"倡议的元年。共建"一带一路"倡议标志着我国从外向型经济到开放型经济的转变，这既反映出我国经济发展模式的成功和综合国力的变化，也充分说明我们的道路自信、制度自信、理论自信和文化自信。开发区作为对外开放的窗口，一直把自己定位于连接国内国外两个市场和利用国内国外两种资源的纽带和桥梁。30 年来的成功实践，开发区积累了开发、建设和运营管理的许多经验，这是一笔宝贵的、独特的经验与财富。在建设开放型经济的新体制当中，开发区能扮演什么样的新角色？我们不妨从开发区的快速发展和开发区的体制创新当中总结一些经验。想必这是一件有意义的事情。

2014 年还是我们国家实现现代化进程中的重要节点，刚好处于从 20 世纪 70 年代实行改革开放到 21 世纪中叶基本实现现代化的中间时点（年）上。也就是说，往后看，从 1978 年实行改革开放，至今已有 36 年。往前看，从现在开始到实现第二个百年目标，也就是到 21 世纪中叶实现国家的现代化，恰恰也是 36 年。大家知道，实现国家的现代化是中国几代人的愿望,尤其令笔者记忆犹新的是,1975年1月,在全国第四届人民代表大会的第一次会议上,周恩来总理在政府工作报告中明确而坚定地提出要把我国建成"四个现代化"的国家。要知道当时还处于"文化大革命"时期,可以说是百废待兴之时,党和国家仍然初心不变。当时笔者正在农村"上山下乡",听到这样的号召,既令人动容,又使人终生难忘。众所周知,产业化是现代化的必经之路,要想实现现代化,就必须推进产业化。而开发区就是以产业化为突破口,以产业化推动城市化,又以城市化引领产业化,也就是以产业化和城市化良性互动的方式更快更好地走向现代化,可以说开发区承载着现代化的希望。今天在我国实现两个百年目标的新进程当中,开发区又站上了新的起点。我们也不妨从开发区的快速发展和开发区的体制创新当中读到一些有意义的实践和思考。让历史照亮未来,这本身就是事物发展的规律。

总之,现在开发区已经"三十而立",发展成果有目共睹,开发区的建设成就是巨大的,开发区的改革实践更是充满创新的元素。认真研究和总结开发区的发展和开发区的体制,认识开发区的本质和意义,认识开发区的发展阶段和历史使命。从改革的大局当中,也从开放的大势当中,还从现代化建设的大事当中,去发现和提炼有助于进一步加快开发区改革开放、建立开放型经济新体制和推进现代化建设的经验和思考,这正是本书的主题。

当然这次修改再版,也要写几句新的主要感受。笔者这几年仍然关心开发区的发展,除了在浙江大学等地讲课外,也经常去各地开发区学习考察。产生了一些新想法:搞开发区首先要有产业化和市场化的观点;发展是永恒的,发展也是动态的,变与不变是价值观,也是方法论;"管委会+公司制",更确切地说应该是"管委会+公司"制;开发区的发展过程和发展阶段是国家现代化进程的浓缩版,阶段性特点既有机连接,又层层递进。所有这些都将在再版中得到体现。希望能与从事开发区工作和关心开发区事业的人们引起共鸣和讨论。

第一章　开发区发展概况

第一节　开发区的建立和"三要素"

1984 年 1 月，邓小平同志视察了深圳、珠海、厦门经济特区，并为深圳经济特区题词："深圳的发展和经验证明，我们建设经济特区的政策是正确的。"同年 2 月，邓小平同志回到北京后正式提出："除现在的特区之外，可以再开放几个点，增加几个港口城市，这些地方不叫特区，但可以实行特区的某些政策。"根据邓小平同志的指示，1984 年 3 月 26 日至 4 月 6 日，中共中央书记处和国务院在北京召开了"沿海部分城市座谈会"，5 月 4 日，中共中央以中发〔1984〕13 号文批转《沿海部分城市座谈会纪要》，决定进一步开放沿海 14 个港口城市，并在有条件的地方兴办经济技术开发区，实行经济特区的某些政策。仅仅 4 个月后，我国第一个开发区——大连经济技术开发区就获得批准，到 1984 年底，全国获批的开发区达到 10 家。一般将国务院批准的 14 个沿海经济技术开发区（1988 年 8 月前批准，见表一）称为第一批国家级经济技术开发区。

表一　第一批国家级经济技术开发区

开发区名称	批准时间
大连经济技术开发区	1984 年 9 月
宁波经济技术开发区	1984 年 10 月
秦皇岛经济技术开发区	1984 年 10 月
青岛经济技术开发区	1984 年 10 月
烟台经济技术开发区	1984 年 10 月
湛江经济技术开发区	1984 年 11 月
广州经济技术开发区	1984 年 12 月

开发区名称	批准时间
天津经济技术开发区	1984 年 12 月
连云港经济技术开发区	1984 年 12 月
南通经济技术开发区	1984 年 12 月
福州经济技术开发区	1985 年 1 月
闵行经济技术开发区	1986 年 8 月
虹桥经济技术开发区	1986 年 8 月
漕河泾经济技术开发区	1988 年 6 月

既然经济技术开发区是学习深圳等经济特区的经验而设立的，这里有必要回顾一下当初建立经济特区的一些酝酿和决策过程。

1980 年 5 月 16 日，中共中央以中发〔1980〕41 号文件批转《广东、福建两省工作会议纪要》，决定在深圳、珠海、汕头、厦门试办经济特区，同时明确指出：特区采取与内地不同的管理体制和政策，特区主要是实行市场调节。

1980 年 8 月 26 日，第五届全国人民代表大会常务委员会第 15 次会议批准了《广东省经济特区条例》，其中就明确要实行一套适应特区性质和要求的管理体制。

查阅有关资料，可以了解到，在经济特区成立前，曾经有过取名"出口特区"的设想。从"出口特区"到"经济特区"，不仅仅是名称的变化，更是反映出决策者更深层次的思考。其区别与意义至少有：一是定位更高，方向更明确。更能体现出中央经济改革的决心和全方位参与国际经济的雄心，如果仅仅是出口特区，那么作为对外开放窗口的整体效果，恐怕就无从谈起，改革开放的说服力、影响力就会受到局限。二是更加符合经济发展的规律。为今后的产业化、城市化、现代化的发展铺平了道路，展现出更加广阔的前景，如果仅仅是出口特区，就没有其后的深圳等城市的产城融合和创新发展的应有之义。三是改革的要求更高了，改革的步伐更大了。为今后全方位市场经济体制的改革创造了条件。如果仅仅是出口特区，就无法探索社会主义市场经济各方面和全方位的改革。可以说中央的决策本身就是改革开放的实际行动和示范。

开发区建设过程中，许多地方都会自觉地与经济特区对标，尤其是早期建立的开发区，工作中经常会研究学习、借鉴经济特区的许多经验，特别是遇到困难时，都会研究经济特区是如何破解的。即使到今天，经济特区的许多做法，如依据产业基础，鼓励创新发展；如跨区域的"区区合作"和"飞地经济"模式等。

40年过去了，开发区的建设和发展取得了举世瞩目的成就。开发区的发展成就可以从以下几个方面加以梳理总结。

第一，从开发区本身的数量来看。到目前为止，国家一共批准了230家国家级开发区，从当时（1984年第一批）仅分布于沿海部分城市到现在遍及全国31个省、自治区、直辖市以及新疆生产建设兵团。开发区队伍的扩大，本身就是开发区的发展获得认可的最好说明。应该说开发区的建立和壮大顺应了我国改革开放的要求，开发区的成功实践在我国现代化建设中扮演着越来越重要的角色，尤其是开发区的模式已经引起了国际上的广泛关注。

第二，从相关的经济指标来看。开发区从当初的新生事物"小荷才露尖尖角"，到今天各项主要指标占全国的比重超过10%，尤其是以制造业占主体的第二产业，占全国的比重超过20%。开发区一直以来都以发展制造业为突破口和主攻方向，而我国目前已经成为世界制造业大国，开发区从中起到的作用功不可没。特别值得注意的是，根据有关资料介绍，为了强调发展技术，当初为开发区命名时，特意加上"技术"二字，开发区的全称就从"经济开发区"变成"经济技术开发区"。近年来国家级开发区的高新技术进出口的增长速度和占全国的比重，都要高于进出口总额的相应数字。高新技术出口占全国的比重要高于进口的比重。说明国家级开发区作为对外开放的窗口，不仅在国家的经济发展当中扮演着重要的角色，而且"技术"的含量越来越高，正在朝着"经济技术"同步开发协调发展的目标迈进。

第三，从产业化和城市化互动，从而走向现代化的角度来看。许多开发区从当初的海滩荒涂（第一批开发区大多位于沿海地区），到今天的新型产业城市，两者比较，真可谓沧海桑田之巨变。开发区的发展印证了产业集聚和产城融合的现代化发展模式，为如何更快更好地实现现代化发展做出了很有意义的实践探索。

40年前，沿海开放城市的14个国家级开发区，今天发展为遍布全国的200多家，加上省级开发区，那就更多了。而且还引起了全世界的关注，一些来华访问的外国领导人纷纷表示欢迎我们走出去并愿意和我们共同在境外建立开发区。从开发区成为"网红"到能够走出国门，代表的是国家的影响力和品牌效应。正如中央文件所说：实践证明，在邓小平同志亲自倡导下，国家决定举办开发区是一项影响深远的战略决策，也是在探索中国特色社会主义道路上进行的一个伟大实践，还是推进国家现代化建设的一大创举，同时更是世界工业化、城镇化发展史上的一大奇迹。

第四，从经济体制改革的效果看，是用计划手段配置生产要素，还是用市场手段来配置生产要素，也是长期困扰我们的一个大问题。众所周知，搞开发建设，离不开大量的资金投入。这当中既有基础设施投入，又有产业开发投入，还有科技创新投入。改革开放之前，我们主要实行计划经济，经济体制转型以后，如何搞开发建设，如何让市场在配置资源当中起基础性作用和决定性作用。特别是如何让投入产出转入良性循环，走出一条社会主义市场经济条件下搞区域开发、搞产城融合的新路子，这是开发区建立之初面临的主要困难，也是我们搞社会主义市场经济改革面临的重大问题。现在各地开发区，尤其成立时间较长的开发区，已经转入了良性循环，这一点对于今后的可持续发展，包括对于共建"一带一路"倡议，都具有重要的经验启发。

以上只是从开发区本身数量、经济指标比重、产业化现代化路径和经济体制改革等方面，对开发区的发展、作用和影响作出简要的归纳。更多的具体情况和认识将在下文展开。

在了解了开发区的建立和发展概况后，现在来讨论开发区的三要素。

说到开发区，人们往往会关注是经过哪一级机关批准成立的，或者说是国家级开发区还是省级开发区。因为这往往体现出它的发展规模。而并不深究构成开发区的基本要素。笔者认为建立开发区必须具备以下三个要素：一是要有明确的范围界址。二是要有自己的管理机构（或开发运营机构）和不同于其他地区的管理体制。三是开发区也会或多或少地实行某些特殊政策或优惠政策。本文把这三个因素，也就是区域（范围）、体制（管理）和政策（优惠）称为开发区的三个基本要素。换句话说，如果不具备这三个要素，就不能称为开发区，或者说不构成本文讨论的开发区。

开发区的三个基本要素分别是区域、体制和政策，或者说特定的区域、创新的体制和优惠的政策。前文我们提到开发区是学习参照经济特区的经验和模式设立的。有关资料中关于经济特区的定义是这样界定的：经济特区是在一个国家或地区内划出一定的范围，实行特殊的经济体制和经济政策的地区。上述定义明白无误地将区域、体制和政策这三个要素界定出来了。开发区在实践中的体会和认识也正是如此。我们还可以将开发区三个基本要素的功能或作用进一步明确为：

区域——促进产业集聚，提升集约化发展水平。

体制——优化营商环境，提高管理和治理水平。

政策——吸收要素流动，提高投入产出的效率。

下面不妨对这三个基本要素展开具体讨论。

先说说区域。二战以后，各国各地区普遍转入了快速发展的时期，也创造了一些有益的经验，特别是随着经济全球化的发展，国际分工的深化以及科学技术的交叉和外溢作用日益显现。许多地区的发展经验都证明产业集聚发展，效率更高，效果更好。因为产业集聚不仅可以做到基础设施可以共建共享，公共管理和公共服务可以集中提供，而且还有利于人员和人才的流动和聚集，也有利于行业信息的交流和技术的外溢借鉴。我国经济特区和开发区的设立和发展，正是抓住并顺应了国际经济和科学技术发展的机遇和趋势。事实也正是如此，经济特区和开发区的设立大大促进我国经济和科技集约化发展的水平。

再说说体制。说到开发区，人们自然会联想到开发区的区域和面积。实际上，开发区不仅是一个区域的概念，而且还是一个体制的概念。随着经济全球化的深入，生产要素的流动无论是规模，还是速度都大大加强了。相比之下，各国各地区的发展，公共管理和包括企业管理在内的交易成本等因素对于生产效率和地区竞争力的影响也随之扩大。如何优化营商环境，提高管理水平，降低交易成本，就成为制约各国各地发展的重要因素。同时随着产业集聚和产城融合的出现，如何提高社会治理水平，促使人和环境更加和谐，人与社会更加和谐，人与产业更加和谐，也影响到区域的发展。在一定区域内探索公共管理和社会治理的创新，就显得尤为重要。也就是说，无论公共管理还是社会治理，都需要不断地探索创新，经济特区和开发区的设立和发展就很好地适应了这一要求。反之亦然，体制或者说体制创新就是经济特区和开发区不可或缺的重要因素。

还要说一说政策。经济特区和开发区的初衷是打造改革开放的窗口，在新的发展阶段，还要建设"双循环"的战略枢纽和重要支点。无论是重要窗口还是重要支点，都离不开生产要素的流动和集聚。不同时期实行不同的政策，就是为了鼓励或吸引生产要素更快更好地流动和集聚，并以此来提高投入产出的效率。这就构成了经济特区和开发区的又一个基本要素。当然随着时间的推移，优惠政策的形式方法和具体内容可以也应该有所不同，要体现与时俱进，譬如，20世纪末和21世纪初加入世界贸易组织（WTO）前，优惠政策主要体现在税收优惠上，其后一段时间主要体现在价格优惠上（如土地价格），现在又侧重体现在外向型经济向开放型经济转变和鼓励科技创新上。

第二节　开发区的本质特征和内涵定义

笔者认为开发区既是一个区域的概念，也是一个体制的概念。许多人就会问，那开发区到底是什么东西？

有些开发区经过40年的开发建设，成绩斐然已经没有人怀疑。也有人会问，现在开发区都已经产城融合了，继续开发建设的空间也越来越小了，还有存在的必要吗？

也有人问开发区是否可以"毕业了"？

开发区是当年国家没有全面对外开放条件下采取的先行先试的开发开放体制，现在我国已经全方位对外开放了。还有更多的人会问，开发区还有优势吗？

上述三问，可以归纳为一句话：开发区到底是什么？开发区的旗帜到底能打多久？

要想回答这些问题，就有必要搞清楚开发区的本质特征是什么？开发区的内涵定义是什么？开发区存在的意义又是什么？

一、开发区的本质特征

开发区的本质特征是什么？笔者认为开发区的本质特征就是从产业开发起步，到产业集聚发展，进而走向产城融合的良性互动，从而更快更好地推动现代化。换句话说，就是产业化快速推动城市化，同时城市化又更好地引领产业化。前者体现更快的发展，后者体现更好的发展。也就是开发区要不断地探索并实践更快更好地走向现代化。这既是开发区自身发展过程的写照，也是开发区在国家现代化进程中的历史定位。

从以上开发区本质特征的表述中，可以看出产业化是开发区的底色，同时产业化又是现代化的内核。实践中我们也体会到有什么样的产业，就有什么样的开发区。实践还告诉我们从事开发区工作或者研究开发区，首先就要有产业化的观点，或者说先要有产业化的意识。因此有必要先来简单认识一下何为产业化和产业化的意义。

既然开发区的发展离不开产业，而且开发区本质特征当中的产业开发、产业集聚、产城融合都提到了"产业"，那就有必要对"产业"一词先进行深入的讨论。

何为产业？这是非常熟悉但又难以准确定义或解释的问题。相信这也是大多数读者平时使用得多，但又不太细究的问题。也应验了"百姓日用而不知"的现象。实际上，日常生活中就不乏这方面的例子。

1999 年出版的《辞海》（以下称前版）和 2009 年经修订后出版的

《辞海》（以下称后版）中关于"产业"一词，前版的解释是：指各种生产经营事业，如第一产业、第二产业、第三产业；后版的解释是：社会的生产，如产业工人、产业革命、第三产业。同为《辞海》，前后版本的解析并不完全一样，是否从一个侧面印证了前文提到的日常生活中关于"产业"似是而非又似明非明的感受？笔者认为这两个解释单独来看都不够全面，将两者加在一起就更加完整了。理由是：前版解释中，包括了生产和经营，又列举了第一产业、第二产业、第三产业，似乎比较全面，但没有抓住"社会化"这个"产业"的根本特征，是一个不小的缺陷。比如一个手工业艺人，加工手工业产品，从头到尾，从生产加工到市场销售，都是他自己一个人完成的。这当中既包括了生产，也包括了经营，没有引入社会分工，这个过程就不能算产业，这个手工业艺人也不能算是产业工人。他的生产过程不能算第二产业，他的销售过程也不能算第三产业。后版解释中，与前版相比，有了"社会化"的定义，但只限定了生产，而没有包括经营。按照现代汉语的语境，经营往往不能被生产所包含，一般认为"经营"是与"生产"并列的。同样是《辞海》的解释，生产是指使用劳动工具改变劳动对象以满足人们的需要。现在许多服务业只提供劳务，并不提供产品，比如银行的一些服务。如果按照现代语境和上述《辞海》关于生产的定义，许多提供劳务（服务）的第三产业没有改变劳动对象，算不上生产，属于经营性质，难道就不能算产业了？实际上，银行和其他金融服务现在都被列为第三产业。后版解释中列举了第三产业，却只定义了社会的生产，似乎又排除了经营。因此，两个解释单独看，都不够全面。这里不妨给产业化下一个完整的定义：产业化是引入专业分工和技术，实行社会化生产和交换的集合（事业）。这里的"社会化"是产业的基本特征，"社会化"是由技术发明和引入分工所决定的，这里的"技术发明"和"社会分工"既包括生产中的分工，也包括经营（交换）中的分工。也就是说产业化是技术和分工的必然结果。反过来产业化又会不断促进和深化技术发明和社会分工。

综上所述，产业化就是社会化的生产和经营，在产业化过程中，各个国家、地区或者每个人都充分发挥各自的资源禀赋和知识特长，并将各自的优势发挥到极致。然后通过交易和交换，换回各自所短缺的商品或服务，这样全社会的效率就大大提高了。据此，我们也就可以认识到以下产业化的重要意义。

其一，产业化是现代化的必经之路。

历史经验告诉我们，自从西方国家18世纪中叶工业革命以来，产业化已经成为国家现代化的必经之路。200多年来，许多国家或地区，通过引入技术，进而实行专业分工和协作，实行社会化的生产和经营，开辟了一条完全不同于以往历史的发展道路，其结果就是我们今天看到的，也是我们今天享受到的极为丰富的世界物质文明和精神文明。200多年来，全世界的产业化已经有了极大的发展，产业化创造了巨大的财富，产业革命更是释放出不可估量的能量。新中国成立以后，我们就一直在探索实现国家现代化的道路。改革开放伊始，国家决定建立经济特区和开发区，并赋予经济特区和开发区以产业开发为突破口，以产业化推动城市化。这是依据我国产业基础薄弱、基础设施落后、经济体制僵化、资金极度短缺的国情，而采取的一个重大的发展战略。期望以经济特区和开发区打开缺口，以点连线，以线带面，来推动国家的现代化。开发区从通过产业开发来聚集资本和就业，到通过产业集聚以产生规模效应和提高投入产出效率，再到通过产城融合，以产业带动就业，就业繁荣城市。事实说明，这是成功的发展战略，也是成功的发展模式。这是我们中国对世界现代化经验的重大贡献，尤其是对于发展中国家来说，希望在较短的时间内追赶发达国家，但面临基础设施和产业发展落后，人才资金短缺的实际情况下，采用开发区的模式，先争取"点"的突破，再带动"面"的发展，进而实现国家现代化，有着更加深远和深刻的启示。

其二，产业化是创新发展的内生动力。

如前所述，产业化引入了分工和协作，随之也就有了通过市场进行产品交换，有交换就有竞争，有竞争就需要提高质量和降低成本，而要想提高质量或降低成本，就需要技术创新和制度创新。因此说产业化本身就具有技术创新和制度创新的内生动力。

其三，产业化是文明进步的物质载体。

也如前所述，产业化引入了分工和协作，随之也就有了提高效率的迫切要求。要提高效率，自然就需要加强管理，而管理水平的提升，也就标志着文明的进步。所以说产业化又是文明进步的物质载体。

前文详细讨论的开发区本质特征，不仅有助于回答开发区到底是什么的问题，也有助于我们更加深刻地认识和把握开发区的发展定位和发展方向，更有助于拓展大家对开发区的认识。由招商局集团开发的蛇口工业区虽然没有冠名开发区，但从它的本质特征来看，蛇口工业区就是开发区。笔者1988年曾赴初创时期的蛇口工业区学习，蛇口工业区提出的"时间就是金钱，效率就是生命"的口号，从一个侧面反映了产业化、城市化和现代化的内在规律，体现出对产业（技术）创新和制度创新的迫切要求，也深刻影响着其他开发区的发展。据介绍，现在招商局集团已经将蛇口工业区的模式应用到共建"一带一路"倡议当中，这不仅说明产业化、城市化、现代化的发展规律同样契合各国的发展需要，也充分说明我国开发区发展模式的生命力和影响力。我国的高新区给人的第一印象似乎有别于开发区，实际上高新区的全称是"高新技术产业开发区"，显而易见就是开发区。同理，各地的产业园区、工业园区等，虽然平常不叫开发区，但从本质特征来看，这些地区也是开发区。所以本书讨论的许多观点同样适合这些地区。

二、开发区的内涵定义

在认识了开发区的本质特征后，就比较容易理解开发区的内涵定义了。

如何理解开发区的定义，这个问题一直没有引起广泛的关注和深入的讨论。面对全国各地开发区蓬勃发展的形势，应该是对此进入认真思考和研究的时候了。仅从字面上理解，开发区就是一个集中开发的地区，这是非常不深刻的，也是不全面的。我们应该从开发区的内涵来深刻理解和全面认识开发区到底是什么。

笔者认为，开发区，顾名思义就是开拓性发展和开创性发展的区域。开拓什么？开创什么？开发区要在不同的发展阶段（同时要根据国家的需要），开拓新的发展路径，开创新的发展模式。并为国家的发展提供经验。之所以如此定义开发区，其理由和依据是：

第一，从开发区的设立初衷来看。

邓小平同志指出："特区是个窗口，是技术的窗口，管理的窗口，知识的窗口，也是对外政策的窗口。"他又说："除现在的特区之外，可以考虑再开放几个港口城市，如大连、青岛。这些地区不叫特区，但可以实行特区的某些政策。"正是根据邓小平同志的这些指示，1984年5月中发〔1984〕13号文件批转了《沿海部分城市座谈会纪要》，明确在沿海开放城市逐步兴办经济技术开发区。换言之，开发区是学习经济特区经验设立的，开发区也是窗口。窗口是什么？窗口是得风气之先的地方，窗口是对外学习并创造经验、提供经验的地方。从这些决策的初衷或者说出发点来看，不难理解开发区是一个内涵丰富、目标清晰、承载重大改革要求、开创历史使命的区域。所以应该从这个内涵来全面定义上述的开发区。

第二，从开发区的本质特征来看。

如前所述，开发区的本质特征，就是从产业开发起步到产业集聚，再到产城融合。遵循产业化、城市化从而现代化的发展规律。换句话说，就是产业化促进城市化（更快），城市化引领产业化（更好），通过产业化与城市化的良性互动，从而更快更好地实现现代化。马克思主义哲学和政治经济学告诉我们，存在决定意识；生产力决定生产关系；上层建筑必须适应经济基础。大家知道，产业化是现代化最基础和最能动的因素。开发区是产业化的重要载体，而生产力更加活跃，经济基础变化更快，自然生产关系面临的新情况和上层建筑碰到的新问题就更多。运用产业化这个最现实的抓手，开发区有条件、有能力、也有责任开拓新的发展模式，开创新的发展路径。

第三，从开发区的发展过程来看。

开发区之前没有开发区。关于开发区如何发展、如何建设，自然就会有各种各样的探索和实践，也有其不同的发展阶段。笔者将开发区40年的发展历程，划分为四个发展阶段（后文详细讨论）。每个发展阶段，开发区都经历了探索和实践。也实现了不断地"开拓"和"开创"。而国家层面对于开发区的各个发展阶段，也都适时提出了指导方针。无论是建设初期的"窗口"要求，后来的"三为主、一致力"，到"三为主、二致力、一促进"，还是现阶段的"三个创新、两个提高、一个打造"，可以说在开发区各个发展阶段中，基层探索和顶层设计实现了很好地互动和结合。这本身就体现了开拓性发展和开创性发展的要求。从现代化的发展进程看，开发区40年发展不失为一个浓缩的样本：总体性过程完整，阶段性特点鲜明，各个发展阶段既有机连接又层层递进，很好地发挥了先行先试和先行示范的作用；而且技术创新和制度创新还在不断地进行当中。所以我们将开发区定义为开拓性发展和开创性发展的区域是实至名归的。

第三节　开发区的意义

产业化是国家现代化的必经之路，开发区又是承担了产业开发、产业集聚和产城融合发展历史使命的重要载体。那么在认识了产业化的意义之后，就不难理解开发区的出现和存在的重要意义了。

一、开发区是发展中国家追赶现代化的成功模式

18世纪中叶，英国工业革命以后率先实现了现代化，整个19世纪和20世纪，世界又有许多国家，尤其是西欧国家逐步实现了现代化，以至于西方国家成了现代化的代名词。二战以后，许多发展相对落后的国家也开始了现代化的进程，发展中国家要想在较短的时间内走完发达国家用了200多年达成的现代化进程，不是一件容易的事情。除了学习先进国家的经验和知识外，很大程度上还取决于能否找到符合自己国情的道路和模式。中国从清朝晚期（19世纪后期）开始到民国时代，许多有识之士都曾经提出过实现现代化的方法或计划。如清朝晚期"以

商务立富强之基"的轮船招商局（也就是开发蛇口工业区的招商局集团的前身）；又如孙中山先生在建国方略的实业计划中就有计划开发的东方大港，今日宁波开发区的所在地恰好就是其中一部分；再如福州开发区的所在地马尾，1866 年开始，就建设了包括钢铁厂在内的福州船政学堂。凡此种种，其出发点都是想通过产业化来推动现代化。但都因种种原因，未能达到目的。

新中国成立以后，就一直在探索实现国家现代化的道路。改革开放以后，我们以经济建设中为中心，在产业基础薄弱、基础设施落后、经济体制僵化、资金极度短缺的条件下，选择开设经济特区、开设开发区，进行重点突破，以点连线，以线带面。开发区从产业开发起步聚集资本和就业，到产业集聚产生规模效应和提高投入产出效率，再到产城融合，产业带动就业，就业繁荣城市。同时，城市化又更好地引领产业化发展，取得了巨大的成功。这个经验非常现实也弥足珍贵。这是我们中国对世界现代化经验的重大贡献，尤其是对于发展中国家来说，对希望在较短的时间内追赶发达国家，实现国家现代化，有着更加深远和深刻的启示。

就产业化与现代化的关系看。基于产业化是创造财富最有效的手段和途径，一个地区、一个国家的富裕程度乃至社会文明程度，除了他们占有的自然资源外，更重要的还是看他们所拥有的产业生产能力和产业创新能力。同时，产业化也需要新的发展模式。"二战"以后，在经济全球化加速推进的背景下，在资源要素的流动更加便捷，科技创新更加活跃，产业升级和产业的区域梯度转移更加频繁，以及通过老旧城市改造发展产业的难度增加等因素的影响下，以产业开发带动产业集聚，进而走向产城融合为特征的经济特区和开发区显示出蓬勃发展的生命力。开发区可能自身范围内并不富有自然资源，但只要拥有强大的或极具竞争力的产业化能力，就可以购进物质资源，出售产品和服务，占领市场而获得快速发展。我们经常说开发区要利用国内国外两种资源，连接国内国外两个市场，开发区要永远把自己定位为开放的窗口，道理正在于此。

再从中国特色的体制看，一方面，各地政府都承担着组织和推动当地经济社会发展的重要职能和责任。另一方面，开发区的本质特征以及体制的灵活性决定了各地政府兴办开发区的积极性。将开发区作为发展的重要平台和现实抓手，从而获得发展的比较优势，已经成为大家的共识。同时，产业化不仅仅是一个物质（文明）创造的过程，而且还是一个精神（文明）培育的基础。毫无疑问，这都是城市化和现代化必不可少的条件。或者说开发区不仅是各地经济发展不可或缺的平台，也是各地社会发展非常需要的载体。因此，开发区也就成了国家现代化过程中的突破口、先行者和示范区。这也进一步说明了开发区对于实现国家现代化的重要意义。

二、开发区是符合经济社会发展规律的成功模式

有人也许会问，开发区虽然取得了巨大的成功，但都是得益于优惠政策。换言之，开发区是不是靠优惠政策堆出来的呢？结论肯定是否定的。事实是开发区之所以能够得到快速的发展，是因为开发区符合了经济社会发展的客观规律。

改革开放以来，东部沿海地区发展较快，其中一个重要的原因就是其作为"块状经济"的开发区较发达。开发区作为典型的"块状经济"，在相对集中的区域内，适度超前建设好基础设施，创造良好的投资软（硬）环境，并依据自己的优势，大力促进相关产业的开发和集聚。对入区的企业来说，基础设施可以共用，公共服务可以共享，行业信息便于交流，专业人才便于集聚。这对企业有很强的吸引力，也符合经济规律。大家知道，一个企业作为独立的法人组织，就有管理费用（管理成本），即组织成本。一般来说，组织成本会随着企业组织规模的扩大而增加，但两者之间并不呈现线性关系。家电企业就是典型的案例（汽车企业和手机企业同样典型）。20 世纪 90 年代，国内的家电行业发展很快，许多家电工厂需要快速扩大规模以适应市场需求。这时候工厂就面临着横向协作还是纵向延伸的选择：横向协作就是核心部件自己生产，其他零部件都发放给协作工厂生产，然后统一集中到主厂区组

装成最终产品卖给消费者，这当中就会产生交易成本；纵向延伸就是所有的零部件都由自己生产，这样工厂就会建得很大，随着工厂的扩大，管理成本就会增加，或者说组织成本增加很快。在横向协作的方法中，组织成本虽然不增加，但企业之间的交易成本会随之增加。

　　企业需要扩大生产时，到底是采用企业外部的横向协作，还是采用企业内部的纵向延伸。这就需要衡量到底是交易成本（交易费用）大，还是组织成本大；或者说是交易成本增长快，还是组织成本增长快。如果交易成本大于组织成本，企业就会采取纵向延伸的方式。这也是开发区（包括国外）出现之前，在过去相当长的时期内，企业扩大生产的主要形式。所以为了适应市场的快速扩大，许多企业往往会向产业链的上下游拓展。但近几十年来，随着技术专业化要求的提高，特别是信息技术的发展，这一现象出现了变化。许多企业往往更注重发挥自己的专长，在产业链的一个或几个环节做专、做精、做好，将自己不擅长的环节外包给别人生产或采购。这样做往往要求相关联的企业尽可能围绕龙头企业集聚在相近的区域，以便降低交易成本，至少不要因为布局太过分散而影响到生产的组织或协调。而开发区的出现恰恰很好地适应了这种趋势。产业链上的相关企业集中在开发区，形成产业链或产业集群，以便大家都能节省交易成本（包括仓储成本运输成本和资金成本等）。这样一来，比起企业内部扩大自己并不擅长的生产或其他环节，反倒更有优势，大家都有好处。

　　以新制度经济学的观点看，因为企业认为随着开发区的出现和技术条件的变化，许多情况下组织成本已经大于交易成本；或者说由于产业集聚等，交易成本的增长可以慢于组织成本的增长，因此就会选择开发区（块状经济）这种方式，走产业集聚的道路，而不是沿着产业链向上下游无限扩张。开发区良好的营商环境，完善的基础设施，都有力地促进了交易成本的降低。比如开发区管理效率高就降低了制度成本（交易成本之一），基础设施的完善和产业的规模效应同时降低了企业的生产成本（也包含部分交易成本），信息富集和人才集聚也降低了交易成本。这就从理论上解释了块状经济的发展，也就是开发区的发展为什么会显示出强大的优势。这也有助于理解许多开发区为什么都注重形成若干个支柱产业和产业集群。就全社会来讲，这也符合节约资源和提高效率的要求。所以说开发区是符合经济社会发展规律的，是有生命力的。这是意义之一。

开发区的出现也适应了技术创新的需要。20世纪下半叶以来，经济社会的发展越来越依托于科技创新。与此同时，科技创新又越来越表现出技术发明比之科学发现更加活跃，尤其是不同领域的技术发明和技术交叉外溢，对于产业发展的推动作用更加明显。同一产业的上下游企业或不同产业的各种企业集聚在开发区，以及行业信息和人才的集聚交流，就为技术发明和技术创新提供了良好的主客观条件，特别是信息技术的快速提升，为各行各业的技术创新起到了黏合剂或助推剂的作用。开发区的出现正是适应了这一发展潮流。这是开发区的出现和快速发展符合经济社会发展规律的意义之二。

开发区的出现还顺应了人与环境、人与社会、人与产业更加和谐的趋势。历史原因使得许多城市依据自然经济和产业经济的缓慢演变而自然形成，人居和工厂混合布局，生活和生产交叉影响，环境改善和产业升级相互制约。开发区一般是新建区，融入了生态文明的理念：事先经过科学论证和规划，生产和生活适当隔离，基础设施提前建设，环境和产业统筹兼顾，这样就能更好地促进人居环境的提升，符合生态文明的发展潮流。事实上，现在许多地区旧城改造困难大于新区建设。当地往往采用依托开发区建设，以"腾笼换鸟"的方法来改造原来的城市，就是很好的说明。这是开发区的出现并快速发展符合经济社会发展规律的意义之三。

三、开发区是提升中国影响力和软实力的金字招牌

开发区40年来的快速发展以及在中国现代化进程中的作用，已经越来越受到国外各界的关注。目前参照中国开发区模式的海外经贸合作区已经不断出现，有些也取得了良好的发展。随着共建"一带一路"倡议工作的推进，将会有越来越多的境外开发区出现。共建"一带一

路"倡议推出后，前期项目主要以基础设施项目为主，如高速公路、高速铁路、能源等。这一类项目本身就有投入大、回收期长的特点，如果不能做到投入产出的良性循环，显然是不可持续的，要想实现基础设施投资的良性循环，就离不开所在地的产业发展和商务活动，而要解决这一矛盾，最基本的办法，也是最务实的办法，就是在"一带一路"共建国家建设开发区，既带动当地百姓的就业，又提高当地的税收，还能充分利用这些基础设施，自然促进了基础设施投资的良性循环。中国开发区无论在规划建设、环境保护、项目招商、产业整合，乃至于园区管理各方面，都具有优势。因此，如果能将开发区（园区）建设和基础设施项目"打包"，则更具吸引力和竞争力。

联合国曾在 2015 年制订了 2030 年减贫目标，外国学者对减贫也有多方面的研究。开始只注重输送粮食药品，后来发现这不是好方法；又关注提供小额贷款，支持个人经商，但由于个人经历和学识等，发现这也不是"良方"；最后的结论是兴办实体项目，提供更多的就业，因为就业不仅能提高贫困人口的收入，而且还能使贫困人口较快获得技能，提升素质，这样才是减贫的长期之计和务实之策。在"一带一路"共建国家中，发展中国家较多，兴办开发区的意义就更加突显。所以，推广开发区的经验，正是提升国家影响力和软实力的好载体。

综上所述，产业化是国家现代化的必经之路，开发区承担了产业开发、产业集聚和产城融合的历史使命，显然开发区的作用不可谓不大，开发区的前景也不可谓不大，开发区的意义更不可谓不大。通过以上分析，想必大家对于开发区的认识会更加全面，也会更加深刻。

前文讨论了开发区的本质特征、开发区的内涵定义和开发区存在和发展的历史意义。目前开展这方面讨论和研究的还不多，本文抛砖引玉，以期能够引起广泛的讨论和研究。

第二章 开发区发展阶段和长远目标研究

前文已经提及开发区之前没有开发区，这就决定了开发区必须不断地探索和总结，而且开发区 40 年的发展还经历了不同的发展阶段。这既是开发区自身发展过程当中需要不断实践的客观因素所决定，也是国家改革开放大环境对于开发区的要求使然。因此，对开发区不同的发展阶段进行梳理总结，是一件很有意义的事情。笔者认为至少有以下三个方面的意义值得重视：

第一，有助于更加深刻地认识开发区，更好地指导各地开发区今后的工作。开发区是一个新生事物，也不是一天建成的，未来的发展还将面临许多挑战。同时，不同开发区的建设发展也存在较大的差异。通过对开发区不同发展阶段的研究，让历史照亮现实和未来，能提供很多有益的启示和借鉴。

第二，有助于更加深刻地领悟和体会我国改革开放的艰难过程和伟大成就。开发区是改革开放的产物，又被赋予了先行先试和先行示范的任务。开发区是改革开放的窗口，也是发展创新的鲜活样本。通过研究开发区不同发展阶段的探索实践，能使国内外更好地了解我国整个改革开放的进程和经验，从而增强建设中国式现代化的道路自信。

第三，有助于深化对产业化与现代化之间关系的认识。由于历史的原因，应该说工作中的许多方面，无论实践经验还是思想理论，经过产业化的洗礼是不充分的。许多人对于产业化是现代化最基础和最能动因素的认识并不深刻，对于产业化作为生产力最基本要素的认识也不充分。而开发区是产业化、城市化、现代化最重要的载体。开发区的产业化有起点低但进程快、过程浓缩但特点鲜明的特征。通过认真研究开发区不同的发展阶段及其相互关系，还能够从哲学思想层面增加理论自信。

对开发区各个发展阶段的划分，历来有各种不同的方法和观点，主要原因就在于大家关于发展阶段划分的标准不同。

前文在讨论开发区内涵定义时已经提到开发区是开拓性发展和开创性发展的区域，肩负着在不同的发展阶段开拓新的发展路径、开创新的发展模式的历史使命。所以对开发区发展阶段的划分，就应当突出依据国家不同时期的发展需要，开发区在实践当中的探索为主要标准。

本文提出开发区各个发展阶段划分的标准有以下三点：

（1）改革开放大环境的变化（因为开发区是改革开放的产物）。

（2）开发区数量的明显增加及其增加的出发点。

（3）开发区本身工作内容的明显变化和成功实践。

笔者结合自己多年在开发区工作的经历和思考，提出将开发区40年来的发展历程划分为四个阶段。

第一阶段：1984—1992 年

第二阶段：1993—2002 年

第三阶段：2003—2013 年

第四阶段：2014 年至今

基于以上开发区各个发展阶段划分的总体印象，就比较容易讨论各个发展阶段划分的标志性事件和开发区的工作实践。

第一节　开发区第一个发展阶段

开发区第一个发展阶段是 1984—1992 年。

第一批开发区是 1984 年开始成立的，一开始就明确了学习经济特区的做法，"以市场调节为主"。这时离 1978 年党的十一届三中全会决定改革开放已经过去 6 年。当时就全国经济环境来说，还是以计划经济为主。不妨了解一下当时关于经济体制改革的提法。1984 年 10 月 20日，中共十二届三中全会通过《中共中央关于经济体制改革的决定》。其中指出：改革的基本任务是建立有中国特色的社会主义经济体制，以促进社会生产力的发展；突破把计划经济同商品经济对立起来的传统观念，提出计划经济是公有制基础上的有计划的商品经济。请注意，这里的提法还是"有计划的商品经济"。不难想象，其时开发区的小区域与经济大环境的差别非常明显，甚至还有许多矛盾冲突。由此不难发现，经济特区和开发区的起步就充满困难。当然也可以领会到经济特区和开发区正是肩负着探索运用市场经济方法进行区域开发建设，即探索产业化、城市化、现代化的市场经济改革使命而出现的，可以说任务艰巨而光荣，责任重大而崇高。

为了加深对于市场经济改革的理解，也为了拓展对于产业化、城市化、现代化之间发展规律的理解，不妨再将视野扩大，看看新中国成立后，产业化与城市化建设互相促进，从而走向现代化的发展进程。

改革开放之前，我国已经有过两波产业化、城市化、现代化的开发建设高潮。一是 20 世纪 50 年代中期开始的依托重点矿藏资源的开发，建立相应的城市或城镇，如大庆油田和大庆市。二是 20 世纪 60 年代开始的"三线建设"，由特定产业项目迁建或新建来带动产业集聚和相关城市建设，如东风汽车制造厂（第二汽车厂）和湖北省十堰市。根据有关资料介绍，从 1965 年到 1980 年，国家累计向三线地区投入 2000 多亿元，共建成 45 个以重大产品为主的专业生产科研基地和 30 个各具特色的新兴工业城市。上述两波建设高潮，应该说都取得过不错的成绩。这里特别需要指出的是，这两波开发建设高潮都是在计划经济条件下进行的，带有浓厚的计划经济特征。不仅基础设施投资全部由国家投入，就是建区建厂所用的原材料、能源物料直至劳动力招用都被列入国家计划，大学生分配和工人的工资标准也由计划规定。应该看到，我国当时产业基础十分薄弱，人均资本水平很低，信息传播很不发达，与国外科技和产业差距明显的情况下，计划手段在安排有些重点项目的时候，也起到过积极的作用。但随着项目建成投产后，技术和市场都是动态变化的，后续的发展是向该产业的纵向延伸？还是向相关产业的横向拓展？就会演化出成千上万个组合。那就不是计划经济能够很好解决的问题了。有些资源型城市转型困难，出现"棚户区"等问题，实际上就有这方面深层次的原因。

相比之下，20 世纪 80 年代开始建设的经济特区和开发区，则开启了市场化改革的探索，不仅国家没有安排预算内投资，所用的基建原材料、能源供应也不列入计划分配，区内就业的工人也突破了国家的用工"指标"和人事部门规定的工资"标准"，由企业自主决定。开发区内的企业，作为市场经济的主体，受到两种体制的困扰自不待言。应该说各种所有制的企业都较快也较好地适应了经济体制转型的要求，绝大部分企业都确立了市场竞争优势。而对于开发区整个区域的开发来说，也不得不面临经济体制转型的挑战。当时有一些非常形象的说法，如"自费开发""自主开发""自负盈亏""自我平衡"等就是非常生动的写照。经济特区和开发区就是这当中的探索者和先行者。需要进一步指出的是，区域开发建设，从计划经济转向市场经济后，还会演变出两种具体的模式，即债权开发（投入产出按债权处理）和股权开发（投入产出按股权处理）。开发区管委会通过向银行借款进行开发，从开发主体的角度看，主要体现的是债权开发。这是当时大部分开发区的做法。而由企业作为开发主体进行开发，更多表现为股权开发，如蛇口工业区。1988年，笔者所在的宁波开发区进入第四个年头。开发初期按经过批准的开发面积提供的央行开发贷款已经用完，基础设施建设尚未全部完成，招商引资产业开发艰难起步，一时做不到滚动开发。我们就大胆探索吸引中国五矿和中国机械两大央企共同开发。两大央企现金出资1.4亿元人民币，和宁波方面组成联合开发建设公司，各占50%的股份，协议约定由合资公司统筹开发建设整个开发区。在当时引起轰动，被誉为"宁波模式"。

笔者认为，市场经济条件下对区域开发运营模式的讨论是有意义的。根据构建"双循环"新格局的战略要求，今后以资产为纽带的区域间合作，会显得越来越重要，目前有些地方（省域）已经出台文件，鼓励各地，尤其是开发区之间开展区域合作，应该深入研究区域开发运营公司（即股权开发）模式。后文有关章节会涉及这方面的内容。

在第一个发展阶段，国家对开发区工作的指导思想就是："特区是个窗口，是技术的窗口，管理的窗口，知识的窗口，也是对外政策的窗口。"显而易见，开发区这一阶段的工作，正是按照这一指导思想展开的。无论是体制（制度）创新，还是经济发展（基础设施建设和招商引资）。都起到了"窗口"先行先试的作用。

依据以上的讨论，可以对开发区第一阶段的特点进行总结。第一阶段的特点（1984—1992 年）是：在东部沿海地区率先对外开放的条件下，开发区突破了计划经济的束缚，探索了市场化的改革，实现了从计划经济到市场经济的突破。简而言之，开发区开拓和开创了市场经济条件下的新发展模式和新发展路径。

对于我国社会主义市场经济改革的难度和深远影响，特别是在1992 年之前，也就是开展全国市场经济改革之前，经济特区和开发区突破计划经济束缚，探索市场经济改革的勇气和实践，今天的人们可能不太看重，尤其是对于"80 后""90 后"的青年人来说，市场经济已经是"与生俱来"的制度，对两种经济制度的对比研究缺乏兴趣，对改革尤其是体制改革的困惑和艰难或许无法感同身受。有鉴于此，特意摘录在社会主义市场经济改革确立 20 周年之际（2012 年），《人民日报》曾发表过的任仲平的文章（部分），以飨读者，也以此再次唤起大家对市场经济改革的重视。

——直到 20 世纪 70 年代末打开国门，震撼于世界巨变的中国人，才第一次静下心来，从实际出发而不是从本本出发重新打量市场经济。

经济发展离不开资源配置。借助利益激励、供求变化、价格波动、自由竞争等机制杠杆，市场把有限的人、财、物以最优化的方式分配到社会生产的各个领域，实现效率提高和财富增进。

——作为人类历史上最复杂的制度变迁进程之一，实行社会主义市场经济体制新的 20 年里给中国带来的一切，远远超出了想象。20 年，建立和完善社会主义市场经济，这场在 960 万平方公里土地上展开的新的革命，奠定了当代中国新的基本经济制度框架。实现了对社会主义的认识新的飞跃。20 年，它重塑了 13 亿人的生产生活方式和相互关系，改变了中华民族的命运，影响了整个世界的走向。

——社会主义市场经济带来的不仅仅是物质上的丰富和实惠，更带来了思想解放、观念更新、人员自由流动、发展机会增多。以及平等、竞争、效率、规则、法制等市场意识的苏醒。

——如果说改革开放是决定当代中国命运的关键抉择，它为社会主义市场经济的确立，打开了现实的大门，那么建立社会主义市场经济体制，则确立了改革开放最为重要的核心内容。以建立社会主义市场经济为核心内容的经济体制改革，掀开了当代中国经济转轨、社会转型、发展方式转变的大幕。

——只有回首过去，我们才知道自己已经走出多远。

希望以上文字能引起大家的广泛关注和深刻思考，也以此再一次强调说明开发区当年改革作为全国改革开放的先行者——摸着石头过河的不易和重要。

何为市场经济？简单地讲就是让市场在资源配置当中起基础性作用或决定性作用。笔者认为市场经济有三大支柱，分别是价格机制、产权制度和法律体系。改革开放以来，我国分别在这三个方向进行了循序渐进的改革，并取得了巨大的成功，引起世人瞩目和称赞。还应该看到，建立社会主义市场经济任重道远。社会主义是讲公平的，市场经济是讲效率的，我们把公平与效率放在一起，看起来是对立的，是矛盾的；而让这一对矛盾实现辩证统一，在效率的基础上实行公平，在公平的指引下创造效率——正是中国人民迎接的挑战，也是中国人民的创造。事实也已经说明这是成功的。

经济特区和开发区经过 40 年的发展，至今生机勃勃，无论是吸引外资，还是创新驱动。不得不说，这是社会主义市场经济改革成功的写照，是市场经济改革的一次成功实践。因此，本文将开放和改革的大背景作为开发区发展阶段划分的首要标准。这也是本文特别看重开发区在第一个发展阶段突破计划经济的约束，探索市场化改革的重要原因。当然，这也是本书第一篇将开发区的发展和开发区的体制放在一起讨论的出发点。

第二节　开发区第二个发展阶段

开发区第二个发展阶段是 1993—2002 年。

第二阶段的特点是：在省会城市和部分重点地区扩大对外开放的条

件下，开发区利用先发优势（基础设施配套和市场经济改革），实现了产业开发到产业集聚的突破。简而言之，开发区开拓和开创了产业集聚的新发展模式和新发展路径。

第一阶段向第二阶段转变的标志性事件是邓小平同志的南方谈话和中国共产党第十四次全国代表大会作出的关于社会主义市场经济的改革。

1992 年春天，邓小平同志南方谈话中指出："计划多一点还是市场多一点，不是社会主义与资本主义的本质区别。计划经济不等于社会主义，资本主义也有计划；市场经济不等于资本主义，社会主义也有市场。计划和市场都是经济手段。社会主义的本质，是解放生产力，发展生产力，消灭剥削，消除两极分化，最终达到共同富裕。"当年秋天中国共产党第十四次全国代表大会召开，进一步明确了扩大对外开放和社会主义市场经济改革的方向，特别是将社会主义市场经济确定为改革的核心内容和目标，这就为改革开放以来（1978 年党的十一届三中全会后），到底是计划经济好还是市场经济好？到底是计划多一点还是市场多一点？以及由此产生的各种各样的争论画上了句号。要知道这样的讨论或者说争论即便在 1978 年党的十一届三中全会以后也持续了 14 年。明确社会主义市场经济的改革目标，彻底突破了传统经济理论和经济思想史的约束。当然也改变了开发区发展的外部条件。

也是在 1992 年，为了适应扩大改革开放的需要，我国的对外开放从东部沿海地区扩大到其他重点地区，许多省会城市和重点城市经过批准也成立了开发区。因此 1992 年以后，开发区的数量有了明显的增加。

开发区是改革开放的产物，既然经济体制改革（计划经济改为市场经济）和对外开放（东部沿海城市向省会和重点城市扩展）的条件发生了重大变化，那么以这两件事作为划分不同发展阶段的标志是非常合适的。同时，开发区的发展不仅有了数量的增加，也有了质量方面的变化。开发区本身的工作重点也从基础设施建设转向大规模招商引资，也就是从产业开发走向产业集聚的发展。主要表现在以下两个方面。

首先，开发区经过八年的建设，基础设施有了很大的完善。同时经过前期的招商引资，也就是产业开发，开发区有了一定的产业基础和相对丰富的招商经验，有条件将主要注意力集中到招商引资上。用当时的话说，就是招大项目、招好项目，形成开发区的支柱产业和主导产业。大家已经认识到产业集聚发展是开发区的一个优势：开发区的基础设施可以共用，公共服务可以共享，人力资源便于集聚，行业信息便于交流。笔者于 1985 年到宁波开发区工作，是开发区第一家中外合资经营企业的总经理。去开发区之前，笔者担任过市区工厂的厂长。对于在市区办厂还是在开发区办厂，就有亲身感受。以污水处理为例。现在提倡绿色发展、环境友好。生产和生活过程中势必有许多废弃物要处理，如污水。如果在老城区或城市中心设置工厂，或者将工业区和居民生活区布置在一起，那么这些污水处理工厂和管网就不能得到科学布局。因为老城区可能无法铺设工厂污水管网或重新设置的成本很大，或生产污水和生活污水不能分离，这样既不利于环境保护，也无法满足生产生活需要，只能制约科学发展。但开发区的设立就很好地解决了这个问题。

经济学上有一个"负外部性"问题，是指企业在为消费者和社会生产产品或提供服务时，促进了经济增长，为经济发展做出了正的贡献。同时，企业生产过程中也会产生废气、污水或固体垃圾排向企业外部。而处理这些污染物，就需要增加额外的投资和成本。开发区的出现使得企业集中和产业集聚，排污设施的提前建设和集中处理，使得无论企业还是全社会都能降低处理成本，提高处理效率。换言之，产业集聚发展使得负的外部性得到很好的解决。既降低了交易成本，提高了经济发展的竞争力，也从理论上进一步说明了产业集聚发展是符合经济社会发展规律的。

其次，1992 年以后，社会主义市场经济改革在全国推广开来，许多地区一时难以完全适应，而开发区却已经是熟门熟路了。譬如招商引资，一些地方，甚至开发区所在的城市，有些同志对合资项目，还在考虑中方资金能否列入计划，招商项目使用的建筑材料或生产物料是否有计划指标，工厂用电要不要去电力部门争取计划。即使是外商独资项目，外方提供的可行性研究报告，也完全是按市场经济方法编制的，如涉及一些经济评价和影子价格等，有些部门一时还不适应。而可行性研究报告是我们和投资方对话的语言，从这个意义上说，可行性研究报告就是招商引资的工具，就像学习外语是对外交往的工具一样。笔者于1984年参加中国科协第一期可行性研究方法培训班学习，对可行性报告之于招商引资的重要性，深有体会。而开发区已经有了前面的经历，就能够驾轻就熟，自然就可以放手大干了。今后工作的重点之一就是如何提高招商效率。众所周知，市场经济是讲效率的，而产业的集聚发展，对开发区来说效率更高。从项目招商开始，开发区就认真贯彻效率的要求。即使对企业来说，扎堆发展也让他们受惠于技术外溢和共享基础设施，甚至良好的公共服务都使得企业近悦远来。近几年来，各地开发区开展产业链招商，甚至打造产业生态圈，推进产业集群建设，可以说皆为第二阶段产业集聚发展的经验所致。

开发区从第一阶段向第二阶段转变，也就是产业开发向产业集聚转变时，国家对开发区的工作又是怎样要求的呢？1991年12月，国务院特区办在上海闵行开发区召开了全国开发区工作座谈会。会议明确了新阶段开发区工作的指导思想是"三为主，一致办"，即"产业结构以工业为主，资金结构以外资投资为主，产品销售以出口为主。致力于发展先进技术"。仔细分析不难发现，这里的"三为主，一致力"，具体指向都是发展产业，可见国家已经非常明确要求开发区要将工作重点转向招商引资，转向产业集聚。可以说，开发区的基层探索和国家的顶层指导完全符合，相得益彰。

第三节　开发区第三个发展阶段

开发区第三个发展阶段是从2003—2013年。

2001年底，我国加入世界贸易组织（WTO），2002年国内对相关的法律法规进行了相应的修订。2003年开始，我国的对外开放又迎来了全方位对外开放的新局面。伴随着非歧视、透明度、国民待遇、公平竞争等世贸原则渗入我们正在建立和完善的社会主义市场经济体制，我国成功地融入了世界经济。建立社会主义市场经济也增加了按照 WTO 的规则与世界经济全面接轨的内容，用当时的话说，就是从"按国际惯例办事"到与世贸规则接轨。毋庸置疑，我国改革开放又面临一个新的转变。随着我国加入 WTO，改革开放的地区布局也从东部率先开放和重点地区开放，转到了全方位开放。开发区的布局也从东部沿海地区和省会城市扩大到了全国。由此可见，改革开放的大环境随之发生了重大改变。开发区的发展也从依靠开放政策加持，吸引生产要素汇聚，转到打造良好的综合环境吸引生产要素流动。同时，开发区本身的工作内容也出现了从产业集聚走向产城融合的新特点。所有这些都这标志着开发区的发展又进入了一个新的阶段。因此，我们将加入世贸组织作为划分第二阶段和第三阶段的标志性事件。

第三阶段的特点（2003—2013 年）是：在我国加入 WTO 并实行全面对外开放的条件下，开发区进行了产城融合的探索，实践了产业化推动城市化（体现更快发展），城市化引领产业化（体现更好发展）。简而言之，开发区开拓和开创了产城融合的新发展模式和新发展路径。

2003 年后全国范围内出现了许多新形势新变化，有两方面的情况对开发区的发展提出了新的挑战。一方面，国内许多中心城市由于人口集中人才集聚，在扩大开放和政策逐步放宽后，获得了较快的发展，给人一种厚积薄发、后来居上的感觉。这使我们认识到人作为生产要素，而且是最重要的生产要素，对于经济发展的重要性。另一方面，开发区内部由于初期只定位于工业区，不鼓励产城融合，对人才缺乏吸引力，导致人与城分离，交通和生活服务等方面都大大增加了企业成本，反而降低了开发区的竞争力和活力。在经历了前期产业快速发展和产业集聚发展之后，如何进一步提升对各种生产要素的吸引力和聚合力，又是一个新的问题。客观上讲，开发区成立之初，对于要不要搞产城融合是有争议的。最初，各地开发区在制定发展规划时，都没有产城融合的内容。在实际工作中也经常回避这个问题。经过 10 多年的发展，生产与生活的矛盾和成本对效率的制约就逐步显现出来。这种情况下，许多开发区特别是第一批国家级开发区就开始了产城融合的探索。这一点也恰恰遵循了产业化与城市化相辅相成、相互促进的现代化发展规律。

这一阶段，国家对开发区建设的指导思想也发生了转变，有了新的内涵要求。2004 年初，在北京召开的全国开发区工作会议，明确了今后一段时期，开发区工作的指导思想是"三为主，二致力，一促进"，即以提高吸收外资质量为主，以发展现代制造业为主，以优化出口结构为主，致力于发展高新技术产业，致力于发展高附加值服务业，促进开发区向多功能综合性产业区发展。这当中的"一促进"尤其引人关注：开发区不仅仅是一个纯粹的工业区，还有了"多功能综合性"的发展定位。这不能不说是一个大胆的突破。开发区自 20 世纪 80 年代中期开始设立后，以产业经济发展为主要目标是明确的，但要不要或有多少城市社会生活内容，一直没有一个明确的说法。各地开发区都在积极探索之中。批准设立第一批开发区时，所制订的开发区规划（包括基础设施）都没有考虑城市的功能。随着项目增多，人口集聚就产生"安居"和"乐业"的矛盾。区内的土地面积本身就不大，显得很珍贵。起初，各地基本上采用在区外建设生活小区的办法，但也仅限于职工临时居住和餐饮服务等。久而久之，产业与城市脱节的矛盾就越加突出。各地开发区就尝试着突破原有的建设框架，提倡产城融合发展。经过第二阶段产业集聚快速发展，各开发区在 21 世纪初，无论是思想认识，还是实际建设，都在产城融合发展方面迈出了大步子，也取得耳目一新的成果。这既体现了决策部门及时总结经验，对指导方向的引领，也得益于开发区基层对新生事物大胆探索的勇气。事实再一次说明，开发区在不同发展的实践探索是很有意义的，不仅对开发区自身发展如此，对全国的改革开放也是如此；也进一步证明了"开发区是开拓性和开创性发展"的定位。

如今提倡创新发展，创新离不开知识，知识的载体是人，城市让人的生活更加美好。如果没有当时对于产城融合的探索和突破，现在要开启创新发展的新阶段就无从谈起。

当然，开发区的产城融合要有自己的特色和定位。这几年也有人提出：既然开发区的本质特征是从产业开发起步，到产业集聚，再向产城融合发展，那么开发区未来是否会变成城市？开发区还有必要存在吗？也有人提出开发区可以"毕业"了，将开发区交还给城市。请注意，这里不仅有"交"，还有"还"。对于这些问题，只要提出一个问题就可以回答：人家开发区的亩均税收是 10 万元，我们的亩均税收是 5 万元，这能说毕业吗？这说明有些人对开发区的发展定位还是不清晰，对开发区本质特征的认识还是不全面的，或者说还没有深刻认识产业与城市的关系。开发区的本质特征，即开发区是遵循产业化、城市化而现代化的发展规律；产业化快速推动城市化，城市化又更好地引领产业化。笔者认为既然规划上已经确定作为开发区来建设，虽然要遵循产城融合的规律，但毕竟不能完全等同于一般意义上的城市，因而与一般城市相比，开发区的产城融合至少有三个不同。一是空间规划不同，笔者跟踪各地开发区的发展情况，开发区的产业用地一般在 50% 以上。根据有关资料介绍，我国一般城市产业用地的比例在 30% 以下。而全国县城（包括县级市）的产业用地在 19% 左右。也就是说，开发区的产业比重，或者说经济比重要高于一般城市。二是管理体制不同，开发区实行的是授权管理（后面章节讨论开发区管理体制时具体展开），开发区的经济管理权限应该享有与派出机构相同的职能部门的权限。三是功能定位不同，开发区的定位要始终突出发展的主线。在不同的发展过程中，开发区可以也应该不断地丰富发展要求，如窗口、增长极、"双循环"重要支点等。相关内容在下文涉及开发区长远发展目标时再展开讨论。

综上所述，不难发现，开发区的每一次改革开放和发展都以国家整体的对外开放为前提条件。第一阶段是东部沿海城市的率先对外开放，由此启动了市场经济的改革试点。第二阶段是扩大对外开放到内地的重点地区，由此开始了全国范围的市场经济改革。第三阶段是加入 WTO 的全面对外开放，由此建立了市场起基础性作用的经济体制。我国未来又将以自由贸易区体制作为对外开放的目标，从而进行让市场起决定性作用的改革。由此可见，以开放促改革，既是过去成功的经验，也是未来改革的不二法门。所有这些，都从一个侧面印证了开发区开拓性发展和开创性发展的功能定位。

下表格说明了开发区三个发展阶段划分的时间、环境特点和开发区自身的变化（见表二）。

表二   开发区前三个发展阶段对比

比较项	第一阶段	第二阶段	第三阶段
时间	1984—1992	1993—2002	2003—2013
经济（体制）改革大环境	计划经济	经济转轨	市场经济
开发区改革	市场经济：按国际惯例办事和建立市场化开发模式（问题导向）	市场经济：探索与国际接轨的仿真环境（目标导向）	市场经济：参与以WTO规则为标志的经济全球化（目标导向和战略导向）
对外开放（区域）大环境	率先对外开放：东部沿海地区	扩大开放：省会城市和重点城市	全面开放：全国
开发区兴办	港口城市	重点城市	全面布局
开发区发展的重点方向和内容	基础设施 招商引资（产业开发）	基础设施 产业招商（产业集聚）	基础设施 产业升级（产城融合）
开发区数量	21家，新建	54家，新建为主	215家，升级为主

第四节   开发区新发展阶段的研究

2014年开始，开发区进入了新的发展阶段，也就是第四个发展阶段，目前还是处于此发展阶段。

进入第四阶段的标志性事件有两个。

一是2013年9月我国第一个自贸区，也就是上海自贸区成立。二是2013年秋天党的十八届三中全会通过《中共中央关于全面深化改革若干重大问题的决定》。前者表示我国对外开放要从外向型经济向开放型经济转变。后者强调要让市场对资源的配置从起基础性作用转向起决定性作用，要走创新驱动高质量发展的道路。综上所述，改革开放的大环境又有了新的变化。毋庸置疑，开发区的发展也面临着新的形势和新的要求。当然还可以充满期待地说，开发区又一次站上了新的起点，必须开始新的探索。

第四阶段的特点（2014年至今）是：在我国以试行自由贸易试验区为标志，实行外向型经济向开放型经济转变；同时，在资源配置中，市场起基础性作用向起决定性作用转变，以创新推动高质量发展的背景下，开发区开始了创新发展的新阶段。简而言之，开发区要开拓和开创创新驱动，实现高质量发展的新发展模式和新发展路径。

新阶段的总目标是高质量发展，对标自贸区、市场配置资源起决定性作用、创新驱动是三个具体路径。下面据此讨论开发区的发展。

自贸区既是国家制度创新的试验田，也是对外开放的压力测试平台。我们可以体会到国家对改革开放的决心和期待。

第一，开发区要对标自贸区的标准，率先适应对外开放从外向型经济向开放型经济转变。

何为开放型经济？开放型经济与外向型经济有何区别？笔者认为至少有三个方面的改变。一是投资贸易（以资金流动为标志）的单向循环向双向平衡转变。也就是过去强调大力引进外资和努力出口创汇这种事实上存在的单向循环（资金流动），今后要转变为继续引进外资和推动对外投资并举，在继续鼓励出口的同时，扩大进口，致力于投资贸易的双向流动和动态平衡。二是事实上存在的主要向工业发达国家开放为主，要向发展中国家和发达国家同时开放转变。三是从主要学习国际规则和跟随国际规则向参与国际规则制定和争取国际事务话语权转变。这些转变不仅是我国改革开放发展的必然要求，同时也是继续推动国际经济全球化的客观选择。也许有人会问，在外向型经济向开放型经济转变的过程中，都已经是全方位开放和全领域开放了，作为对外开放窗口的开发区还有必要、还有优势吗？笔者认为不仅有必要，而且还有优势。2013年上海自贸区成立后，到目前为止国家已经前后批准设立了包括海南省在内的22个自由贸易试验区。国家大力推动自贸区建设，至少说明两个问题：一是进一步宣示我国自主对外开放的决心，二是要深入探索和推动国际投资贸易的便利化和自由化。既然被称为"自由贸易试验区",也说明具体方法和具体标准需要不断摸索。同时要注意到,每一个自贸区都被提出不同的具体要求,都要求其结合自己的特色和特点,在不同的方向作出重点探索和突破。这一点又不同于当年办开发区——一旦找到成功的模式和有效的政策措施,就简单地复制到新设立的开发区。这也提醒各地不能等、靠、要,而要主动为之。各地的自贸区当中有些已经包含了开发区。笔者一直认为应该有更多的开发区加入自贸区。因为开发区在外向型经济方面拥有更强的实力,具备更高的水平,也有更丰富的管理经验,在推动外向型经济向开放型经济转变上,有更多内在需求和内生动力,也有更多管理经验参与国际经贸规则的实践。而这恰恰是国家的需要,也是开发区应有的担当。

推进"一带一路"建设是外向型经济向开放型经济转变的重要内容,开发区对标自贸区的改革,也应该纳入这方面的考虑。

共建"一带一路"倡议是我国对外开放在新形势下的重大决策,也是我国外向型经济向开放型经济转变的必然要求。共建"一带一路"倡议的重要内容首先就是基础设施建设,其中又以交通基础设施建设为先。但是,基础设施建设又有投资大,回收期长的特点,而"一带一路"共建国家和地区经济相对落后,这对基础设施投资的回收和盈利带来更大的压力。如果能够借助开发区的模式,在沿线国家和地区建设不同类型的开发区,不仅能够加快产业开发、产业集聚和产城融合,带动当地的就业,增加当地和所在国的税收,而且还能促进地区或国家之间的经济交流和交往,从而促进沿线地区经济活动对交通能源等基础设施的使用,提高基础设施投资的回报率。"一带一路"共建国家开发区的建设,可以借助我国的成功经验,实行中外联合投资共同建设开发区。实际上,许多开发区和开发区的企业已经"春江水暖鸭先知",已经参与"一带一路"共建国家各类经贸园区的建设。根据商务部国家级开发区综合评价的报告,国家级开发区已经参与100多个经贸园区的建设。由此可见,开发区应该在推动"一带一路"对外开放和推进产业产能合作,以及提高基础设施投资回报率上发挥最佳结合体的桥梁作用。

第二，在市场经济改革方面，开发区应该有更积极的探索。

市场在资源配置中起基础性作用向起决定性作用转变，这是社会主义市场经济改革的深入或深化。笔者认为，市场起决定性作用与基础性作用相比，在生产要素的配置上，当前至少有四个方面可以继续深化改革：一是知识产权的评价和转让；二是数据资源的定价和流动；三是生态文明当中部分地引入市场机制，如非自然属性的公益性和垄断性项目；四是部分依托于知识和经验的管理技能，如风险投资管理和医务人员报酬等。

第三，开发区要率先实施创新驱动发展。

高质量发展当中，供给侧结构性改革是一条主线。前文提到产业本身具有创新的内生动力，要充分发挥开发区产业集聚和企业集中的优势。辩证地看，开发区和开发区的企业既是技术创新的需求端，也是技术创新的供给端。一方面，开发区或开发区的企业作为科技创新的需求端，与市场的距离更短，对市场需求感知更快，对技术和科研的需求强烈而旺盛。另一方面，开发区的企业联合区内外的科研院所和高校，联合搞科技创新，又是供给端。深圳经济特区90%的科技创新是由企业完成的，就是一个很好的例子。从国际上看，自从全球金融危机以后，世界经济普遍进入了一轮较深的调整，至今还没有走出经济危机的影响。现在各国也普遍认为只有依靠创新，尤其是技术创新和制度创新，才能迎来新一轮的高速发展。综上所述，开发区以产业发展见长，具有创新的内生动力；开发区又具有与生俱来的体制机制优势，能为科技创新提供良好的制度环境；开发区作为对外开放的主战场，还有"窗口"的优势，又有自贸区鼓励改革创新的加持，一定能够开拓新的发展路径和开创新的发展模式。换言之，开发区集供给端、需求端和体制机制以及对外开放优势于一身（一地），理应成为创新驱动高质量发展的主战场。这就是开发区新发展阶段的优势所在，也是责任所在。

对于这个发展阶段，国务院国发〔2019〕11号《关于推进国家级经济技术开发区创新提升　打造改革开放新高地》文件中，提出了"三个创新、两个提升、一个打造"的指导方针：开放创新、科技创新、制度创新；提升对外合作水平，提升经济发展质量；打造改革开放新高地。这一新阶段的指导方针是对开发区过去发展阶段的总结，也非常符合开发区新阶段的实际情况。

本书第一版开始写于 2014 年（2016 年出版），也就是开发区"三十而立"之年。经过 10 年的发展，国内外形势发生了很大的变化。2020 年 4 月，习近平总书记提出"构建'双循环'新格局"的战略构想。对开发区来说，虽在总体上还是处于创新发展的阶段，但同时有了构建"双循环"新格局这一新的战略要求和任务。所以本次修改特别增加了以下内容，专门对照构建"双循环"新格局的要求展开讨论。

2020 年 4 月，中央提出要构建以国内大循环为主体，国内国际"双循环"相互促进的新发展格局。当时正值国际贸易摩擦和经济逆全球化发生，许多人认为这是我们被动的选择，是不得已而为之，笔者并不赞同这一观点。笔者认为这是我国进入人均中等收入阶段后，基于国内外形势特别是国内形势发展而作出的必然选择，也是我们的主动选择。为了更好地理解这一点，不妨从"中等收入陷阱"进行深入分析。

"中等收入陷阱"是世界银行的一个研究课题。20 世纪 60 年代，按照当时的人均收入标准，有 101 个国家达到人均中等收入水平。到 2008 年全球金融危机时，也就是将近 50 年后，这些国家当中只有 13 个国家跨入高收入国家行列，其余大多数国家仍然停留在中等收入水平。有些甚至重新掉入低收入的行列，世界银行认为，一个国家进入人均中等收入水平后，如果不能有效进行产业的转型升级，就会长期停留在中等收入水平，而不能进入高收入水平，也就是不能进入富裕国家行列。世界银行就此提出了"中等收入陷阱"的命题，并广泛流传。我国在 2010 年跨入人均中等收入的行列，而近年来国内关于我国能不能顺利跨过"中等收入陷阱"就有过许多讨论。有些观点认为这是世界性的客观规律，我国也难以逾越。有些观点认为我国有体制优势，一定能顺利跨过。笔者认为能否顺利跨过"中等收入陷阱"，要处理好以下三件大事，或者说三个关系：一是人均中等收入与基尼系数较高并存的问题；二是出口导向战略和进口替代战略问题，也就是坚持并提升对外开放问题；三是金融创新与金融危机问题。

基尼系数（Gini index）由意大利经济学家基尼（Corrado Gini）提出，用来衡量一个国家或地区居民收入差距，在 0~1 之间，数值越大，表明收入的贫富差距越大。一般认为该系数少于 0.3 时，贫富差距较小；大于 0.4 时，则贫富差距较大。换句话说，该系数在 0.3 以下比较合理，大于 0.4 则表示收入差距比较大。一个国家达到中等收入，同时存在基尼系数较高的情况时，则表明该国总体财富增长快，但个体（群体）收入差距较大。我国从 20 世纪末开始，基尼系数一直处于较高的水平。近年来，我国一直提倡通过扩大内需来促进经济发展，实际效果并不明显，原因何在？根据 2022 年国家统计局的报告，全社会消费市场当中 73.1% 的消费由衣食住行这四种人的基本需求组成，即衣食住行的基础消费占到了社会总消费的近四分之三。进一步分析不难发现，对于高收入的群体来说，衣食住行这些基本需求已经较好得到满足；而对于低收入群体（基尼系数大说明这部分人数较多）来说，住（房屋）和行（汽车）无力消费，衣和食虽然可以满足，但也只停留在较低水平。这样一来，高收入者和低收入者对衣食住行的扩大消费贡献都不大，而这一消费又占了整个消费的将近四分之三（2021 年远高于2022 年）。以上分析有助于找到市场消费受制于收入的结构性原因。众所周知，市场是发展经济的基础性因素，也是决定性因素。而消费市场若不能持续扩大，就无法为经济的可持续发展提供源源不断的牵引力。这几年虽然大力提倡消费，但效果并不明显的主要原因就在于此。要解决这个问题，一方面是扩大低收入人群的收入，譬如这几年大力推动的精准扶贫、乡村振兴等；另一方面，应该加快消费领域的市场化改革，譬如医疗、教育、养老、生态等，也就是促进消费升级。换句话说，做大市场总需求的分母，而让衣食住行的消费（分子）比重下降。这样不仅能促进经济发展量的扩大，也能推动经济发展质的提升。

笔者还要特别强调的是，构建"双循环"新格局，尤其是国内大循环，重点是生产要素的循环，而不仅仅是消费品的循环。近年来，许多媒体报道与学术研讨几乎都将着眼点聚集在消费品（商品）的大循环上。这是很不够的，也是不全面的。现在有些地方光靠发放消费券来促进消费，这种方法永远解决不了共同发展和共同富裕问题，也解决不了发展不平衡和不充分的问题。而鼓励生产要素的"双循环"，就一定要重视项目的招商引资，因为项目是各种生产要素的载体。这也从一个侧面说明开发区工作的重要性，因为招商引资一直是开发区工作的重中之重。

通过分析能否顺利跨过"中等收入陷阱"，还可以发现不同国家采取何种开放战略也有差异。笔者注意到这里面有一个有趣的现象：采用出口导向型战略的国家往往更容易跨过"中等收入陷阱"，而采用进口替代型战略的国家则多有掉入"中等收入陷阱"的先例。这就让人联想到开发区要当好对外开放"窗口"的战略定位。"窗口"就是要连接国内国外两个市场，利用国内国外两种资源。两个市场大，还是一个市场大？当然是两个市场大。两种资源多，还是一种资源多？肯定是两种资源多。我国采用的是出口导向型战略，改革开放伊始就鼓励出口创汇。而采用进口替代型战略的国家，往往通过采取高关税和其他保护措施来保护国内市场。这样做虽是为国内企业也包括国内的外资企业创造了良好的国内市场，但忽略了国外市场。其出发点虽一方面可能是希望待国内产品得到提升后再到国际市场参与竞争，但不曾想此时的成本也大大提高，再加上市场的服务体系滞后，反倒降低了产品在国际市场的竞争力。另一方面，高关税等措施也使得利用国外的资源显得不充分。上述分析支持了为什么实行进口替代型战略的经济体较易掉入"中等收入陷阱"的论点，应该引起深思。中央在提出的构建"双循环"新格局当中特别强调了国内国际两个循环的相互促进，并且提出要从外向型经济向开放型经济转变，旗帜鲜明地要求提高对外开放的质量。不难理解，对外开放这一基本国策不仅仅是坚持，更要扩大和提升，体现了与时俱进。

进一步分析金融危机与"中等收入陷阱"的关系还可以发现，发生金融危机的国家或地区，不容易顺利跨过"中等收入陷阱"。这一点在较大的中等收入国家表现得更加明显。一个地域辽阔、人口较多的国家，达到人均中等收入水平后，人口基数和人均收入相乘，财富总量就较大；财富转化为资本，资本又是逐利的，金融媒介为了迎合资本的逐利性，其创新手段就层出不穷；而如果这些金融创新又脱离实体经济，就会埋下金融危机的伏笔，一旦时机成熟，就会发生金融危机；金融危机的发生无疑会导致国民财富的大量流失，重创该国经济，掉入"中等收入陷阱"也是早晚的事情。这些年各地出现的一些金融乱象，足以引起大家的警醒。笔者认为，防止金融危机的最好办法就是金融创新要面向实体经济，要有利于促进实体经济的发展。当然，防止金融创新脱实向虚，让更多的资金投向实体经济，也是开发区招商引资工作需要坚持的一个重要方向。

通过以上分析不难发现，构建"双循环"新格局，确实是基于国情和形势的必然选择和主动选择，也是国家现代化进程发展到今天的客观要求。作为改革开放窗口的开发区，不要因为"国内大循环"而有"失落感"；反而要认清开发区的定位和优势：在"双循环"中，开发区本身就是一个重要支点，我们的工作就是要通过这个支点来撬动连接国内国外两个市场，并利用国内国外两种资源的循环。有些地处内陆的开发区往往从地域位置出发，担心难以成为对外开放的窗口。这个担心实际上是多余的。生产要素的流动和汇集，与地理因素有关，但更重要的还是取决于区域市场、产业结构以及开发区的营商环境。经过这些年的发展，各地开发区都已经成为所在地区经济发展的增长极或发动机，各地对"要想发展就要抓开发区"已经形成共识。各开发区如果能充分利用这些主客观条件，在打造对外开放窗口构建"双循环"的新格局方面一定大有作为。

近年来，根据构建"双循环"新格局和推动高质量发展的要求，各地开发区的发展出现了许多新动向、新趋势。尤其是在经济下行压力趋大的环境中，开发区发展的韧性和担当进一步得到彰显。

第一个新动向：从产业集聚到产业集群。

产业发展一直是开发区发展的底色，前文在介绍开发区建设成就时也曾提到产业集聚发展是开发区的一个突出亮点，因为这符合经济规律，也顺应现代化的内在要求。进入新时代以来，各地开发区从产业链延伸，进一步转向产业生态圈建设。许多开发区已经不满足于产业链招商，而是出现了建设产业集群的更高要求。打造产业集群，就是招商引资除向产业链链条上的相关企业延伸外，还向与该产业相关的生态圈拓展，譬如产品设计、技术研发、品牌设计、物流供应、人才信息交流、税务法律服务、标准制订、质量检测乃至于区域品牌运作等等。开发区本来就有产业集聚和产业链的优势。现在又围绕开发区的主导产业或支柱产业进一步打造产业生态圈，该产业生态圈反过来又用于进一步扩大招商引资。这不仅大大提高了该产业的发展效率和效益，而且也极大提升了开发区的区域品牌知名度以及招商引资的吸引力。这一新的发展现象值得大家关注和研究。可以期待，若干个国际知名和若干个全国知名的产业集群不久就会在各地开发区出现

第二个新动向：开发区的整合提升。

在开发区事业总体发展的同时，也存在着各地开发区之间发展不平衡、不充分的问题：开发区的布局偏分散，发展水平差距较大，招商引资低水平竞争，单位土地面积产出效率不高等现象。不妨称之为"成长的烦恼"，或者也可称其为发展中出现的问题，包括块状经济发达的浙江省也存在同样的问题。如何借鉴改革开放的成功经验，用发展的办法解决发展中碰到的问题，各地已经开始推动开发区之间的整合提升。浙江省在 2020 年 7 月，以省委浙委发〔2020〕20 号文件印发了《关于整合提升全省各类开发区（园区）的指导意见》。意见明确提出：加快形成功能布局合理，主导产业明晰，资源集约高效，产城深度融合，特色错位竞争的开发区（园区）体系。整合提升当中要体现：整合形成空间相对集中连片的"一个平台"，管理运行独立权威的"一个主体"，集中统筹协同高效的"一套班子"。其他地方也有这方面的动作。相信通过"整合"能够达到"提升"的目的，能够适应新形势、新任务和新发展阶段的要求。在新发展阶段，还有一点需要引起高度重视，那就是开发区对所在地区的经济贡献，经济增长极也好，经济发展新高地也好，地区经济发动机也好，总之开发区在这方面的作用越来越受到各级

领导的重视。如《山东开发区条例》就明确提出开发区要"推动产业结构调整和经济转型升级，带动地区经济发展并进而提升全省经济社会发展水平"。开发区带动所在区域经济发展的方式当然有很多，而通过开发区（园区）的整合提升自然是一个重要的途径。

第三个新动向：跨区域之间的合作。

深圳经济特区已经在这方面做出了榜样。深圳经济特区与汕尾市建立"深汕合作区"，区域面积468平方公里，由深圳汕尾产业转移园于2011年扩容升格。2018年，广东省明确其管理主体调整为深圳市。前文提到开发区是通过学习借鉴经济特区的经验而成立的，而深圳经济特区与汕尾市这一跨区域的合作开发模式同样值得开发区认真研究和学习。目前，开发区之间跨区域合作已经有较多成功的实践。譬如，苏州工业园区与宿迁开发区之间的合作，上海漕河泾开发区与浙江海宁开发区之间的合作。这一趋势在当下构建"双循环"新格局的大背景下，具有非常积极的意义。前文已经提到"双循环"的重点更在于生产要素的大循环，而开发区之间的合作，更能发挥生产要素流动和营商环境提升的优势，特别是开发区之间以资产为纽带的合作，必然会更好地促进"双循环"新格局的加快建立。

第四个新动向：加强社会治理体系建设。

2019年10月，党的十九届四中全会通过了《中共中央关于坚持和完善中国特色社会主义制度，推进国家治理体系和治理能力现代化若干重大问题的决定》。如何加强社会治理体系和治理能力建设，对于开发区来说尤为重要。这是因为：第一，随着开发区的发展，开发区内的企业大量增加，成为社会治理活动中的重要参与者；同时多种所有制共存，涵盖外资企业、民营企业、国有企业和个体工商户，还有许多新经济组织，如律师事务所等。这些组织都是独立的法人，又有各自的章程；在经营活动中，利益相异又有关联，表达方式和诉求渠道也各有特点，如何发挥他们的作用，共同参与开发区的治理，是一个新课题。第二，随着产城融合的推进，大量的新工人、新市民增加。这些人经历、学历各不相同，来源地的地域文化风俗相去甚远，还有许多不同民族的人以及境外人士都同处开发区一地。如何和谐相处并发挥他们的积极作用，是不能回避的现实问题。第三，受历史传统和文化观念的影响，人们往往比较认可管理型的社会管理模式，而疏于对治理型的社会模式研究；实践中机械照搬现有的社会活动管理模式，强化管理者与被管理者的界线，既无法适应开发区提倡的"小政府、大社会"的管理体制要求，也不能满足中央关于提高社会治理体系和治理能力现代化的改革期待。如果回归到现有城市的社会管理模式，不仅是开发区现有的管理体制机制难以承担，从长远看，更不符合当今知识型社会的发展方向。

2020年7月，国务院国发〔2020〕7号文件《国务院关于促进国家高新技术产业开发区高质量发展的若干意见》中已经提道：支持国家高新区探索新型治理模式（第十五条）……实现园区治理体系和治理能力现代化（第三条）。应该注意到，这是党的十九届四中全会后关于高新区（开发区与高新区从本质特征来讲是相同的）发展目标和要求，在社会治理领域的最新提法。毫无疑问，我们必须将此纳入开发区新发展模式的探索和实践当中。

宁波开发区在工业社区的治理上，已经作出了一些有益的尝试，收到了良好的效果。宁波开发区的大港工业社区成立于2008年，占地6.7平方公里，有超过550家的各类企业、近10万名员工就业。最初通过发挥政治优势，建立了超过50个基层党组织，在加强党员队伍建设的同时，逐步引导各类企业和员工积极参与社区乃至于整个开发区的社会治理活动，实现了淡化管理者和被管理者的角色划分，鼓励大家共建共治共享。现在，共同讨论和相互服务的内容逐步扩大，从环境整治、区域防疫，到暑期子女照料，企业生产经营当中的资源余缺调剂等等，取得很好的效果。目前，类似的工业社区，宁波开发区已经建立了15个。

第五个新动向：持续提升营商环境。

营商环境一直是开发区的核心竞争优势之一。开发区自成立以来，一直重视营商环境（以前叫投资环境）的建设，曾有"按国际惯例办事"的口号。我国加入WTO之后，提倡率先接轨市场化、法治化、国际化的营商环境标准。具体做法也经历过两个阶段：前期主要是通过上级机关下放权力的办法，主要是应对计划经济时代形成的审批制带来的审批慢的问题；后期主要是在区内采用"集中窗口，加速办理"的方法，将所有相关的审批和许可事项集中在一个地方如一幢大楼办理，以此"缩短流程，加强衔接，窗口指导，综合审办"；都取得不错的效果。随着经济社会的发展，营商环境始终面临着没有最好，只有更好的要求，特别世界银行在 2019 年 10 月发布的《全球营商环境报告2020》，宣布中国的营商环境排名从上一年的第 46 名提升到第 31 名，成为连续两年全球营商环境改善幅度最大的 10 大经济体。世界银行的正面肯定，更加激发了各地优化提升营商环境的积极性，进一步坚定了改革的信心，也提出了更高的目标。

目前，各地各开发区普遍重视营商环境，其涉及政府的各个部门，也反映着整个社会的风貌。要抓好营商环境并非易事，也难以毕其功于一役。笔者认为优化营商环境的本质，是尊重企业、尊重企业家、尊重企业家的创新精神，要从营造企业家创新精神、全社会尊重企业家创新精神入手，这一点至关重要。

第五节　开发区长远目标研究

开发区不同发展阶段的探索和实践既是我国现代化进程中对开发区提出的客观要求，也是开发区自身积极探索的结果，既是客观条件的使然，又是主动实践的成果，符合开发区是开拓性发展和开创性发展区域的内涵定义。在此基础上，不妨对开发区发展的长期目标或终极目标作简单的展望。

对照实现第二个百年的目标，也就是建成社会主义现代化强国。前文已经论证了产业化、城市化、现代化的客观规律：现代化离不开产业化，开发区又是产业化的主要承载地。所以，在国家现代化的进程中，开发区都将扮演重要的角色。笔者认为，开发区的长远目标可以简单表述为"三个更好（高）"，即发展质量更好、管理效率更高、发展生态更好。"发展质量更好"包括速度和质量。开发区离开了发展速度其意义就无从谈起，或者说没有较高的发展速度，没有比所在地区更高的发展速度，开发区就失去了存在的意义。"发展质量更好"，即管理效率更高，今后应该引起重视。改革开放以来，我国获得较快的发展，得益于人口红利和其他生产要素的红利。今后要继续保持较快速度和较高质量的发展，就要充分塑造制度红利，这也是最能说明社会主义市场经济可行并具有优势的强有力证据。"发展生态更好"，这是广义的概念。具体包括人与自然要和谐，人与社会要和谐，人与产业要和谐。近些年来常被提及的"资源枯竭型城市"实际上就是人与产业不和谐的典型例子。资源型城市，因资源开发有了产业兴旺，随之又有了城市。在资源产业兴旺的时候，不注重相关产业的延伸和拓展，不注重产业集群的建设。在财政税收条件较好的时候，对人才有较强吸引力的时候，不注重创新，不注重转型升级，不重视人才引进。一旦资源枯竭或市场变化，可持续发展失去动力，城市发展就走下坡路了。经济下行、人口流失，老百姓自然无法安居乐业。有人将此归因于计划经济，现在我们实行社会主义市场经济，就应该注意避免这种现象。开发区又是社会主义市场经济改革先行先试和先行示范的地区，所以说人与产业的和谐就应该成为我们的长远目标。

本书这次修订再版，增加了开发区发展阶段的内容，并且专门扩大为一个章节。这几年来，笔者越来越觉得深入开展开发区发展阶段的研究，不仅对于加深开发区的研究很重要，而且对于加深现代化的认识也很重要。"现代"一词作为时间概念当然是相对于古代或近代而言，而现代化一般认为是指工业革命以来，世界性的发展结果或状态。笔者认为现代化有以下特点：一是科学技术快速发展，二是生产效率快速提高，三是文明程度快速演变。换句话说，人类与自然的关系当中，从自然王国快速向自由王国转变。这当中的关键词就是"快速"。因为过去200多年的变化，相较于过去2000多年、4000多年的变化，最大的特点就是一个"快"字。现代化是一个目标，也是一种状态，还是一个过程。就现代化的过程来说，开发区作为遵循现代化发展规律的重要载体，其过程之快，就很好地契合了以上"快速"的含义。从事开发区工作的同志，更应该有"一万年太久，只争朝夕"的紧迫感。

通过上面对开发区各个发展阶段的深入分析，不难发现，开发区的每一个阶段都为下一个阶段做了铺垫，而后一阶段又对前一阶段有了提升。前后各个阶段既有机连接，又层层递进。每个阶段变化较快，但意义完整。

第三章　开发区管理体制和开发区文化

在介绍开发区发展的概况后，下面两章对开发区的管理体制机制展开深入讨论。所谓"体制"，就是区域（或单位）在机构设置、领导和隶属关系以及管理权责划分等方面形成的体系。而"机制"一般是指区域或机构（用学术的语言来说是指有机体）的结构、功能以及由此内生的工作方式，机制往往是由体制所决定的。本文讨论的开发区体制机制主要是指开发区的管理机构设置和管理权限以及上下级关系，并由此而产生的开发区工作方式。一般不涉及开发区管理机关内部的机构（或基层组织）设置和职责。不难理解，这对开发区的发展会起到决定性的作用和影响。

前文已经讨论了开发区的三要素，即区域、体制和政策。这当中区域是可以调整的，政策也会随着时间和形势的变化而变化，而体制机制则更能体现出开发区独有特征且具有与时俱进的特点。总之，这三者都是动态的。本文认为对开发区来说，区域和政策的变化是被动的，而体制变化或创新则应该是主动的，也可以说体制改革或创新是三个要素中最具有能动性的因素。因为区域范围和优惠政策往往是由上级，也就是开发区的外部力量决定的。而开发区的体制创新则更多地取决于内生的动力。不同的开发区可能有不同的体制，即使是同一个开发区，在不同的时期，也可以有不同的体制，这是改革开放的大背景所决定，也是开发区作为改革创新试验田的要求所决定。因此，本文认为开发区既是一个区域的概念，也是一个体制的概念。应该认识到，平常说某某开发区，不仅特指一个特定的区域，也代表着一种或一个体制。这一点还可从邓小平同志的题词中更加深刻地体会到。1986 年 8 月 21 日，邓小平同志视察天津开发区并题词"开发区大有希望"。当时天津开发区规划面积是 32 平方公里，仅占全国陆地国土面积的百万分之三左右，即使全部建设完成，在全国国土开发建设当中的比重也不高，更何况当时开始建设只有两年多时间，建设形象和经济总量都难以与今日等量齐观。之所以大有希望，是因为邓小平同志敏锐地洞察到开发区建设活动和经济发展背后包含着生机勃勃的体制机制优势，并且他以政治家的眼光和胸怀坚信这种体制机制充满活力，符合改革开放的要求，也正是我们国家现代化建设所需要的。所以邓小平同志欣然题词，给予充分肯定。今天我们说开发区大有希望，不仅表现在建设成就上，更是体现在它的体制机制上。换句话说，大有希望的开发区既是一个"区域"的概念，也是一个"体制"的概念。从这个意义上来说，开发区研究不仅要看建设成就，更要看体制机制的作用，这样就会显得更有意义。

　　开发区诞生于计划经济时代，成立以来一直把体制机制的改革作为自己的主要任务。总的来说，开发区在体制机制方面的改革突破有：探索"自费开发、自主开发、自负盈亏、自求平衡"的开发管理模式；有效地突破当时仍在实行的计划经济的制约和束缚；创造出开发区精简高效、小政府、大社会、大市场、大服务的体制机制环境；有效地规避和减少了传统体制内部的扯皮和摩擦；实行了一系列与国际惯例接轨的措施；有力地推动了我国社会主义市场经济体制的发育和完善。时至今日，这些体制改革和创新仍然彰显出积极的意义。开发区的体制创新对全国的改革开放起到了示范和引领作用，乃至引起世界的关注。

第一节　开发区管理体制的特点、模式和职能

一、两个特点（原则）

　　开发区的管理体制有两个鲜明的特点，也可以说是两个基本原则。这是我们讨论开发区管理体制必须首先要明确的。第一个是授权管理原则（特点），第二个是经济责任原则（特点）。

　　第一批国家级开发区成立后，开发区所在省和直辖市的人大常委会都颁布了开发区条例，规定了开发区的相关事宜，后来成立的开发区也都参照执行。开发区条例中明确规定开发区经上级政府授权，行使相关

的管理职权。此外，各地开发区成立时，其上级政府也都会发文明确开发区管理机构的建立，以及相关的职能权限。这两条措施都非常明确地表明开发区的管理是授权管理。因此我们将此确定为"授权管理原则"。

开发区作为一个开发、建设、发展的特定区域，势必会涉及投入与产出问题，当然还有投入产出的效果、效率和效益问题，自然也就引入了一个经济核算问题。所以，有时人们把开发区称为经济功能区。更为重要的是，开发区诞生于计划经济向市场经济转变时期，与计划经济条件下搞产业化和城市化的开发建设不同，开发区一开始就要求"自主开发、自费开发、自负盈亏、自求平衡"，这就决定了开发区必需追求经济效益和承担经济责任。因此，我们将开发区管理的第二个原则明确为"经济责任原则"。

理解开发区管理体制的上述两个原则（特点），对于展开开发区管理体制以及由此产生的一系列问题的讨论是非常重要的。

二、三种典型模式（类型）

开发区一般依市而设，但其名称又不含某某"市"，这是一个有趣的现象。依市而设自然有其历史原因，前面已经谈到，成立开发区最早的权威文件是中央发布的《沿海部分城市座谈会纪要》，文件中提到有条件的地方兴办经济技术开发区，这里的"地方"毫无疑问就是所在城市，所以对开发区冠以城市名称。名称中没有"市"，则说法不一。有几种说法笔者认为可以采信，一是参照经济特区的名称，如深圳经济特区，就不叫深圳市经济特区，厦门经济特区也不叫厦门市经济特区。毕竟开发区是在经济特区之后，学习经济特区改革开放经验而成立的，名称尽量与其保持一致是可以理解的，也表示了向经济特区学习的态度和决心。二是宣示一种开放的姿态，面向海内外招商引资搞开发建设，而不是就"市"论是。也有说当时某些省就一个开发区，也体现举全省之力而办之。时至今日，对于开发区的名称，大家已经是约定俗成，当然也是乐观其成。上述说法所体现的开放豁达的胸怀和锐意改革的迫切心情成了改革开放大潮中一朵美丽的浪花。

经过 30 多年的发展和探索，开发区的管理体制形成了三种典型的模式，分别是：派出机构模式、区政统筹模式、企业管理模式。

1. 派出机构模式

这是由所在地的市（县）党委政府派出党工委和管理委员会来（以下统称管委会）管理开发区。派出机构（党工委管委会）模式的主要特征有：

（1）组织架构：开发区党工委和管委会作为上级市委市政府的派出机构，并代表该级政府行使职权，管委会内部设立若干机构，但并不与上级政府职能机构一一对应。

（2）人事管理：开发区党工委管委会领导班子实行任免制，领导班子成员由上级党委政府任免，主要领导一般高配（行政级别）。

（3）财政核算：国家级开发区设立独立财政，编制和实施预决算（报经相关人大或常委会批准）。

这里引用 2014 年（本书第一版）相关调研报告的数据，截至 2013 年前（调查统计时点）批准成立的 185 家开发区中，有 171 家采用该模式，占 93%。可以看出，这是主流模式。

2. 区政统筹模式

这是开发区党工委管委会与所在地的行政区（党委和政府）交叉融合统筹运作的一种模式。一般又分两种，一种是若干个街道乡镇委托开发区管理，不妨称之为纵向统筹。另一种是开发区管委会与同级政府融合（俗称合并）统筹管理，可称之为横向统筹，通常是"两区融合、统筹运作、职能覆盖、各有侧重"。其特征有：

（1）组织架构：党工委管委会和区委区政府部分领导兼职，下设职能部门统一使用，可以挂两块牌子，开发区侧重于开发建设，行政区侧重于社会管理。但职能辐射或覆盖的范围一般都打破两者的区域界限。

（2）组织人事：干部统一管理使用，选用制和任免制同时存在。

（3）财政核算：开发区和行政区两个财政独立设账，统筹使用。

实行这种模式的开发区有 8 家（资料来源同上），占 4%，但这 8 家开发区均为 2002 年前成立，占同期开发区总数的 15%。这说明在建区时间越长的开发区当中，采用区政统筹模式的比例增加。根据笔者的观察和体会，开发区建立 10 年到 15 年后，社会管理事务会急剧增加，这个时候就要尽快完善社会管理职能。所以在建区时间较长的开发区当中，实行这种模式增多，也符合开发区从产业化向城市化转变的规律。

3. 企业管理模式

前面提到开发区适应市场化改革，采用"自费开发、滚动开发"的模式，所以许多开发区都成立企业性质的投融资平台——开发公司，但这些公司一般不承担区域的行政管理职能。这里所说的企业管理模式是指除了执行开发建设任务外还承担部分开发区的管理职能（根据授权）和提供公共服务的情况。通常是"人大立法，政府管理，公司运作"。其特征有：

（1）组织架构和人事管理按企业体系执行，个别开发区采用政企联合（或一段时间内）的模式，配有部分行政事业人员。

（2）开发公司除了负责基础设施建设外，还承担项目规划、项目环保、外资入区和高新技术企业认定等审批事项的初审权。

（3）财务核算按企业标准执行，部分开发区通过土地一次性转让或税收部分返回（或转移支付）享有开发性收益。

实行该模式的开发区有 4 家（资料来源同上）。只占总数的 2%，应该说比例不高。但实行该模式的开发区，发展速度和建设档次显示出较高的水平。近年来，随着开发区之间跨区域合作的增多，两个开发区一般共同出资成立开发公司，进入方的开发区或市政府授权该开发公司，在其开发的次区域内行使一定的管理职能。随着共建"一带一路"倡议的实施，到国外兴办开发区，既要以资本为纽带，又要有相应的管理权限，通过政府间双边协商兼顾两者权责和利益，这种模式就会体现出优越性。

实行上述三种管理体制比较典型的开发区有：

（1）天津开发区——派出机构（管委会）模式。

（2）苏州工业园区——派出机构（管委会）模式。

（3）上海漕河泾开发区——企业管理模式。

（4）宁波开发区——区政统筹模式。

（5）广州开发区——区政统筹模式。

天津开发区，成立于 1984 年。天津市第十届人大常委会第 21 次会议于 1985 年 7 月 20 日通过了《天津经济技术开发区管理条例》，后又对该条例进行修改。天津开发区成立至今，一直实行管委会管理体制（目前名义上管委会成为法定授权机构）。

苏州工业园区，成立于 1994 年，实行管委会管理体制，该区的管理特点是中国和新加坡两国政府建立了中新联合协调理事会，就工业园区的重大事项进行协调和决策。

上海漕河泾开发区，成立于 1984 年，当时称漕河泾微电子工业区，1988 年正式经国务院批准成为国家级开发区。上海市第九届人大常委会第 17 次会议于 1990 年 4 月 16 日通过了《上海市漕河泾新兴经济技术开发区暂行条例》。漕河泾开发区从成立至今一直实行企业开发管理模式。

宁波开发区，成立于 1984 年，现在与宁波市北仑区实行区政统筹的管理模式。浙江省第七届人大常委会第 3 次会议于 1988 年 5 月 18 日通过了《宁波经济技术开发区条例》，后来多次修改该条例。

广州开发区，成立于 1984 年，现在与广州市黄埔区实行两区统筹的管理体制（先于萝岗区后改为黄埔区）。广东省第六届人大常委会第 24 次会议于 1987 年 1 月 22 日通过了《广州经济技术开发条例》，后来多次进行修订。

在上述三种典型的管理模式中，区政统筹模式出现较晚，创始于基层，现在也已经得到上级的正式认可，早在 2014 年，国务院办公厅《关于促进国家级经济技术开发区转型升级创新发展的若干意见》（国办发 2014 年 54 号）中，就提出："（六）各省、自治区、直辖市应根据新形势要求，因地制宜出台或修订本地区国家级经开区的地方性法规、规章，探索有条件的国家级经开区与行政区融合发展的体制机制，推动国家级经开区依法规范发展。"2017 年，在总结经验的基础上，国务院办公厅《关于促进开发区改革和创新发展的若干意见》（国办发〔2017〕7 号），对上述这三种管理体制又提出了明确的要求。对派出机构模式的要求是"开发区管理机构作为所在地人民政府的派出机关，要依照精简高效的原则，进一步集中精力抓好经济管理和投资服务，焕发体制活力"。对区政统筹模式的要求是"对于开发区管理机构与行政区人民政府合并的开发区，应完善政府职能设置，体现开发区精简高效的管理特点"。对企业管理模式的要求是"支持以各种所有制企业为主体，按照国家有关规定投资建设、运营开发区，或者托管现有的开发区，享受开发区相关政策"。上述要求既肯定了开发区在实践当中探索的经验，也体现了鼓励开发区进一步大胆试、大胆闯的要求。

开发区目前典型的管理体制就有三种模式，而且每一种体制都有成功的案例，具体到各地开发区的管理形式当然会更多，这本身就说明开发区的管理体制可以不拘一格，可以根据自己的具体情况和不同的发展阶段不断创新。如前所述，开发区的管理体制具有"授权"和"责任"两个特点，责任自然有大小之分，同样授权也有大小之别，这就有了创新的空间，有了上级授权大小的空间，也就有了基层争取多少的空间。笔者认为开发区的根本优势就在于体制机制可以创新，而且可以不断地创新。本文在回顾开发区的发展历程和发展阶段时，都把它放在国家改革开放的大背景下来讨论，开发区的体制机制创新也应当根据国家改革开放大背景的需要而与时俱进。生产力决定生产关系，上层建筑要适应经济基础，这是马克思主义的基本观点。开发区肩负着开拓新的发展路径，开创新的发展模式的责任和任务，如果开发区没有在管理体制上大胆创新，只注意到开发区当中的"区"，简单地把自己等同于一个行政区域，照搬现成的或者原来的体制，那就是放弃了国家赋予的改革开放的优势，只能是自断其长。开发区的管理体制没有放之四海而皆准的唯一模式，也不是一成不变的。开发区进入新的发展阶段后，再创开发区体制机制新优势已经成为各方的共识。

三、七项基本职能

开发区不仅仅是一个区域的概念，同时又是一个体制的概念。开发区既指特定的区域，也往往代表着不同的体制。但这并不是说开发区的体制和职能完全"无章可循"。根据这些年来对各地开发区体制的跟踪观察，笔者认为开发区体制当中的主要职能必须符合国家赋予开发区改革开放和发展的需要。40 年来，各地开发区逐步探索和完善了符合本地实际的管理模式和职能授权，虽然并不完全相同，但笔者认为围绕开发区的目标和内涵，下列七个方面的职能是不可缺少的，或者说这七个方面的职能是开发区必备的基本职能。

（1）财政（或财务）统一核算和管理职能。

（2）发展改革和投资管理职能。

（3）招商引资和商务科技职能。

（4）自然资源、规划管理和国土开发职能。

（5）环境保护和绿色低碳管理职能。

（6）行政审批和市场监督管理职能。

（7）应急管理和综合执法职能。

财政（或财务）统一核算和管理职能。前面讨论开发区管理基本原则时，专门提到经济责任原则是开发区管理的两大原则之一。可见财政（或财务）职能对于开发区的重要性。财政体制和权限是国家级开发区设置的基本条件之一。作为经济功能区，财政职能对国家级开发区的重要性不言自明。所以财政实行统一核算和管理的职能，是开发区不可或缺的。至于采用企业管理模式（公司制）的开发区，投入产出的核算没有问题，但是成本与效益的对应联系，按现行规则不一定完全一致。从各地的经验看，在一定的时间内各级政府通过适当的方式（如转移支付），返回一部分税收（或其他财政收入）给开发公司，是弥补企业管理模式综合财力不足和体现一定管理权限的重要一环。

发展改革和投资管理职能。开发区的产业开发、产业集聚和产城融合，归根到底是一个投入产出问题，这当中自然会涉及大量的项目投资和固定资产投资，开发区不能没有发展和改革的管理职能。

招商引资和商务科技职能。对开发区来说，无论在开发建设的哪个阶段，招商引资都显得特别重要。可以肯定地说，凡是成功的开发区都具有完整的招商职能，都把招商引资作为各项工作的重中之重来抓。进入创新发展阶段后，招商引资的涉及面更广了，在外向型经济向开放型经济转变的过程中，开发区作为对外开放的窗口，要继续深化投资贸易的国际化和便利化，进一步探索建立制度型的高水平开放格局，要在"双循环"新格局中打造战略支点，要创新驱动建设成为国际知名的产业集群。这些都足以说明，开发区的商务和科创职能都必须加强。

自然资源、规划管理和国土开发职能。从各地开发区的成功经验看，一个好的规划非常重要，先规划后开发和一张蓝图（规划）干到底是开发区有别于有些地方乱开发、慢开发（折腾）的重要经验。这方面苏州工业园区的经验足以说明开发区规划职能不可或缺。

这里有必要特别强调产业规划之于开发区的重要性。产业规划是项目招商的基础蓝图，又是空间规划的基础。有些开发区说建就建，缺乏认真的规划，尤其是产业发展规划。似乎圈地就会有项目，挂牌就可成立开发区。殊不知开发区开张伊始，甚至尚未批准之前就应该有完整的规划，尤其是产业发展规划。当时第一批国家级开发区成立前，都被要求制定详细的规划，包括产业规划和基础设施建设规划。大家都认可项目是开发区的生命线，招商引资是开发区工作的主旋律，产业发展是开发区的底色。但在实际工作中却由于各种原因，有些开发区产业发展规划不详细，产业发展规律没有深入研究，恰恰是项目招商打不开局面的重要原因，也是有些开发区空间规划一变再变的原因。所以开发区的规划职能应该结合上面的发展改革职能和招商引资职能共同编制规划，包括空间规划和招商规划。

环境保护和绿色低碳管理职能。环境保护和低碳发展越来越受到重视。在有些人的印象中，开发区往往在这方面是落后的。实际情况并不是这样。许多开发区一开始就非常重视环境保护工作，而且从规划开始就抓绿色发展。许多开发区获批绿色发展示范园区或绿色工业示范区，就是一个很好的证明。前文讨论过开发区发展的长远目标，提到人与自然要和谐，所以开发区具备这个职能并不难理解。

行政审批和市场监督管理职能。开发区是市场经济改革的探索者和最佳实践场所，开发区又是各种类型企业集聚的地方。换言之，开发区的管理对象和管理内容都决定了需要具备这个职能，也是持续提升开发区市场化、法制化、国际化的营商环境所必需的。

应急管理和综合执法职能。开发区是企业集中所在的区域，安全生产的任务很重，也至关重要。另一方面，产城融合后也带来了城市管理的问题。按照提高社会治理能力和治理体系现代化的要求，城市管理也需要不断地创新，这也是开发区应该探索创新的领域。

在讨论了开发区应该具备的七个基本职能后，再讨论这些职能（管理）权限的授权问题。笔者认为授权的原则是在开发区管辖的范围内，开发区应该代表派出机关（这里的机关指开发区的上一级）行使职能权限，而不是开发区自身对应的行政职级的职能权限。具体举例来说，开发区作为市一级派出的机构（这里的机构指开发区本级），行政级别一般为县处级，许多地方就往往按照县级的管理权限来对待，也就是开发区享有县级的管理权限（如审批权限），而不是市一级机关的职能权限。根据开发区授权管理的原则，也就是代表谁来管理的原则。笔者认为，开发区应享有市级机关的职能权限。这样既不违反授权管理的原则，也符合开发区办事不出区，提高办事效率和提升营商环境的要求。开发区建立初期，开发区被授予的职能权限，基本上能对应这样的要求。随着时间推移，许多开发区职能权限上收的现象比较普遍。近几年，各地发文件对开发区充分授权问题多有强调。有些省里文件明确要将市一级机关的职能权限授予开发区（县处级）。同理，县级派出机构的开发区应该享有县级的职能权限（在开发区范围内），而不是行使街道（镇）的职能权限。

第二节　国外开发区管理体制简介

二战以后，开发区的形式在许多国家出现，比如爱尔兰的香农开发区成立于 1959 年，与我国高新技术产业开发区相似的韩国大德科技园成立于 1973 年。其他的产业园、工业园、科技园都不少。但都没有形成类似于中国开发区这样的数量规模和整体效应。在 20 世纪 60 至 70 年代西方也出现过产业集聚、产业集群甚至产业集群群的理论研究，但后来也没有更加深入的讨论，形成比较有影响的理论。中国开发区经过 40 年的发展，取得了举世瞩目的发展，笔者认为这在很大程度上得益于中国开发区的组织化程度较高。换言之，就是中国开发区实行了比较高效的管理体制。这涉及两个方面，就开发区外部环境来说，我们国家和地方政府都高度重视开发区的发展，都以不同方式对开发区加强规划、管理和指导。就开发区内部来说，各地开发区也都紧紧抓住管理体制这个"牛鼻子"，不断推进改革和创新，并以此为杠杆撬动开发区各项事业的改革和发展。而大多数国外的产业园区除了提供一些公共服务外，很少实行统一的公共管理，甚至必要的行政管理。中国开发区的成功，充分说明开发区或产业园区应该提供必要的公共管理，提供良好的制度环境和制度创新。因此，结合国外开发区、工业园区、产业园区的研究，今天讨论开发区的发展，总结开发区的经验，就应该将开发区的管理体制纳入研究的范围。

以两家同我国开发区概念比较接近的爱尔兰香农开发区和韩国大德科技园为例。

爱尔兰香农开发区。习近平同志访问香农开发区时，称赞香农开发区是世界上最早最成功的开发区之一，几十年来不但为爱尔兰经济发展作出了重要贡献，也为世界上不少国家的开放型经济发展提供了有益借鉴。

香农开发区由香农开发公司负责开发，采用政府主导和企业自负盈亏的开发模式。香农开发公司始建于 1959 年，是由爱尔兰政府成立的，受企业和贸易部长直接管辖。它既是一个由政府控股的机构，也是自负盈亏的有限责任公司。当时主要是依托香农国际机场开设空港出口加工区。1968 年爱尔兰政府决定建立香农开发区，并授权香农开发公司统筹负责整个香农地区工业、旅游业等产业的全面开发。20 世纪 70 年代，爱尔兰政府要求香农开发公司重点发展科技型工业，香农开发区依托大学建立创新中心，实现劳动密集型向技术密集型工业转变，20 世纪 90 年代，香农开发公司再次调整发展方向，逐步使开发区转为以服务业为主。香农开发区成立 50 多年来，始终走在爱尔兰经济发展的前沿。

香农开发区的成功有许多经验值得借鉴。首先，重视基础设施建设，除了道路海运和空港外，较早就重视采用光纤和宽带网络，为投资者提供厂房和其他设施。其次，充分发挥爱尔兰地处欧洲和美国交通中心的有利条件，利用两种资源链接两个市场，大力吸收外资。据统计，香农开发区的外资 94% 来自欧美国家，而美国投资就占了 57%。再次，香农开发区非常重视教育和人才，20 世纪 70 年代依托利默里克大学建立国家科技园，80 年代成立高技术公司的创新中心，90 年代建立恩尼斯信息科技园等技术中心。可见香农开发区一直紧跟科技创新的步伐并让科技创新成为开发区发展的强大推动力。这对于我们开发区进入新时期面临新发展很有启发性。

韩国大德科技园。成立于 1973 年，是比较典型的政府主导和推动的产业开发区，这一点与美国的硅谷不同。从计划制定到基础设施建设都由韩国政府负责。早在 20 世纪 80 年代初，韩国政府就对分散的管理体制进行了改革，将各部厅所属的研究所和民间研究机构以及大德科技园的科学技术院和科学技术大学都划归科学技术部管辖，同时成立国家科学技术部的科学城办公室，统一负责大德科技园的行政管理。该办公室下设发展部和管理部，发展部主管城市建设，落实总体规划，协调所有涉及该城建设的相关政府部门；管理部负责居民住房和相关的服务，类似于公用事业。政府还成立了"大德研究园地管理事务所"，负责园地的建设和研究业务的支持工作。大德科技园管理体制的一大特点是，政府非常重视相关法律的配套，韩国政府先后颁布了《高技术工业都市开发促进法》（1986 年），《大德科学城行政法》（1993 年），《大德研发特区法》（2004 年）。不断根据新的发展要求，以法案的形式明确大德科技园的目标就是促进研究成果的转化，支持企业产品上市，强调国家经济竞争力。为开发区的发展创造了良好的法制环境，这一点很值得借鉴。大德科技园园区管理部门制订了招商促进条例，对入住的科研机构和符合条件的企业实行税收和资金上的支持，企业可以获得 50% 所得税的减免和上限 50% 的研究开发费用补贴。此外还放宽投资领域的限制，对外商直接投资实行全面自由化和鼓励政策，允许外国企业对韩国企业进行敌意并购，为高技术产业的发展提供包括风险投资、天使投资等在内的金融支持。促进科技和金融结合上取得较好的成果。

第三节　开发区体制改革与国外相关改革的比较

开发区作为对外开放的窗口，在讨论开发区的体制机制时，除了"纵向"历史回顾外，还有必要与同时期的世界进行"横向"的对比研究。换言之，研究开发区要有世界的历史的战略的眼光。

1978 年党的十一届三中全会做出了改革开放的历史性战略性的决策，成立于 1984 年的开发区，从一开始就与深圳等经济特区一起被赋予摸着石头过河，为全国经济体制改革探路的重任。而改革的中心议题就是如何突破计划经济的束缚，提高经济发展的效率和速度。到 1992年，经过 10 多年的探索和争论，也经过经济特区和开发区的试验并取得成功，中央正式决定全面开启社会主义市场经济的改革。经济特区和开发区改革的纵向（历史进程）对比，已经有了许多讨论和报道。而横向比较的研究和讨论似乎不多。由此我们自然想到了同为计划经济体制的苏联和东欧国家也在 20 世纪 70 年代末 80 年代初开始的改革，许多文章多以两者之间的改革进行对比，研究讨论这两个改革的成败得失，自然也有不少有益的启发。苏联和东欧国家从计划经济向市场经济转轨时，实行的是休克疗法（也是在西方国家的指导下），结果不但没有成功，反倒的确让经济"休克"了很长一段时间，这说明市场经济改革必须选择正确的路径。无独有偶，在几乎相同的时间，实行市场经济体制的西方工业化国家，也进行了行政管理体制（主要针对经济管理）的改革，史称"新公共管理运动"（东西方改革的对照见表三），并且达到了目的，可以说取得了成功。这说明市场经济也不是一成不变的，也需要随着经济技术乃至社会的发展而不断地改革。针对这些现象，人们不禁要问，为什么第二次世界大战结束以后，经过 30 多年的发展，无论是计划经济，还是市场经济，无论是社会主义国家，还是资本主义国家，无论是发展中国家，还是发达国家，都因为经济效率和效益的下降，不约而同地选择了以经济管理为主要内容的管理体制改革。这当中各国的社会制度、经济体制、生产力发展水平乃至人们的生活水平都不相同，相同的只是时间的节点，只是时间的周期。所以，是否可以这样认为，无论是计划经济，还是市场经济，经过若干年（如30~40年）的运行后，管理体制都会出现僵化，又会落后于技术、经济、社会发展的内在要求，都需要改革创新。现实也确实如此。行文至此，让人不禁想起了马克思主义的经典观点：经济基础决定上层建筑，生产关系必须适应生产力的发展水平；也想起了邓小平同志视察南方谈话中反复强调的计划经济和市场经济并不是社会主义和资本主义的根本区别。同一时期各种经济管理体制改革的出发点和结果，从一个侧面印证了上述论断的正确性。为了便于对照，不妨对行政管理改革运动颇有国际影响的英国、美国和新西兰三个国家的行政管理改革情况作一简单了解。

表三　东西方改革背景比较

比较项	中国（东方）苏东国家	西方工业化国家
发展水平	总体发展水平较低	经济技术总体领先
国家性质	社会主义国家	资本主义国家
经济体制	实行计划经济	实行市场经济
经济效益	经济效益不高	财政赤字高企
行政效率	管理效率很低	行政效率趋缓

比较项	中国（东方）苏东国家	西方工业化国家
经济状况	经济增长缓慢	经济发展滞涨

1. 英国

二战以后英国经济经历过恢复和快速增长，1951—1970 年，人均 GDP 增长了 66.54%，年均增长 2.58%，但从 70 年代开始，逐步陷入了滞涨，1970—1980 年，GDP 增长 20.2%，通货膨胀却达到了 260.3%。如何摆脱经济滞涨和高失业率，压缩公共开支削减财政赤字，是英国政府和社会共同关心的问题。同时经济全球化也使英国政府和企业面临新的国际竞争压力，迫切需要企业的组织结构和政府的公共服务效率作出积极的响应。在 70 年代末期，撒切尔夫人（代表保守党）组阁执政，推出了行政管理改革运动，在公共管理和公共服务部门提倡 3E 标准，即节约（Economy）、效率（Efficiency）、效益（Effectiveness）。具体内容包括：在公共部门引入类似于经济组织内部的管理技术，将具备条件的公共服务进行私有化或者将部分公共服务委托给代理机构，等等。

表四　英国 1970—1990 年经济增长和通胀对比

年份	经济增长	物价指数
1970—1980	20.2%	260.3%
1980—1990	29.8%	88.6%

从表四也可以看出推行新公共管理运动前后，英国 70 年代和 80 年代的经济增长与通货膨胀的对比情况，80 年代的通货膨胀已经远远低于 70 年代，而经济增长却高于 70 年代。经济状况明显得到改善。

2. 美国

美国经济在 20 世纪 70 年代开始陷入了长期的滞涨（见表五）。为了推行行政管理改革，1982 年里根政府上台之初就成立了放松管制工作小组，对经济管制条例的制定和修改进行统一领导。

表五　美国经济增长和通胀率

年份	GDP 增长率（%）	通胀率（%）
1971	3.4	4.30
1972	5.3	3.27
1973	5.8	6.16
1974	−0.5	11.03
1975	−0.2	9.20
1976	5.3	5.75
1977	4.6	6.50
1978	5.6	7.65
1979	3.2	11.22
1980	−0.2	13.58
1981	2.5	10.35
1982	−1.9	6.16

　　20 世纪 90 年代初期，克林顿政府上台后，面临的国内国际环境又有了新的变化，随着苏联解体和冷战的结束，也随着信息技术的快速发展和经济全球化的加深，保持美国在全世界经济技术的竞争优势成为新政府的主要任务。政府的改革和公共服务效率的提升，都应该围绕这个目标。因此克林顿政府在往届政府改革的基础上，又提出了重塑政府的口号，发起以放松管制为取向的政府内部管理改革。1993年 9 月，克林顿总统发布 12861 号和 12866 号行政命令，要求取消二分之一的内部管制规定，以便达到工作更好、成本更低的效果。当年开始推行的"国家绩效评估"项目，重点聚焦解决政府如何做而不是政府应该做什么，强调政府和公共管理运作过程的改革，以信息化、内部市场化、成本节约和充分授权来缩减政府规模，大幅提高政府运作效率。这一项目一直伴随克林顿政府的两个任期，收到了预期的效果。

　　一般认为，开始于 20 个世纪 80 年代初，一直持续到 90 年代的美国政府行政管理改革，是西方国家行政管理改革的重要组成部分且比较有代表性，涉及范围广，内容丰富，效果明显，对其他国家的行政管理改革有较大的示范作用，对美国乃至西方国家经济社会各个方面都产生了积极的影响。这也是推动美国 20 世纪末和 21 世纪初经济持续增长的动力之一。

3. 新西兰

二战以后，新西兰一直是世界上经济较繁荣的国家之一，人均 GNP 曾经位列第三，仅次于瑞士和美国。但进入 70 年代后，两次石油危机和英国加入欧共体（作为英联邦成员失去传统的农产品市场）后，经济急转直下，人均 GNP 从 50 年代的第 5 位下降到 80 年代的第 20 位，政府净债务占 GDP 的比例从 1976 年的 9%上升到 1985 年的 41%。同时，经济全球化对国家整体竞争力提出了新的要求，作为经济规模不是很大的国家，迫切需要重塑竞争优势，不仅是传统的产品贸易和企业投资需要适应，国家公共部门的改革也需要跟进。再者，信息化时代，对选举政治产生了新的影响，使得政治家和选民都更大程度地参与进来，公共部门的效率、透明度都要有新的变化。在此背景下，1984 年和 1987 年，工党两次上台执政，坚定地推行行政管理改革，1986 年出台了《国有企业法》，1988 年出台了《公共部门法》，1989 年出台了《公共财政法》，分别提出了国家企业改革（商业化和私有化）、重构政府部门（掌舵与划桨分离）、改善政府管理（绩效管理），财政改革（资产负债表）等。经过改革，新西兰的经济在 20 世纪 90 年代取得了大幅增长。世界银行在 1996 年的世界发展报告中，对新西兰的行政管理改革给予高度评价。新西兰的行政管理改革在当代西方行政改革中占有十分重要的地位，被许多国家誉为行政改革的典范。

与其他国家相比，新西兰的行政管理改革涉及的内容较广，引入了较多的理论思考和理论指导。总的来说，新西兰的行政管理改革体现了从行政对经济较多的干预向发挥市场机制作用和引入第三方机构的转变。比如，新西兰梳理了政治和行政的关系，让政治和行政的两种角色较彻底地分离。因为建立在传统科层制基础上的行政管理机构和管理方法，不能完全适应经济的快速发展，特别是其中的僵化、浪费、低效的弊端已经不能适应现代经济特别是信息社会的要求。又如，随着技术条件的改变，许多基础设施和公共服务可以或者说更适合经济组织甚至民营经济来承担，政府付费购买服务比由政府或国有企业自己经营更有效率，如电信通信等。再如，为了突出权责和效益的理念，新西兰在政府部门实行了应计会计制，也就是我们现在所说的权责发生制。这样就使得一个财政单位（地区或部门）不但公开了收益和支出，而且明示了相应的权益和负债。将效益和可持续发展的理念引入行政管理和行政单位。这对于因选举而变动的政治领导人和行政管理团队来说，如何克服短期目标局限，兼顾目前计划和长远方向，其管理理念和管理目标就产生了正面的导向作用。其意义是深远的。

上述列举的三个国家的行政管理改革，还有一个共同的特点，就是都将地方政府的行政管理改革作为全国改革当中的重要方面加以推动，这一点与我国20世纪80年代开始的以财政包干制为特征的地方财权和事权的调整，以及后来的税制改革，在平衡地方权力与责任，调动中央和地方两方面的积极性上，也有相通之处。

在了解上述各国经济体制改革的情况后，下面我们再来讨论各种改革的启示。

通过对上述国内外经济管理体制改革的介绍可知，在几乎相同时间，在世界相距遥远的东方和西方，都开始了经济管理体制的改革，地域遍布于亚洲、欧洲、美洲和大洋洲。苏联和东欧国家是计划经济向市场经济转变，西方工业化国家则将其改革称之为行政管理改革。而在我国的改革开放进程中，经济特区和开发区的体制改革扮演了探路者的角色。40多年前，国门初开，当时仍不时存在争议姓"资"姓"社"的问题，经济特区和开发区的改革自然无法了解和借鉴国外的实践和经验。可喜的是，经济特区和开发区的体制改革在坚持党中央确定的四项基本原则的前提下，始终坚持问题导向，围绕着突破僵化的计划经济体制，本着解放思想实事求是的精神，"摸着石头过河"，走出了一条符合我国实际情况的道路，为经济特区和开发区的发展奠定了基础，也为全国的经济体制改革提供了经验。40多年后，在回顾和对比这些改革时，不难发现当年这些改革也有着惊人的相似之处，不乏可以研究和借鉴的经验，当然也有引人思考的启示。

启示之一，经济管理体制都要与时俱进。不管是计划经济还是市场经济，之前一段时间行之有效的经济管理体制，都会随着经济技术的发展乃至社会的发展而显现出与新情况不相适应的矛盾。这时候就要面对问题、正视现实，实事求是地进行改革，否则旧的体制就会成为制约经济技术发展的因素。众所周知，二战后各国都把高速发展经济作为主要任务，经济管理体制自然以此为中心。但经过30多年的发展，却都面临经济增长下降的问题；仔细研究后又发现，经济增长受到经济体制的制约。尤其是将本国的经济增长放到开放的国际环境中比较，随着国家间经济实力的此消彼长，经济体制与经济发展的不相适应，更是显而易见。换句话说，曾经管理经济有效的制度，经过一段时间的运行，开始反过来制约经济的发展。因此，要想取得持续发展，必须进行改革。历史发展的事实和经验已经告诉我们，无论是计划经济，还是市场经济，经过若干年（如30~40年）的运行后，管理体制都会出现僵化，又会落后于技术、经济、社会发展的内在要求，都需要改革创新。正如马克思主义提出的著名论断：生产力决定生产关系，上层建筑必须适应经济基础。值得庆幸和自豪的是，我国的改革开放既遵循了更好的理论指引，又坚持了马克思主义发展的辩证和实践的观点，选择经济特区和开发区先行先试到先行示范，走出了一条成功的道路。而苏联和东欧国家采用休克疗法，不仅超出社会大众的承受能力，也与其当时的经济技术发展水平不相适应，更与自身对经济活动的理解和驾驭能力脱节，一言以蔽之——严重脱离实际，最终付出了沉重的代价。

启示之二，把提高行政效率作为经济体制改革的具体抓手。如果说从计划经济向市场经济转变是一篇大文章，那么提高行政效率就是一个小切口。从小切口入手，循序渐进，久久为功，这是成功的宝贵经验。笔者认为经济发展的本质是投入与产出及其效率问题，要加快发展，首先面临的就是资金投入问题。我国改革开放伊始，当时的情况是：基础设施落后，产业基础薄弱，经济体制僵化，资金极度短缺。所以，招商引资尤其是引进外资就成了重要的突破口。开发区建立之初，招商引资是面临的最大难题，各地开发区都将招商引资作为开发区建设的重中之重，喊出了"项目就是开发区生命线"的口号。围绕招商引资，促进项目早落户、早建成、早投产、早收益。自然就有了审批服务等改革创新。可以说开发区对加快项目审批改革是孜孜以求、锐意进取的，从下放审批权限、压缩审批时间、减少审批环节，一直到后来的窗口集中审批、一站式审批，各地开发区动足了脑筋想尽了办法，收到了很好的效果。尤其是早期，在全国还处于计划经济时代，两者对比产生了很大的影响。即使到现在仍然是开发区投资环境良好的重要内容。这与国外行政改革中以问题为导向，改革机构层级，改进程序不合理，减少审批，提高行政效率的做法有相似之处。同时，国外的行政改革还提示着，即使是市场经济，也有不断改革以提高行政效率的现实需要。时至今日，我们也应该清醒地看到，行政审批中计划经济的痕迹仍然不时显示着影响。客观上讲，在我国的经济活动中，存在行政主导力量比较强和国有经济比重大的现象。这两种力量的结合，再加上几十年实行计划经济的惯性和路径依赖，审批制度改革的难度很大，一些充满教条主义和形式主义的审批制度容易死灰复燃。如上所述，开发区成立 10 年到 15 年后，为适应城市化的需要，有些地区会实行区政统筹的管理模式，两种体制的交叉也有一个磨合和融合的过程，客观上也会使开发区的行政效率趋缓。当然这些都不能成为放慢审批制度改革的理由，反倒应该是开发区保持清醒认识，坚持改革，锐意创新的动力。现在大家都看好上海等地自贸区的改革，按照中央领导要求，上海自贸区要成为"既是国家制度创新的试验田，同时也是对外开放的压力测试平台"。从中可以发现，体制创新的方向是非常明确的，以实行负面清单管理为例，表面上看是减少了审批内容，实际上还带来管理理念的转变——要彻底抛弃以前计划经济体制下形成的事先审批制，改为事后监管制。如果说以前我们包括审批制度在内的各项改革是以问题为导向的话，那么实行负面清单的管理方式改革已经体现出了战略导向。不仅要与经济全球化接轨，而且还要适应制度型开放的新要求。

启示之三，积极探索政治决策和行政管理相分离的改革。在我国，受传统官本位思想的影响，在许多人的潜意识里，往往将管理等同于领导。从管理学的角度讲，行政管理与政治领导是不同的。就我国的体制来讲，基层地方政府更多承担的是行政管理的职能，而非政治决策。两种职能的混淆往往制约了行政管理的创新，甚至局限了许多人的思维。而开发区实行的体制，特别是第一批开发区刚成立时实行的两个方面的四条具体政策，为开发区的行政管理改革创造了体制性的基础条件。这些政策是：在财政金融方面有两点，一是以开发区成立的当年财政收入为基数，新增税收5年内（后改为10年），全部留用于开发区的滚动开发和建设；二是人民银行（后改为农业发展银行）对开发区首期开发面积按每平方千米1亿元人民币发放贴息贷款。在行政管理方面也有两点，一是各开发区成立党工委和管委会作为当地市委市政府的派出机构，全面负责开发区的各项工作；二是由省级人大常委会颁布开发区条例，作为开发区行使各项职能和职权的法律依据。这两个方面的四条政策，涉及"人"和"财"，明确了开发区的责权利，也就为前文提到的授权管理原则和经济责任原则奠定了基础，在授权和担责之间，不仅为开发区的发展注入了强大的动力，更为开发区的体制改革创造了巨大的活力。前者是显性的，后者是隐性的。对于开发区的优势，人们往往关注前者，实际上后者的作用更大，影响更久远。开发区作为独立的开发建设管理单元，有较大的权力执行空间，也有更大的责任。不妨认为该体制下开发区更多地扮演着执行者的角色，因为政治决策、发展方向、权利范围事先都已经设定，客观上使得决策与执行各司其职。再加上，开发区也采用了更多的第三方机构来承担部分公共服务工作。深入思考不难发现这些与国外行政改革中的掌舵与划桨分离、决策与执行分开的精神比较也有相一致的地方。

社会上对开发区初期或前期的改革记忆犹新，对体制改革的成果津津乐道，但认为近几年开发区的改革乏善可陈。客观上讲，开发区成立初期的改革与当时全国的制度环境有较大反差，容易让人印象深刻。而近几年随着全国改革的整体推进，开发区体制的特殊性慢慢淡化了。但笔者认为开发区的改革仍然任重道远，当然更需要勇气去破题。通过与西方国家行政改革的比较，可以发现同样已经是市场经济了，也需要不断改革和完善其管理体制，已经是市场经济并不是改革完成或不需要继续改革的理由。更何况十八届三中全会提出让市场起决定性作用的改革还是进行时。前文特别强调了时间周期，一个经济体的经济管理体制运行了 30~40 年时间，由于经济技术的发展与经济体制本身，体制与发展的矛盾又会突显出来。我国经济发展进入新阶段，开发区同全国其他地区一样都面临着转变发展方式的问题。因此在新的发展阶段高举改革创新——包括体制创新的旗帜，仍然是开发区义不容辞的任务和需要认真思考的问题。

今天同 40 年前相比，我们不仅有了自己的经验，也能够更客观地分析国内外改革的差异和相同点，将国外 50 多年前的行政管理改革——新公共管理运动加以研究和对比，也将苏联和东欧国家的计划经济向市场经济转变纳入讨论，就是为了更好地思考开发区的体制创新，把改革引向深入。因为计划经济向市场经济成功转变，并不意味着就可以停下继续前进的脚步；又因为同样是市场经济本身，也有一个动态变化不断优化的过程，不能以为我们已经启动了社会主义市场经济就万事大吉了，就不用继续深化改革了。开发区永远承担着先行先试和先行示范的任务。

第四节　开发区文化

经过 40 年发展，开发区的强劲发展及其有别于其他地方的独特管理体制，自然也会孕育出开发区文化。具体来说，开发区文化应该是具有开发区特点、特色和特征的文化价值观。开发区文化也是开发区范围内和开发区工作中，特有的思想、观念和行为规范，具有行为取向的功能。

笔者认为开发区文化的特征就是开放、改革和创新创业。

开发区文化的开放特征源自资本的开放、人才的开放和观念的开放。

首先，开发区创立之初，就是以引进资金特别是利用外资起步，尤其在开发区第一个发展阶段，全国还处于计划经济时代，但开发区毕竟已经向外资敞开了大门，之所以这样做，就像前面所说，开发区已经没有了国家计划资金的来源，当时或许有形势所迫的因素，别无选择，但结果却是闯出了一条适应市场经济发展规律的道路。同时，随着资金的引入，也带动了技术和管理的引入。为确立开发区文化的开放特征创造了有利条件。

其次，开发区的产业开发，需要大量的劳动力资源，外来民工大量进入自然不用多说，各路建设大军和机关干部及许多毕业生蜂拥而至，外方的技术和管理人员也是纷至沓来。多地域多层次的人员汇集交互为开发区文化的开放特征形成奠定了基础。

再次，开发区开放的文化特征还体现在观念的包容。如上所述，既有资本的流动，又有人才的流动，观念的包容就是水到渠成的：像项目引进中的"招商、富商和安商"的理念，建设中的"时间就是金钱，效率就是生命"的理念，像用人当中的"到开发区去创业就业"的理念，等等。

综上所述，开发区文化的开放特征来源于资金的开放合作，人才的开放融合，还有观念的开放包容。换句话说，资金的开放、人才的开放和观念的开放为开发区文化植入了开放的基因。

开发区文化的第二个特征是改革。改革的特征可以用三句话来表述：穷则思变，难则思变，新则思变。

所谓穷则思变，开发区建立伊始就需要大量投资，虽然可以画最美最好的图画，但毕竟是白纸一张，巧妇难为无米之炊，而且还不能等米下锅，而要找米下锅。要想甩掉贫穷和落后，唯一的办法，就是改革。

所谓难则思变，开发区脱胎于原来的计划经济，无论是基础设施建设，还是项目招商，或是管理体制，都没有现成的模式，必须摸索出一套新的方法和道路；也很少有人一开始就能拿出成熟的方法，放之四海而皆准，还时不时会遇到各种是非之争。要想克服困难，唯一的办法，也是改革。

所谓新则思变，开发区每一个发展阶段都会面临新的环境、新的形势。世界潮流浩浩荡荡，顺之者昌，逆之者亡，许多时候没有成熟的理论可以指导，甚至自己以前成功的经验，也不一定永远正确，开发区工作既有新鲜感和成就感，更有压力感和紧迫感。要想破旧立新，唯一的办法，还是改革。

如上所述，开发区文化已经深深地烙上了改革的印记。

开发区文化的创新创业特征。

首先是创新。这些年来关于创新的讨论很多，就经济或经济学的创新概念来说，多认可美国经济学家约瑟夫·熊彼特的观点：企业家是创新的核心力量，企业家对生产要素进行新的组合，也就是建立一种新的生产函数，是推动经济增长的主要动力。因此大家认为企业家精神就是创新（关于创新，本书第三篇会有详细讨论）。现在各地都在持续开展提升营商环境，笔者认为营商环境的本质就是尊重企业、尊重企业家、尊重企业家的创新精神。开发区都将营商环境作为自己的核心竞争力而久久为功。自然也就形成了开发区文化的创新特征。

创业也是开发区的文化特征。开发区白手起家，是一个开创性的事业，没有人为你买单，唯有自己创造。哪怕是经过几十年开发建设后，从形象看，可以开发的空间似乎已经建设完了，但即便如此，产业的更新和提升仍然需要与时俱进，否则就会落后，每一个发展阶段都是一个创业的过程。换句话说，创业始终贯穿于开发区的发展过程。成立较早的开发区对这一点已经有了更深的体会。

开发区的文化建设具有特殊的意义和条件。一是新建地区，容易创建但需要引导。二是大量资本和人员来自区外，互相之间，以及外来人员和当地人员容易产生碰撞，有利于形成特色文化。三是经济发展较快，为了适应发展的需要，能体现文化的先进性。开发区文化近年来已经引起了广泛的讨论，这是一个非常可喜的现象。结合开发区的体制进行讨论，应该更能体现特点或更有意义，因为开发区作为新开发建设的地区，管理体制对文化价值观的影响和引导是显而易见的。从这个意义上说，开发区文化也可以理解为开发区的行政（管理）文化。这也是本文在介绍开发区管理体制时开展开发区文化讨论的原因之一。

第四章　开发区体制改革的理论思考和创新

开发区的体制创新是一个实践的过程，毫无疑问仍然在不断地发展完善当中。回顾 40 年的发展和改革，可否从丰富多彩的实践中总结经验，开展理论上的思考，是一件非常有意义的事情。但这方面的研究成果见之报端的不多，这与我国改革开放 40 多年来，其他方面改革理论研究的活跃程度相比不太相称。开发区体制改革作为我国经济体制改革的缩影，虽不缺样本但缺少可以借鉴的理论体系。前文将开发区的体制改革和国外的经济管理体制改革进行了对比，这里借鉴国外新公共管理运动的理论依据展开讨论。国外行政管理改革和新公共管理运动的理论依据是 20 世纪 60 年代以后兴起的新制度经济学和公共选择理论。

第一节　新制度经济学和公共选择理论的主要观点

顾名思义，新制度经济学是从制度经济学演绎而来。制度经济学也叫制度学派，是西方经济学中别具一格的学派。制度学派承认传统经济学和资本主义制度的缺陷，主张国家或社会通过法律和制度措施干预经济活动，并运用制度分析来阐述社会经济的演化过程。把社会经济看成是不断发展和不断进化的，强调经济的发展和制度的相互影响。揭示制度在社会经济发展中的地位作用以及与社会经济的相互关系。新制度经济学（或新制度学派）是 20 世纪 60 年代在此基础上发展而来的，主要观点有科斯的交易费用和产权界定理论，诺思的制度变迁或选择理论。

罗纳德·科斯（Ronald H. Coase），美国经济学家，因"发现和澄清了交易费用和产权对经济制度结构和运行的意义"，获得了 1991 年诺贝尔经济学奖，代表作有：《企业的性质》（1937 年），《社会成本问题》（1960 年）。

科斯提出了交易费用的概念，并用此解释经济组织的产生和存在。

他指出，为了避免和节约交易费用，公司才得以出现以取代市场，要素市场得以代替产品市场。他发现和解析了商业经营管理成本如何影响经济的问题。从理论上讲，每个人可以将自己的产品和劳务直接提供给别人，但他要实现这个交易，必须获得信息、签订合同、收付款项，他的生产成本虽然不高但交易成本很大，并不经济，效率很低。因此个人就倾向将自己的劳动交付给企业，由企业来实行统一的交易，这样就出现了企业这种经济组织。同样，企业之间进行交易，也有交易成本，同时企业内部又有管理成本，因此交易成本和管理成本之间的关系就会影响到经济发展的方式。交易成本往往与制度有关，所以制度也就成了影响经济发展的重要因素。新制度经济学将生产界定为人与物的关系，而将交易界定为人与人的关系。交易可分成三个基本类型：买卖交易（平等人之间），管理交易（管理者和被管理者之间），限额交易（政府和个人之间）。不同的经济制度都是这三种交易的不同组合。交易和生产共同构成了人类的全部经济活动，这种活动就组成了经济制度。因此可以认为制度也是一种资源，而且还有稀缺性。传统经济学只将土地、劳动、技术和资金作为研究对象加以研究是不够的和不全面的，所以制度也是经济学研究的对象。

科斯还阐述了产权理论的基本内容，认为现代社会存在着许多由法律规定的产权，只要这种法定产权的归属是明确的，同时市场机制是有效的，那么资源就会得到有效的配置。他认为只要交易费用为零，法定产权的最初状态是无关紧要的。但在现实社会中，交易费用不可能为零，那么制度就应该关注法定产权的初始状态了。这对于解决影响环境的外部性问题是一个很好的启发。

道格拉斯·诺斯（Douglass C. North），美国经济学家，因"为了解析经济和制度的变化而应用经济理论和定量办法，更新了经济史的研究"获得了1993年诺贝尔经济学奖。代表作有：《公共问题经济学》（与米勒合著）、《经济史中的结构变迁》《制度、制度变迁与经济绩效》。

其主要观点有制度变迁理论，这是诺斯理论的精髓。诺斯在对1600—1850年海洋运输生产效率变化的研究中，得出的观点是航运安全性提高（如海盗现象减少）和市场规模扩大，使得保险费降低、武装押运减少而运输量增加等，从而降低了成本，增加了效率和效益。以前有人认为是装配了有动力的轮船代替帆船而使得运输效率提高，实际上轮船代替帆船是 19 世纪末的事情。由此可见，制度创新是提高经济效率的重要因素，制度创新包括规模经济、外部性、风险和交易费用。因此诺斯得出的结论是制度变迁能够提高生产效率和实现经济增长。诺斯还认为制度与组织的差异和它们的关系决定了制度变迁的方向。他提供了分析制度变迁的模型，为研究国家制度安排、产权制度安排、意识形态安排以及传统习惯的改变提供了整套分析模型，为新制度经济学做出了开创性贡献。

公共选择理论发源与 20 世纪 50 年代，兴盛于 80 年代（国外行政管理改革或新公共管理运动期间）。主要研究集体决策或政治决策的决策过程和结构，重点研究经济政策的制定过程，主张行政管理引入一定的市场机制，并将经济学应用于政治学。所以，又称之为新政治经济学。

詹姆斯·布坎南（James M. Buchanan），美国经济学家，公共管理学派的重要创始人，因"对经济和政治决策理论的契约和法制基础的开拓"而获得 1986 年诺贝尔经济学奖，代表作有：《财政理论与政治经济学》（1960 年）、《成本与选择》（1969 年）。

公共选择理论开创性地将经济人行为准则、自由交换等经济学工具和方法引入公共选择过程，认为支配人们政治行为与经济行为的动机在本质上是一样的，都是追求个人效用的最大化，因此从一个理想的市场和政府出发来确定市场与政府的有效边界是自由放任学说与政府干预学说的共同弱点。

公共选择理论（学派）还对非市场决策的政府机构和公共组织的行为进行研究，得出的观点主要有：一是运用新制度经济学的委托代理理论和交易成本理论，分析了公共组织类型的选择，认为没有任何逻辑理由证明公共服务必须由政府机构来提供，特别是按经典公共行政理论设定的科层制政府机构，并不适合于提供公共服务。随着新技术的发展，有些具有公共服务性质的行业如电信、邮政（快递）和基础设施（高速公路）等，可以交给非政府部门来承担。二是公共服务（政府或非政府部门）的提供也应该遵循交易费用最小化的原则进行招标，引入适当的竞争。公共服务（包括行政管理）也应该从只注重投入（列支费用）和程序（预决算）向注重结果或绩效管理转变。新公共管理运动的特点是，工具理性和价值理性相结合相统一。除了研究组织内部，也研究组织外部，创新约束和激励机制，从重约束向重激励转变，更好地适应了市场经济和经济全球化的发展。

第二节　开发区的实践

本节重点讨论开发区的发展和体制当中出现的产业集聚与块状经济、行政管理与公共服务、债权开发与股权开发等现象。

一、产业集聚与块状经济

改革开放以来东部沿海地区的发展较快，其中一个重要的原因是县域经济或者块状经济比较发达。过去学术界和理论界曾开展过这方面的研究。实际上，开发区就是典型的块状经济。在相对集中的区域内，适度超前建设好基础设施，创造良好的投资软硬环境，并依据自己的比较优势，大力促进相关产业的开发和集聚。对入区的企业来说基础设施可以共用，公共服务可以共享，行业信息便于交流，专业人才便于集聚。这对企业有很强的吸引力，也符合经济规律。从企业的角度来讲，需要扩大产能时，有两种方法可供选择，一是扩大自身规模，一个企业作为独立的法人组织，有管理费用（管理成本），或称之为组织成本，一般来说组织成本会随着企业组织规模的扩大而增加，但两者之间并不呈线性关系。二是采用企业之间的采购（交易）协作，这样一来交易成本就会增加。企业扩大产能时，到底是采用外部采购（交易）的方法，还是采用内部扩大规模的方法，就需要衡量到底是交易成本（交易费用）大，还是组织成本大。或者说到底是交易成本上升快，还是组织成本上升快。如果交易成本大于组织成本，企业就会采取扩大自身规模的方式，许多企业随着市场份额的扩大，往往会向产业链的上下游拓展。自工业革命以来，在过去相当长的时期内，这是企业发展的主流模式。但近几十年来，随着技术条件的改变，特别是信息技术的发展，这一现象出现了变化。许多企业更注重发挥自己的专长，在产业链的一个或几个环节做专、做精、做好，将自己不擅长的环节外包生产或采购；相关联的企业尽可能围绕龙头企业集聚在特定的区域，以便大家都能节省交易成本。开发区的出现就适应了这种趋势。换句话说，产业链上的相关企业抱团集中在开发区，形成产业集群参与市场竞争，比起企业内部扩大自己并不擅长的生产或其他环节，反倒更有优势，对大家都有好处。以新制度经济学的观点看，因为企业认为随着开发区的出现和技术条件的变化，许多情况下组织成本已经大于交易成本，或者说由于产业集聚等原因使得交易成本的增长可以慢于组织成本的增长，所以就会选择开发区（块状经济）这种方式，走产业集聚的道路。而不是自己企业内部沿着产业链向上下游无限扩张。就全社会来讲，这也符合节约资源和提高效率的要求。

开发区简政放权的投资环境，完善的基础设施，以及行业信息和人力资源的集聚交流，都有力地促进了交易成本的降低。比如开发区管理效率高就降低了制度成本，基础设施的完善和规模效应同时降低了企业的生产成本和交易成本，信息富集和人才集聚也降低了交易成本。这就从理论上解释了块状经济的发展，也就是开发区的发展为什么会显示出强大的优势。这也有助于理解许多开发区为什么都注重形成若干个支柱产业和产业集群。以浙江为例，全省 20 家国家级开发区（这里采用本书第一版的数字），2014 年规模以上工业企业，实现人均工业增加值 19.4 万元，人均利润 5.53 万元，分别高于全省平均水平 1.4 万元和 0.44 万元。人均利润开发区比全省提高 8.6%，人均工业增加值开发区比全省提高 7.8%。这里除了要注意这两个数字开发区都高于全省外，更要注意到人均利润（效益）提高还要大于人均工业增加值（产出）提高的现象，也就是效益大于效率，充分说明开发区的产业开发和产业集聚对效益提高（交易成本降低）起到了促进作用。

二、行政管理(指政府直接参与管理)与公共服务

在计划经济时代，许多人的认识中公共服务与行政管理是画等号的。大家普遍认为基础设施涉及民生问题，自然是公共服务，而公共服务有公益性就应该由政府提供并实行管理。基础设施、公共服务以及必须由政府提供并进行管理三者之间形成了一条逻辑链条，而且基础设施、政府提供和行政管理三者之间还是画等号的。实行市场经济改革以来，大家也觉得不能简单理解，但理论上还是一个说不清道不明的问题。时至今日，笔者认为这个问题在我国的实践已经走在了理论的前面。尤其是开发区的实践。

开发区建立之初，首先面临的就是大规模的基础设施建设任务，如土地征用、道路沟通、水电通讯配套等等，通常称之为"五通一平"（即通水、通电、通路、通讯、通气、平整土地）。不仅投资巨大，而且要超前建设。各地开发区无不"殚精竭虑"。以其中的水为例展开讨论，这里基础设施中的水通包括"上水"（供应生产生活用水）、"下水"（雨水排放）、"污水"处理等：既有管网，又有泵站，还有水厂和污水处理厂。就宁波开发区来说，截至目前已建设雨水管网700多千米，污水管网543千米，日供水能力70万吨，日污水处理能力58万吨，泵站23座。仅管网和泵站的投资，每平方千米就达到1943万元。加上水厂，再加上其他的基础设施，投资无疑是巨大的。供水问题既有经营的性质（生产用水），又有公益的性质（生活用水）。如何进行投资，又怎样实行管理，不仅是现实问题，还是一个值得讨论的理论问题。从经济学角度看，水作为一种资源，谁使用谁付费，这已经为社会普遍接受。但污水排放不是资源，如何付费和收费？从新制度经济学的理论讲，排放污水对他人对环境造成了负的外部性，如果将河流和环境不被污染作为一种产权加以界定，谁排放污水谁就要付费，这个问题同样可以得到解决。新制度经济学还认为"市场交易"和"明确产权"是等价的，具有同等重要的意义。通过建立"用水"和"排放污水"的市场，进而产生一个能反映真实"社会成本"的水价和排放污水的价格，显然有助于引入市场机制从而形成了水的产业，"水通"的投资问题就会迎刃而解，也会步入良性循环的轨道。现在国家有关部门大力推动在基础设施建设中实行 PPP 模式，其中就有许多的涉水项目，但似乎进展并不大，这与制度供给欠缺有很大关系；也与理论认识有关，不能不说思想还不够解放，至少是思想不够开放。为了进一步强调这个问题，不妨设定如下问答。

问："水通"是不是基础设施？

答：是。

问："水通"是不是具有公益性？

答：有。

问：既然是基础设施又有公益性，是不是就应该由政府投资并直接管理？

答：不一定。

其原因在于，上述内容虽在理论上没有基础设施、公益性与行政管理三者之间的逻辑等号（如果引入产权制度和市场机制就会是全新的解释），但现实中已有类似的改革实践。如，同样作为"五通一平"的电信服务：以前都认为电信建设和服务是属于基础设施，生产和工作离不开，老百姓的生活也需要，公益性的特征很明显，自然属于公共服务的范畴，就应该政府投资建设，政府保障供应，进而也应该由政府直接管理。实际上，成立较早的开发区早期也曾经将电信作为政府投资的重要内容。但随着技术的发展，电话得到普及，移动电话及互联网的出现，改变了电信的运行模式和服务特征。现在电信投资早已引入市场机制，走上了产业化的道路，可以说步入了良性循环的轨道，也不再是投资和管理的难题。这当中有技术发展的客观原因，也有思想认识和思想解放的主观因素。

为了进一步说明这个问题，不妨对基础设施和公共服务的公益性和垄断性再作深入讨论。有一种观点认为基础设施和公共服务具有公益性和垄断性，所以必须由政府提供并实行直接管理。笔者认为这当中首先要分清楚基础设施和公共服务的公益性和垄断性是自然属性还是工业属性。如果其公益性和垄断性是工业属性，就不必由政府提供，而应该引入市场机制，实行产业化发展。以高速公路为例，一条高速公路建成后向全社会开放，无疑它具有公益性，只要愿意付费，谁都可以使用。同时，由于相邻地区的高速公路不能无限制建造，已经建好的高速公路也就有了垄断性。但是这条高速公路的公益性和垄断性不是其自然属性，而是其工业属性，是工业文明赋予它的源于对全封闭、全立交等工业手段的采用。对于过往的车辆和人员来说，可以选择使用高速公路，但必须付费。如果不想交费，可以选择走普通的道路，仍然可以到达目的地。换句话说，车辆和人员离开了高速公路，仍然可以照常生活和工作。再以自来水和污水处理为例，自来水和污水处理显然都具有公益性和垄断性。它们的公益性和垄断性也是工业文明赋予的，源于对建设工厂、铺设管道以及生产管理等工业方法的采用。谁要使用它们，就必须付费。有人说不想交费，就使用河水或自排污水，虽然不太好，但不至于无法生活。因此，不妨将天生就有的公益性和垄断性，离开了它人们就无法生活或工作的，称为自然属性的公益性和垄断性；将由于采用工业方法而获得的公益性和垄断性，叫做工业属性的公益性和垄断性。本文认为对于具有后一种公益性和垄断性的基础设施和公共服务，可以并且应该鼓励引入市场机制，实行产业化，这样效率就会更高。当然为了兼顾公平和投资回报率，可以进行价格调节或部分财政补贴，也可以实行政府购买服务。随着技术创新和产业的发展，今后这一类现象会越来越多。按照全面深化改革的要求，今后在投资领域推行 PPP 模式，提倡政府购买服务以及地方政府试行资产负债表等改革，这些都为进一步发展符合中国特色的具有公益性的基础设施建设和公共服务管理指明了改革的方向。当然也需要创造更符合实际的制度条件来推动。

三、债权开发与股权开发

前文已经提到开发区的区域开发一开始就脱离了计划经济的模式，探索产业化城市化现代化建设的市场化改革，具体方式无非是两个方面，一是债权开发，二是股权开发。债权开发就是通过借贷方式获得资金进行开发，这是绝大部分开发区开始时采用的模式。股权开发是引入资金共同组成全区性（或区域性）的开发公司，共同投资共负盈亏。需要说明的是，许多开发区为了投融资的需要，成立了一个或若干个投资公司，以承担投融资业务为主，也承担一部分开发任务，这种形式不是本文所指的股权开发模式。近年来出现的"产业地产公司"也不是。执行股权开发的公司应该称之为"区域开发运营公司"（本书第四篇有详细介绍）。这里所指的股权开发模式要具有以下主要特点：（1）开发公司代表地方政府负责开发区（或部分区域）的规划、投资、开发、建设、运行、管理。涉及开发区的部分行政管理职能由上级政府或相关机构部分授权开发公司，开发区不再设立管委会。如设立管委会，则管委会必须是开发公司的控股股东，管委会承担的部分与开发建设有关的职能由开发公司承接，并由开发公司承担开发的经济责任（包括投入和收益）。（2）开发公司对开发区的土地出让有事实上的主导权，并根据协议或其他规定享有部分土地增值收益。换言之，土地开发要纳入开发公司的资产。（3）开发公司根据协议或其他规定享有开发区税收或其他财政收入的部分财政补贴。采用这种股权开发模式的开发区不多，但都取得了明显的成功，这是一个值得深入研究的现象。特别列举三个例子。第一个例子是上海漕河泾开发区，由政府成立的开发区总公司负责全面开发，相关的行政管理由市和区两级政府部分授权，也就是"人大立法，政府管理，公司运作"。该区一直是国家级开发区的佼佼者，可见其模式的先进性。值得注意的是，上海几乎所有的开发区都采用这种模式。第二个例子是宁波大榭（岛）开发区，成立于1993年3月，规划面积35.2平方千米，实际建设用地19.6平方千米，由中信集团出资成立开发公司负责全面开发建设，开发区的管委会也由中信方面负责。其体制特点是"政企融合、收益兼顾"。该区产业开发和投资收益的效果都十分明显，2014年（这里采用本书第一版的数字），工业总产值541.5亿元，财政总收入111.5亿元。第三个例子就是由招商局负责开发的蛇口工业区。经过多年的跟踪观察，可以发现这三个样本还具有以下两个潜在的优势：一是这类开发区的规划包括空间规划和产业规划的起点较高，贯彻得较好。这可能与这一类开发区比较重视产业规划有关，因为股权开发往往由企业主导开发建设，而企业与产业或产业发展具有天然贴近的优势。二是这些开发区产业项目的招商也呈现出较高的档次，这可能与股权开发的企业股东往往是大企业有关，因为大企业联系和对接国内外大企业的渠道更多，招商引资对接项目更便于直达对方高层，就这个意义来说，股权开发可以在更大范围配置资源要素。前文曾提到有什么样的产业，就有什么样的开发区。一旦有了产业优势，就能为其他各方面的发展奠定坚实的基础。所以这些开发区形象好效益高，既有"面子"，也有"里子"。

从新制度经济学的观点来看，股权开发（具体方式可参见下一节"管委会+公司"）的特点是通过制度安排，将土地纳入开发公司资产，相比于债权开发，更好地界定了产权，也明确了投入和收益的责权，能够节约交易费用，减少区域开发当中的负的外部性，而且还承接部分公共服务职能。土地既是一种重要的生产要素，用于招商引资可以促进产业发展；又是一种重要的产品，用于住宅建设，可以满足人们住的基本需求。在股权开发的模式中，投入与产出体现得更直接明了，资产与负债反映得更清晰更及时。这对于以产业化和城市化协调发展为中心任务的开发区来说，其制度的优越性是显而易见的。传统经济学把生产函数仅仅看作是投入与产出之间的技术关系。而新制度经济学则提出还应该包括制度因素，而制度的改进更具有报酬递增的效应。因此，从债权开发到股权开发本身就是一种制度创新。这在控制政府性债务的大背景下，相比目前有些地方将土地临时转入平台公司，希望扩大融资规模的做法，其作用和意义将会更加明显。

股权开发模式今后会在构建"双循环"新格局当中表现出其积极意义。发展的不平衡和不充分仍然是我国发展面临的重要问题，为此党中央提出要构建"双循环"新格局的要求。笔者认为要想加快"双循环"新格局的形成，推动开发区之间以资产为纽带的合作是最好的抓手。因为开发区的优势正是产业开发（招商引资）和营商环境，而这恰恰是地区之间对口合作最重要的平台也是最需要的载体。在股权合作的基础上，各方的责权利得到平衡，就会建立起既能调动各方积极性，又能促进长期合作的内生动力。换个角度来说，必须以制度创新加快"双循环"新格局的建设，赋予股权开发模式在市场配置资源中以更大的空间。现在国内有些开发区在开展区区合作当中，已经有采用相互出资共同组建开发公司，也就是股权开发模式的成功经验。比如苏州工业园区与宿迁开发区的合作，收到了很好的效果。

因为股权开发更适合市场经济的环境，故其模式还适合"一带一路"建设。"一带一路"建设中，互联互通的基础设施建设一般来说投资大，回收周期长，如果能在沿路沿线同时开发建设若干个开发区，带动产业开发和集聚，并走向产城融合，增加当地的就业和税收，同时又能提升基础设施的利用率和回报率，这便实现了开发区模式本身的意义。而股权开发的模式能够成功运用于国外开发区或产业合作园区的开发，其意义就更加深远，不仅说明我国具备了更加丰富的市场经济经验，而且用他人也能听懂的语言，提升和宣传中国的影响力和软实力。

这里运用了新制度经济学的理论观点分析开发区的改革，特别是体制机制的改革以及收到的良好效果，作出了一些解释。但实践永远是第一位的，也是丰富多彩的。良好的发展应该产生先进的理论。期待能够更加深刻分析、提炼、总结产生于开发区改革开放实践的理论。不仅要道路自信，也要制度自信，还要理论自信。

第三节　开发区体制创新的意义和思考

一、开发区体制创新的意义

开发区进入新阶段后，体制创新的重要意义可以从以下两个方面来认识和理解。

首先，从"新阶段"看。进入新阶段后，开发区和全国各地一样，都需要转变发展方式。过去在高速发展的同时，也积累了不少矛盾，即存在许多发展不平衡、不协调和不可持续。如产业结构的不平衡，城乡二元结构的不平衡，东部和中西部发展的不平衡，经济发展和社会事业发展的不平衡等等。要转变发展方式，首先面临的就是要调整这些不平衡的结构。而在所有这些结构调整当中，产业结构的调整是最基础的，也是最能动的因素。最基础在于，其他方面的调整都有赖于产业结构的调整。最能动在于，抓好产业结构调整就能带动其他方面的调整。前文提到的爱尔兰香农开发区，之所以能一直走在爱尔兰全国发展的前面，就是得益于其产业结构的不断调整，从 20 世纪 50 年代的空港加工贸易，到 60 年代的工业和旅游业，再到 80 年代和 90 年代的劳动密集型转向资本密集型产业和服务业，他们始终抓住产业的提升。以区域发展的基础力量和能动力量，带动区域经济和社会的发展，这是有普遍意义的经验。因为技术进步对经济社会发展的推动，往往通过产业的演化进步和转型升级表现出来，因此产业本身都具有进步的、创新的基因，这就决定了产业发展都具有优胜劣汰的规律。而产业的优胜劣汰在根本上又取决于市场在资源配置中的决定性作用。同时市场经济本身就是一种制度和体制。因此，产业调整离不开制度和体制。我国的开发区以产业发展见长，这既为转变发展方式提供了良好的现实基础和条件，也为开发区的体制创新提供了很好的抓手。简而言之，解决发展不平衡不充分的矛盾，进而实现高质量的发展关键是结构调整，结构调整的基础是产业调整，产业调整又有赖于制度的创新，而产业和制度的基础性和能动性又恰恰是开发区的优势，因此把产业结构调整作为开发区体制创新的着眼点和着力点，充分认识并发挥开发区产业优势和体制创新的基础性和能动性作用，这就是深刻认识开发区体制创新并主动作为的意义所在。

其次，从自由贸易试验区（自贸区）的改革开放方向看。2013 年上海自贸区成立至今，全国已经有 22 个省（市、区）成立了自贸区，在国内外引起巨大反响。笔者认为自贸区的成立确实是一个非常重要的事件，除了表面的轰动效应外，更要深入分析以下两个深刻含义：一是这几个自贸区虽然都有明确的区域界址，但功能和侧重点并不完全相同，政策也不同。用业内的话说，自由贸易试验区既是 FTZ（Free Trade Zone），也是 FTA（Free trade Area）。前者是指在一个国家内部划出一个特定的区域，在区内实行有别于区外的特殊政策。后者是指两个或两个以上的国家（或地区）通过协议安排实行自由贸易。显然前者是区域的概念，后者是体制（制度）的概念。认清这一点，就更加有助于对改革开放过程当中的"区"既有区域的含义，又有制度或体制的含义的理解、认识和把握。再者，自贸区的成立也表明我国的改革开放是主动为之。我国已经与韩国、新西兰、瑞士等国签订了自由贸易的协定，也与东盟等国家和地区签订了地区自由贸易（RCEP）。如果说以前加入 WTO 是被动接受规则，那么现在则是一边与别人谈判，一边主动探索试行有关规则制度，以便在今后的谈判和制定国际规则中掌握主动。这不能不说是改革开放的一大进步。这充分说明我国已经有了对外开放的主动性和前瞻性。中央还明确要求自贸区要积极探索可复制可推广的制度，在这个过程当中，以开发区的现有条件和经验来说，没有理由消极等待和被动接受。而应该主动发挥自身 40 年改革和发展积累的各种优势和有利条件，主动作为，积极探索。如上海自贸区实行的长江流域海关通关便利化，又如实行负面清单管理等等，现在各地开发区就已经实施或探索。开发区成立 40 多年来，我国的体制改革和创新，实行过问题导向，如解决项目审批太慢的审批制度改革；也实行过目标导向，如加入 WTO 后，与 WTO 的各项规则制度对接；现在要实行的改革开放则体现了战略导向，因为在没有与全体投资贸易国家或地区建立自由贸易体制时，甚至还不能完全确定哪些制度就是自由贸易标准时，就已经在国内某些地区探索和试行与自由贸易有关的规定和制度，目的是更好地掌握制度的话语权。从问题导向到目标导向，再到战略导向，这是开发区进入新时期后体制创新不能不了解的重要意义。

实际上，现有自贸区当中，就已经有开发区参与其中，如浙江自贸区就有宁波开发区参与其中。浙江自贸区成立于 2017 年 3 月，笔者曾经作为省商务厅牵头的前期调研组成员，参与了相关的调研工作。浙江自贸区成立前期主要集中在舟山群岛。2020 年 9 月，经批准，浙江自贸区扩大到杭州宁波和义乌。宁波开发区作为宁波市参与其中的唯一区域（片区）。宁波自贸区（片区）的定位是"一枢纽、三中心、一示范区"：国际航运物流枢纽，国际油气资源配置中心（加工、储运、贸易、金融），国际供应链创新中心，全球新材料科创中心，全球智能制造高质量发展示范区。据了解，宁波自贸区（片区）近几年来，在跨境电商贸易和物流贸易金融创新等方面大胆改革创新，取得了不小的进展。又如福建自贸区中就有福州开发区。福州开发区是第一批国家级开发区，根据自贸区的建设方案，福州开发区将主要定位于建设先进制造业基地、21世纪海上丝绸之路沿线国家或地区交流合作的重要平台，以及海峡两岸服务贸易与金融创新合作示范区。目前他们已经在探索闽台产业合作新模式，扩大对台服务贸易开放，推动对台货物贸易自由，促进两岸往来更加便利，扩大金融对外开放，拓展金融服务功能，推动两岸金融合作先行先试。事关"和平统一，一国两制"，非常令人期待。

还要指出的是，批准建立自贸区和批准建立开发区的含义是不同的。开发区除了有明确的范围界址外，还有明确的政策措施（尤其是前期批准建立的开发区）以及明确的开发建设目标和模式。换句话说，大家都知道开发区具体的做法，但自贸区却不同。国家除了对各自贸区有总体的方向性定位外，并没有具体的政策措施，也没有统一的建设目标和模式要求。即便是目前的22个自贸区，不仅允许而且鼓励各个自贸区根据自身的特点，做不同的探索改革。顾名思义，自由贸易的内涵已经非常丰富了，目前又是试验，改革的空间更大。但笔者在认真跟踪分析后，认为依然有一些共性的地方需要引起思考。一是它们都是依托现有的且发展较好的开发区和海关特殊监管区而设立，这说明进行自由贸易试验要有相对较好的产业和经济基础。二是从各地推出的措施看，基本上都涵盖了贸易投资金融三大领域，都重点部署了行政管理和法治环境的改革。这说明各地自贸区都在认真跟踪新一轮自由贸易谈判的方向和目标，试图主动超前试行探索自由贸易，以便尽早获得经验，在新一轮更高水平的对外开放上掌握主动，甚至引领方向。三是有些自贸区开展了知识产权保护以及知识产权仲裁和司法方面的试验。这说明自贸区已经重视并将包括知识产权战略在内的技术创新纳入转型升级的主要内容。开发区不能消极等待获批自贸区，而应该认真研究自贸区的本质与国家对外开放的战略意图，根据这些战略意图和自身的优势，可以先就一些贸易投资便利化进行探索，这就是开发区体制创新的重要方向和内容之一。

二、开发区体制创新的思考

对于国内外有关开发区案例的研究发现，开发区的体制，特别是管理模式和管理方式在不同的地区、不同的时期并不存在一种放之四海而皆准的模式，也不是一成不变的。可以预期，今后开发区的体制创新仍然会充满活力，也会呈现出"百花齐放"的局面。本文认为进入新阶段后，开发区体制创新的主要方面应该有：

1. 引领开放型经济新体制

众所周知，开发区是对外开放的窗口，40 多年来一直得益于对外开放。外向型经济也一直是开发区的"主营业务"，各地开发区普遍重视外向型经济的管理和发展。但近来也有一种观点认为，现在我国已经全方位对外开放，特别是加入 WTO 以后，开发区不可能再单独享受对外开放的红利了。这在一定程度上影响到开发区的发展定位，有些地方（开发区）对涉及外向型经济的机构或部门有所削弱，甚至工作的指导思想也有所放松。

开发区要永远把自己定位为对外开放的窗口，也就是永远起到连接国内国外两个市场，利用国内国外两种资源的作用。解决好内外联动的问题是开发区可持续发展的优势和着力点。根据世界银行 2008 年发布的一份报告称，全球有 13 个经济体实现了持续 25 年的高速增长，它们的共同特征就是实行对外开放。这里特别值得注意的是，25 年的持续增长。从事经济工作的人应该都有体会，增长的持续性是有难度的，更何况 25 年。一个国家再大，其资源再丰富，也会存在品种多寡的问题；国内市场再大，也会呈现出需求变化的问题；国内的科技再先进，放到世界范围来看，也会出现此消彼长的问题；国内的产业能力再强，如果用动态的角度去看，也会存在结构不平衡的问题。把自己的发展置身于广阔的国际空间来考虑，才能获得发展必需的资源、技术和市场，才能扬长避短，发挥比较优势，实现更快的发展，创造更多的财富。回想30多年前，我国加入 WTO 后，已经完全融入世界经济，当时有不少人认为发展外向型经济已经不是问题，也不会有制度和体制机制的困难了。但形势的发展说明这个想法是不对的，或者说是幼稚的。最能说明问题的就是美国这些年开始高调推动重塑世界贸易投资乃至世界经济的新规则。这就给我们上了一课，经济总是发展的，规则也是动态的，这些都对开发区的对外开放工作提出了新的挑战。国家已经明确提出要推动外向型经济向开放型经济转变。我国参与的区域全面经济伙伴关系（RCEP），就在货物贸易、服务贸易、市场准入、贸易便利化、知识产权、电子商务、竞争政策和政府采购等方面都有了新的突破。因此，开发区如何适应对外开放新体制的发展，仍然是或者说永远是开发区体制机制建设的课题。

2. 适应产业化与城市化

实践证明，产业化必定会带来城市化，反过来城市化也会更好地促进产业化。就开发区来说，以招商引资和产业开发起步，一般来说经过前15年左右的建设，就会碰到产城融合和社会管理的问题。如何将产业化与城市化统筹考虑，加强城市社会管理和社会治理体系建设已经成为开发区不能回避的问题，这无疑对开发区的体制创新提出了新的要求。一般来说，实行企业管理模式的开发区，一开始就将社会事务交给所在地的政府或相关机构管理，开始时会增加工作协调的难度，但经过长期的磨合，也会逐步建立起既适合产业化需要又符合城市化要求的社会管理体制。实行管委会（政府派出机构）管理模式的开发区，在产业化进程加速后，就会出现社会事务大量增加，城市管理急需加强的问题。"探索有条件的国家级开发区与行政区融合发展的体制机制"无疑是今后开发区体制创新的重点方向之一。特别要引起重视的是，这当中的重要意义是融合，而不是简单的合并。两区融合应该坚持产业化推动城市化，反之城市化又能提升产业化的原则。也就是产业和城市两个优势都要不断发挥，两者相得益彰。并不是完善了城市的管理，而削弱了产业的活力；也不是只发展了产业，而忽略了城市。这几年，笔者曾"被探讨"过一些似是而非的问题：现在区内的空间规划已经布满，开发区是不是可以"毕业"了？人家的亩均税收是 20 万元、30 万元，你是 5 万元、10 万元，能说"毕业"吗；也有人问，既然产业化城市化而现代化是客观规律，现在已经产城融合了，开发区还有必要存在吗？试问，没有产业哪来税收，没有税收怎么建设城市管理城市。尤其需要指出的是，产业的活力、动力和张力不仅仅是开发区的优势，而且也是一个城市可持续发展的基础。即使是上海这样的城市，也在不断地推动产业的发展和提升，就是一个很好的启示。两区融合不能简单理解成项目建好了，产业基础有了，以后项目引进项目建设就可以不要了。相反，两区融合更应该抓住产业结构调整在整个经济社会发展中的能动性作用，保持和发挥开发区产业的活力、动力和张力，促进城市化更好的发展。以行政审批制度为例，如果两区融合后，项目的审批制度回归到原来的体系，那就是自断其长，开发区体制的优势也就削弱了。

开发区社会治理的改革创新也要提上日程。中央在全面深化改革的决定中提出要加强现代社会治理体系的建设。开发区坚持"小政府大社会"的体制。在面对产业化城市化快速发展的时候，如何做好社会治理是不容回避的问题。实行区政统筹管理模式的地方，虽然可以将大量的社会管理事务交给行政区去做，但同样也有一个社会治理创新的问题。目前，许多开发区积极探索工业社区（组织）介入社会治理，并以此为载体发挥我们的政治优势，将党的基层组织渗入其中，探索社区党建和社会治理的结合，就是一个很好的创新。

3. 促进创新驱动发展

国家级开发区不仅要承担"经济发展"的任务，还要肩负起"技术开发"的重任，这从 40 多年前，国家级开发区建立之初就定名为"经济技术开发区"，而不是"经济开发区"，就可以看出当时设计者和决策者目标定位的高瞻远瞩。但开发区的现状显示，相比"经济"实力来说，"技术"的潜力特别是创新能力未被充分挖掘出来。开发区作为一个新建设的地区，一般来说高校和科研机构相对缺少。普遍存在人才不多、素质欠高的短板。人是知识的载体，人才少和留住人才的机构少，这些都使得开发区的科技创新受到很大的制约。近年来有些开发区抓住高校扩招迁建的机会，在区内建立了若干高校，是很有远见的举措，假以时日，这一优势必将得到充分发挥，对开发区的发展特别是转型升级将起到极大的推动作用。另一方面，众所周知，产业发展的重要作用之一就是对科技创新的支撑。如前所述，产业发达是开发区的一大优势，而产业对于科技创新来说，它是科研成果的下游"市场"，对上游科技创新研发成果有很强的需求。如何发挥这个优势，或者说如何扬长避短，也是开发区体制创新需要认真思考和尽快解决的问题。

从国外开发区（产业园区）的情况看，有一个共同的特点就是依托科技创新引领发展。像爱尔兰香农开发区和韩国大德科技园，都在开发区的发展当中，非常重视大学和科研机构的建立和引进；还有像中国台湾的新竹科学工业园、印度的班加罗尔科技园、美国的硅谷，本身就是依托高校和科研机构集中的优势而建立了开发区。这一点给我们非常重要的启示，就是开发区作为产业发展为重要使命的地区，一定要高度重视科技创新来引领产业发展甚至整个开发区的发展。离开了创新，包括科技创新和体制创新等创新，开发区的优势是难以持续的。近年来，许多开发区将兴办或引进高校和科研机构作为重要工作，把"招才引智"看成与"招商引资"同样重要。也有一些开发区与高校联合建立先进（产业）技术研究院，并由开发区为主承担研究院的日常管理工作，这样就有利于把开发区产业转型升级的需求及时反映给高校或研究机构。换言之，开发区的产业发展对于技术发明和科学发现来说，是下游市场，发挥市场优势，让市场在资源配置当中起决定性作用，是一种扬长避短的做法。但这当中还要注重该研究机构的管理模式或体制机制创新，否则开发区体制机制的优势不能得到充分发挥，就有可能落入科技创新和产业发展两张皮脱节的旧套路。

现在我国经济发展进入了新阶段，国家提出"创新驱动"的发展战略，前文也提到开发区新的发展阶段将是创新驱动的发展阶段，开发区如何将"经济"与"技术"开发有机结合起来，让开发区更加名副其实，更加实至名归，这无疑是开发区今后体制创新的重要内容和需要切实解决的主要问题。换句话说，开发区的科学发展和可持续发展需要科技创新，以及有利于科技创新的体制创新。

4. 科学探索"管委会+公司"制

"管委会+公司"制而不是"管委会+公司制"近几年来出现的频率比较高。尤其是在多个省级政府层面发文推动开发区改革的方案中，多有这方面的表述。笔者认为更为正确的表述应该是"管委会+公司"制。客观来讲，许多开发区都有承担开发建设任务的公司，当然具体开发业务范围和企业规模存在很大差别。现在开发区的上级政府或主管部门发文，开宗明义提出实行"管委会+公司"的体制机制，笔者认为将这种符合开发区定位和开发区实际的体制，上升到制度层面的顶层设计，这是对开发区体制创新认识的进一步深化，也是对开发区聚焦"经济技术"开发目标的进一步提升。

以下可以从三个方面加深对"管委会+公司"制的认识：

第一，从改革的出发点来看，该制度突出了开发区作为经济功能区的要求。针对近些年来，一些开发区随着产城融合的出现，社会管理事务越来越多，自觉不自觉地在这方面牵扯大量的精力，而忽视了开发建设特别是招商引资的"主责主业"，拖累了开发区的发展速度和发展质量。上级政府视野开阔考虑长远，希望扭转这种局面。所以把"管委会+公司"制纳入顶层设计。

第二，从操作层面来看。根据笔者多年的体会和经验，就大多数开发区的现状来说，并不赞成一个开发区成立一个总公司性质（负责全区所有开发建设事务）且与管委会平级的平台公司。因为在开发区的开发建设事务当中，哪些属于公司业务，哪些属于行政范畴，理论上可以界定，实际上很难分清楚。比较可行的办法，是组建若干个平台公司，管理级别可以比管委会低半格。譬如按开发区内不同的次区域成立开发建设公司，现在许多开发区整合提升后，这种体制更有其适应性和可行性。也可以按开发区的主导产业或支柱产业建立平台公司，如电子信息产业发展公司。现在许多开发区都明确了自己需要重点发展的产业方向，过去面面俱到或撒网式的招商引资已经不能适应高质量发展的要求，要把招商引资工作引向深入，就需要这一类专业性强的公司，既负责招商，也参与必要的投资和管理。道理也很简单，对于开发区主导产业或支柱产业，希望这些产业能支撑开发区良好的投入产出和可持续发展，准备 10 年、20 年搞下去的，当然需要这样专业性经济性的公司。

第三，从区域开发建设的理论层面考虑，这里就涉及前面提到的"股权开发"和"债权开发"的两种模式。因为"管委会+公司"制中，特别强调公司要作为投融资平台。管委会直接出面融资，主要采用的是债权开发。随着政府性债务约束的强化，这种债权开发模式会受到很大影响。而公司作为投融资平台，就有助于引入股权开发模式。蛇口工业区由招商局负责开发建设，就是这种模式。宁波开发区当中的联合区域（最早的开发区域），由宁波开发区联合发展公司（本书有详细介绍）开发，也是这种模式。实行"管委会+公司"制，能更好地适应政府性债务控制后，投融资模式的变化。众所周知，开发区的建设发展离不开持续且高强度的投入。一直以来比较多的做法是开发区政府通过银行借款融资，这样就形成了比较高的政府性债务，很明显这一做法已经很难适应经济发展的新形势了。寻找新的投融资方式，已经是无法回避的问题，甚至可以说是当务之急。当前开发区投融资的模式已经较多，比如发行债券、基础设施投资公募基金（REITs）、PPP 方式、企业上市、组建或引入各类投资基金、融资租赁、开发性金融、与央企合作等等，这些新的投融资模式一般更适合于公司。换句话说，企业性质的公司能更好地对接这些投融资方式。开发区通过产业开发为突破口，与其他地区相比，有较明确和较集中的收入，有更稳定的现金流，同时开发区的资产相对容易界定或完整，更容易为市场接受。当然要考虑到可持续发展和良性循环的要求，平台公司的股权和债权必须保持一个合理的比例，否则资产负债率过高，公司就难以为继。这方面开发区可以走在前面，为其他地方积累经验。

5. 探索法定授权机构

前面讨论国外行政管理改革时，曾提到依据决策与执行分开的原则，将有些政府部门改为法定授权机构，在机构序列、绩效考核以及人事编制等方面采取与传统科层制行政机构不同的做法。在行政管理改革当中收到不错的效果。近年来国内某些地区也进行了这方面的探索，如深圳前海管理局采用的就是这一模式，很值得研究。

法定授权机构如何应用在开发区目前还没有成熟的做法，法定授权机构本身也没有统一精确的定义。一般来说，它有几个基本要素，一是依法设立，法定授权，承担具体执行性质的职能、职责和权限。二是不属于政府正式序列，经费来源可以由政府拨款、补贴或其他收费，上级政府对其进行绩效考核，该机构对政府（授权者）负责。三是其人员不列入公务员编制，执行企业的聘任、薪酬和社保制度。法定授权机构的出现，从国外的实践看，有它的特点和优势。首先，在满足经济社会发展需要的前提下，压缩了政府规模。其次，延伸了政府公共服务的链条和范围，为创设公共服务机构提供了比较灵活的选择。再次，更便于实行绩效管理和绩效考核，提高财政资金的使用效率。最后，人员编制的灵活性，为招聘到高素质的人才创造了条件。这种做法对开发区有较高的适应性，既延伸了政府职能，又没有扩大行政编制；既扩充了管理人员，又灵活了人事制度；既便于绩效考核，又能较好地控制行政成本。就开发区的情况看，实行管委会的模式目前占到绝大多数，而管委会承担的主要职能一般来说大多数都属于执行性质的工作，如果将来经过适当的改革，过渡到法定授权机构模式，应该是可行的。

现在国家正在推进共建"一带一路"倡议，到国外建立开发区（产业园区或经济合作区）的情况已经出现，将来一定会更多。单从开发建设的角度看，这类开发区，成立单方或双方（多方）以资产为纽带的联合开发公司，也就是我们前面讲的股权开发模式是可行的。但涉及土地规划、人居环境以及社会管理等公共服务和公共管理问题，就不是企业性质的联合开发公司所能承担的了。这时候，如果通过两国政府协商，由开发区所在国的立法机构或政府作出决定，设立法定授权机构来管理开发区就会更合适。而法定授权机构的人员并不一定成为当地政府的公务员，那么我们（或各有关方）有经验的开发建设管理人员进入法定授权机构，也就没有政策或法律上的障碍，这对两国或多国共同投资共同开发的开发区（产业园区或经济合作区）来说本身是可取的，对两国也是有利的。可以预测，法定授权机构今后无论在国外还是在国内，都会得到更多的实践和探索。

（本文部分数据采用商务部外资司 2014 年调研课题《国家级经济技术开发区体制机制创新研究》）

（2015 年 12 月首版初稿，2024 年再版修改。宁波）

第二篇
项目评价和招商引资

第一章　可行性研究的研究

众所周知，项目是开发区的生命线，招商引资是开发区工作的重中之重。这不仅是开发区多年实践的深刻体会，也是开发区的本质——产业开发、产业集聚进而走向产城融合这个本质特征所决定的，因此讨论项目评价和招商引资对于研究开发区的建设和发展是非常有意义的。

要想讨论项目的招商引资自然离不开项目的评价，项目评价的主要依据就是项目的可行性研究报告。过去可行性研究报告多由项目举办单位编制，报经政府审批，或由政府有关部门组织论证。因此我们可以将可行性研究报告看成是开发区招商引资工作的落脚点。这种情况今后还会继续存在。另一方面，经过30多年的发展，开发区的招商引资工作逐步讲究科学和效率，也提倡精准招商。为了适应这种新变化，可否创新招商方式，事先由开发区做出拟招商项目的可行性研究报告，并以此作为招商引资的依据，也就是把可行性研究报告作为招商引资工作的出发点，从而做到精准招商、科学招商，这是开发区进入新常态、适应新常态和引领新常态的必然要求和发展趋势。综上所述，无论是项目的投资方，还是开发区的招商部门；无论是项目论证审批，还是企业决策投资；无论是招商后的项目对内评价，还是招商前的项目对外推介，都需要或都应该做可行性研究报告。无论是政府公务人员，还是企业管理人员，都要熟悉和运用可行性研究报告。因此，可行性研究是一种工具，也是一个制度，是一门学问，也是一项技术。作为一种工具，我们可以用它进行项目的评估或评价。作为一个制度，我们在项目管理中，可以用它完成一个审批或论证程序，如银行贷款或环境评价审查。而作为一门学问和一项技术，我们又应该不断地研究、完善和发展它，使之更符合科学技术和经济社会的发展要求。所以本文就想以可行性研究为主线条，围绕可行性研究的引入、应用和完善以及可行性研究的重点内容，结合笔者在开发区多年从事实际项目的经历，对可行性研究、对项目评价和招商引资展开讨论。可以理解为理论对实践的指导和实践对理论的完善。

在下面的讨论中，可行性研究、可行性研究方法和可行性研究报告本质上是同一个问题，具体使用时，采用不同的提法，主要是考虑到语境的原因，并无本质的差别。

第一节　可行性研究的形成、引入和应用

20 世纪 70 年代以前，国际上项目投资的评价方法主要存在两种体系，一种是苏联的体系，另一种是西方工业化国家的体系。

苏联的方法被称为投资经济效果标准计算方法，也称为技术经济论证。其中的经济论证方法是苏联国家计委和建委批准的《投资经济效果标准计算方法》。苏联项目投资的经济评价起始于 20 世纪 20 年代的全俄电气化计划（1920 年），当时苏联领袖列宁非常重视电气化计划，提出了对电气化方案的国民经济效果进行计算和比较的要求。经过近 40 年的实践，苏联在 1959 年制定了第一个《基本建设和新技术经济效果的标准计算方法》（1980 年经修改后是第三版）。1972 年苏联将这套方法推广到东欧的经互会成员国，同时牵头制定了《国际投资银行贷款投资经济效果比较和计算分析方法指导》。

西方工业化国家对项目评价采用的方法是可行性研究报告。其理论根源可以追溯到 1844 年法国工程师杜比（Jules Dupuit）发表的《公共工程效用的评价》，该文章提出"消费者剩余"的思想，这种思想逐步发展为提高资源配置效率进而扩大社会净收益的概念，并成为现代经济学中（如福利经济学）"费用—效益分析"（Cost-Benefit Analysis）的重要概念。总的来说，"费用—效益分析"方法试图以社会效益代替项目一般意义上的财务收益，以社会成本代替项目的财务成本，并以此来考察项目投资对国民经济和整个社会的贡献。同时强调社会成本和社会收益的计算不应该采用不能真实反映价值的价格。1958 年，荷兰经济学家杨·丁伯根（Jan Tinbergen）提出在经济分析中要使用影子价格（所

谓"影子价格"从理论上讲就是经济资源和产品内在的价值含量)。

20 世纪 30 年代,美国在田纳西河流域的综合治理工程中,应用了"费用—效益分析"的概念,收到了很好的效果。一般将此作为可行性研究正式形成的标志。1950 年美国制定了《内河流域项目经济分析的实用方法》,至此"费用—效益分析"的思想逐步被社会接受。1973 年美国又发布了《水和有关土地资源规划原则和标准》,提出项目评价要关注环境保护、区域发展和社会福利。所有这些对于实行市场经济体制,大量项目投资以私营企业为主的国家来说,提倡项目评价除了项目本身的经济效益外,还关注区域发展、环境保护和社会福利是一大进步。

1968 年,英国牛津大学著名的福利经济学家利特尔(D. Little)和经济数学教授莫里斯(James Mirrlees)联合为经济合作和发展组织(Organization Economic Co-operation and Development)编写了《发展中国家工业项目分析手册》。1972 年联合国工业发展组织(Unite Nations Industrial Development Organization)出版了《项目评价准则》。1974 年,利特尔和莫里斯又联合发表了《发展中国家项目评估和计划》,共同提出了"费用—效益分析"的具体方法,着重探讨了公共项目的评价问题,特别是针对发展中国家的项目评价,如何采用影子价格问题。他们强调指出影子价格的选择应该以实现公共部门的生产效率为目标。这期间世界银行和联合国工业发展组织也都在其项目评价中推广使用可行性研究报告。对可行性研究中的财务分析和经济分析以及社会分析逐步形成了一些规范的做法。因为世界银行的贷款涉及不同的国家或不同的经济体,不同国家或经济体之间的价格、工资、汇率不同,所以影子价格、影子工资、影子汇率的概念被广泛使用。而在实际应用中,一般认为市场经济发达国家的市场价格接近影子价格,而非市场经济国家,市场价格体系不健全,因价格失真需要依据国际市场价格及其他理论方法修正国内市场价格。在项目投资的可行性研究中,先用现行价格进行财务分析,再用影子价格进行国民经济分析乃至社会分析。前者是站在企业的角度看项目是否可行,后者是站在整个国民经济的角度或社会的角度看项目是否可行。

在我国项目投资的评价方法，也经历了两个阶段。改革开放之前我国实行的是计划经济体制，新中国成立后大规模的建设又接受了苏联的援助，自然我们在项目投资领域的管理方法也向苏联学习。第一个五年计划中，开始做工程项目的技术经济调查。此后逐步形成的基本建设管理程序就是计划任务书、初步设计、施工图设计、竣工投产四个阶段或四个步骤，项目的技术经济分析主要在第二个环节的初步设计当中体现。

1980年我国恢复了在世界银行的席位，开始向世界银行贷款。如前所述，世界银行对项目贷款，采用的是可行性研究报告，为了做好与世界银行的对接，国内有关部门20世纪80年代初编写了《工业贷款项目评估手册》。由于世界银行的贷款对象一般是各国的政府机构，再加上当时项目贷款的规模不大，所以可行性研究的影响也很有限。不难想象，随着改革开放的逐步推开，产生于计划经济体制的计划任务书和初步设计的管理程序和方法就难以适应形势了，尤其是难以适应大规模利用外资的需要。因此1982年12月国务院原技术经济研究中心在北京召开了"建设和改造项目经济评价讨论会"，共有70多家单位120多名专家参加了会议。会议认为加快投资决策前的可行性研究工作是提高整个国民经济效益的一个重要环节。与会代表讨论了原国家计委《关于建设项目进行可行性研究的试行管理办法（草案）》，提出了一些修改意见并建议尽快发布试行。此后原国家计委以计资〔1983〕116号文件于1983年2月颁布了《关于建设项目进行可行性研究的试行管理办法》，该办法共5章22条。一般认为这是我国建设投资领域正式引入并实行可行性研究方法的开始。该办法的主要内容有：

（1）办法第一条规定："凡编制可行性研究的建设项目，不附可行性研究报告及审批意见的，不得审批设计任务书。"办法第二条又规定："可行性研究是建设前期工作的重要内容，基本建设程序中的组成。"这就正式明确了今后建设工程必须进行可行性研究。同时从项目管理制度上，明确了可行性研究的地位和作用。

（2）办法的第四条规定："利用外资项目、技术引进和设备进口项目，大型工业交通项目（包括重大技术改造项目），都应进行可行性研究。其他建设项目有条件时，也应进行可行性研究。"前面提到可行性研究方法主要是西方工业化国家使用的方法，我国实行对外开放，自然需要在项目评价方法上与之开放接轨，所以办法特别强调对外开放领域"都应进行可行性研究"。开发区作为对外开放的窗口，自然是一马当先，按国际惯例办事。

（3）办法第七条规定在建设项目管理程序中，在前期工作基础上："提出需要进行可行性研究的项目建议书。"第八条又规定："各级计划部门对提出的项目建议书进行汇总平衡，按照国家计委《关于编制建设前期工作计划的通知》的规定，分别纳入各级的前期工作计划，进行可行性研究的各项工作。"这一点是结合我国实际情况的一个创造，因为西方工业化国家的可行性研究方法并没有明确规定前置程序要有一个项目建议书。结合我国当时建设项目的工作程序，相当于可行性研究的技术经济分析要在初步设计阶段来做，这之前还有一个计划任务书的环节。也就是说在可行性研究之前，应该有一道程序与计划任务书相对应，便于与现行工作衔接。另一方面，也为了减少不必要的工作资源浪费，因为项目建议书与可行性研究报告相比要简单得多，所投入的人、财、物资源要少得多。所以明确先有项目建议书，再做可行性研究。如果一上来就做可行性研究，而随着工作的深入，发现项目不可行，造成工作资源浪费太大。还有，在此之前，1981 年 1 月国务院〔1981〕12号文件转发了原国家进出口管理委员会《技术引进和设备进口工作暂行条例》，该条例规定了技术引进工作中要有项目建议书和可行性研究报告的两个工作步骤和程序。这也是目前能查到的有关规定项目建议书和可行性研究报告前后两个工作程序的最早文件。因此原国家计委的试行办法"萧规曹随"，也就形成了项目建议书和可行性研究的两个工作程序。在后来的实践中，尤其是 20 世纪 90 年代的市场经济体制改革后，虽然建设投资的管理程序有了不断的变化，但这一规定也贯彻得比较好。虽然有些项目因投资较少，不做项目建议书，只做可行性研究报告；也有些项目建议书和可行性研究报告的内容基本相同。但总体上讲，这一规定一直沿用至今，实践证明这是符合我国实际情况的，也是改革开放一个成功的实践经验，对我国的投资管理产生了积极的影响。

（4）办法第十五条明确提出："对建设项目的经济效果要进行静态和动态的分析，不仅计算项目本身的微观效果，而且要衡量项目对国民经济发展所起的宏观效果和分析对社会的影响。"这一条规定意义非常重大，静态与动态分析，不仅分析方法改变，思想观念也是重大更新。仅以资金的利息来说，在计划经济时代，很多项目的投资不计利息，20世纪80年代拨（款）改贷（款）后，虽然有了利息，但仍然只计算单利，不计复利。可行性研究方法依据市场经济理论，采用的是复利，在此基础上引入了折现率的概念。这对当时传统的体制或观念是一个很大的冲击。规定当中还提出建设项目必要时要评价项目的社会影响，这一点更有远见，即使到今天，我们有些可行性研究仍不重视环境影响和社会效果。改革开放刚刚起步，可行性研究方法刚刚引进试行，就有如此远见实属不易。

（5）试行办法对可行性研究报告的主要内容提出了明确的要求，具体内容包括：

一、总论

二、需求预测和拟建规模

三、资源、原材料、燃料及公用设施情况

四、建厂条件和厂址方案

五、设计方案

六、环境保护

七、企业组织、劳动保护和人员培训

八、实施进度的建议

九、投资估算和资金筹措

十、社会及经济效果评价

可行性研究报告中的核心内容是项目的经济分析和经济评价，一方面因为内容的占比大，另一方面，在当时与我们原来的经济分析差别很大。所以该方法颁布试行后，为了适应可行性研究工作的需要，原国家计委于 1987 年 9 月发布了《关于印发建设项目经济评价方法与参数的通知》（计标〔1987〕1359 号），具体包括四个方面的内容：《关于建设项目经济评价工作的暂行规定》《建设项目经济评价方法》《建设项目经济评价参数》《中外合资经营项目经济评价方法》。国内当时仍处于计划经济，价格也没有放开。因此文件同时明确经济评价中的影子汇率、影子价格、社会折现率等由原国家计委组织测算发布并定期调整。此后，1993 年和 2006 年又分别以计〔1993〕530 号文件、发改投资〔2006〕1325 号文件颁布了修改后的第二版和第三版《建设项目经济评价与参数》。1993 年版是我国在 1992 年党的十四大明确社会主义市场经济改革的条件下修订的，体现了市场化改革的要求。2006 年版则是 2001 年底，我国加入 WTO 后，经过多年实践，为了更好地适应入世的要求，作出了较大的修改。投资领域可行性研究方法的不断完善，从一个侧面反映了我国改革开放的进展，也反映了我们探索中国特色社会主义管理制度的成功实践。

经济发展的本质就是投入与产出的效率和效益问题，通过引入对建设投资项目科学的评价方法和理念，促进和推动投资项目效益的提高。从这个意义来说，该办法的颁布与试行是一件有历史意义的事件，影响是多方面的，也是深远的。不仅对我国的建设项目投资管理，还对整个经济社会的发展起到了很好的促进作用。

1984 年秋天，中国科协和天津市经济管理干部学院联合举办了"项目引进可行性研究培训班"，笔者参加了学习，比较早地接触了可行性研究知识。当时李岚清同志（时任天津市副市长）给培训班做了报告，他在报告中讲到利用外资的体会之一："是要做好前期工作，就是在这里学习的可行性研究，前期工作最重要的一个环节就是可行性研究。我觉得跟我们的基本建设计划任务书比较起来，它有明显的特点，一是研究范围很广，首先就是市场机会，其次是选用什么技术，还有环境。二是它进行动态分析。……引进这个可行性研究是我们对外开放政策的一个重大的收获，过去我们测算投资不算利息，也不算贴现，没有金钱的时间概念，其实，今天的一块钱和五年以后的一块钱价值完全不一样，有增值的因素，也有贬值的因素。金钱要增值有利息，通货膨胀要贬值。我们这种动态的东西过去一概不算，都是死的。世界银行给我们贷款，非常重视这一点，它规定了六个步骤，少一个都不行，如项目的选择、项目的评论、项目的可行性研究、项目的执行和项目的检查。"他还说"长期以来，我们对管理的重要性认识不够，吃了很大的亏"。30多年前就能够学习到这些知识和理念，笔者至今记忆犹新，受益匪浅。此笔者我长期在开发区工作，我国最早规定应用可行性研究方法的投资项目就是引进设备和利用外资的项目，开发区作为对外开放的窗口，是最早应用可行性研究方法的地区之一。工作中接触到许多项目评价和招商引资工作，这些工作都离不开可行性研究，经历了实践也产生了思考，也就有了可行性研究的研究。

可行性研究是一门兼具理论性和实践性的学问，可行性研究的应用和完善，自然也需要从理论和实践两个方向去了解它和拓展它。

首先，从实践的角度讲，自20世纪80年代引进可行性研究后，可以说是推广很快应用很广，主要作用可以归纳为三个方面，一是项目业主投资决策时作为依据，二是政府或有关部门审批或论证项目时作为依据，三是银行或其他金融机构发放项目贷款时作为依据。开发区作为投资的密集地区，又是对外开放的窗口，可行性研究的这三种应用都很普遍，这种情况将来当然会继续存在。而且在新形势下，可行性研究的应用还应该有新的推广。就开发区来说，以下三个方面的应用是今后值得重视的，一是开发区出于招商引资需要时，主动提前开展可行性研究，不妨称之为"招商可行性研究"，以适应科学招商和精准招商的要求，现在有些开发区在投资或项目推介会上，提供的项目概况说明，已经有了类似的雏形，在国外这也叫投资机会研究。二是开发区当中的特色区域开发时，比如现在许多开发区与国外合作在开发区内建立特色产业园区，也应该开展可行性研究。三是开发区实行股权开发模式时，也就是两个或两个以上的投资方合作，共同建设一个开发区时，开展可行性研究应该得到高度重视。过去采用股权开发模式并取得成功的例子已经有不少，但据了解，事先开展可行性研究得不多，这里除了历史原因外，可能还有客观条件的限制，比如经济社会的基础数据缺失，或政策是否支持这些数据。以后股权开发的模式还会更多，比如东中西部开发区之间的合作开发某个开发区。又比如国内投资方与国外投资方合作，在国外尤其是"一带一路"共建国家共同开发产业园区。这些时候就应该进行股权开发的可行性研究。前面提到国外最早应用可行性研究的例子是大江大河的综合治理，这说明可行性研究本身具有的系统性（系统性下面结合案例具体讲）和社会性，如果从中得到启发，我们将可行性研究很好地应用于开发区的整体研究，除了经济目标外，还有环境目标和社会目标，都能综合考虑，形成更加科学，又能指导实践的可行性研究方法甚至体系，由此总结提炼出开发区建设管理的软实力，结合我国 40 年来开发区的发展实力，就会形成我国开发区建设的整体形象和品牌效应。总之开发区作为投资的集中地，可行性研究的应用正是方兴未艾之时。

其次，从理论的角度讲，如前所述，可行性研究的理论来源是福利经济学，系统性和社会性是可行性研究的重要特点。在西方工业化国家，以私有制为主体的市场经济当中，项目投资者主要是私人资本，追求项目效益的最大化是显而易见的。为了防止仅仅是投资方得益，而有时项目的外部性可能会损害他人利益，所以就要求进行项目系统性和社会性的分析和评价。这当中也允许其他人有所损失，但受益者应对损失者补偿，补偿之后的总收益应大于零，或者说项目对社会的总效益是正的，并根据社会净效益最大化来选择和决定项目投资。这种情况用经济学的语言讲，就是帕累托最优，即在社会既定的收入分配条件下，有限的生产资源得到最有效率的配置，产出最高，同时增长的分配也使得社会成员的总福利最大。所以在可行性研究中，出现了企业财务分析、国民经济分析和社会分析，其中社会分析是指站在全社会的立场，也就是不能只站在项目的内部，而要站在项目的外部看项目，既要考虑项目投资对经济增长的贡献，也要考虑项目投资对公平分配的贡献。20 世纪80 年代我国引进可行性研究时，由于当时投资项目的经济效益普遍不高，大家的注意力主要集中在如何提高投资的经济效益上，自然可行性研究的经济分析尤为大家重视。同时大家都认为我国是社会主义国家，又是实行计划经济，社会分配公平的目标已经由我们国家的政治和经济制度得到保障，所以在可行性研究中，不必进行社会分析。这在当时也是业界比较一致的看法。经过多年的实践，实际情况却给大家上了一课，投资的经济效益是提高了，但项目的负外部性问题却时有表现，比如环境和其他社会问题。应该承认社会主义初级阶段仍然存在效率优先还是公平优先的问题，因此可行性研究的社会分析同样重要。本文会将环境分析和社会分析作为可行性研究的重点内容加以讨论。

原国家计委规定的可行性研究试行办法中已经列明了可行性研究报告的内容，一共由 10 个方面组成。经过 30 多年的发展，不同行业不同类型的项目，具体的可行性研究报告的格式和内容，依据情况有了许多发展或扩展。各种类型或各种项目的可行性研究报告，内容详简不一，差别很大。出于进一步完善可行性研究的目的，本文认为今后可行性研究的基本要素或主要内容必须具备，并应该逐步走向规范。这里我们可以将可行性研究报告必须具备的基本内容归纳为以下九大部分：

（1）市场分析。

（2）技术方案。

（3）建设条件。

（4）实施计划。

（5）组织、员工、报酬、培训。

（6）安全生产。

（7）环境分析。

（8）经济分析。

（9）社会分析。

请读者注意，这 9 个方面的内容与前面原国家计委文件所要求的内容有所区别：主要是将环境分析和社会分析单独列出，作为一级子目录，与经济分析平行，以强调环境分析、社会分析与经济分析同等重要。以前从事可行性研究工作，有一句话叫做，可行性研究中"技术是关键，市场是前提，经济是核心"。也就是说经济效益是项目投资的最核心问题，经济上不可行的项目，哪怕是技术最先进，市场最大，也是不被实施的。现在把环境和社会分析与经济分析同样列为重要的核心问题，除了引起大家的关注外，更重要的还是希望在可行性研究中，深入开展项目投资对环境和社会的影响，以体现与时俱进，适应经济社会发展转型升级以及贯彻新的发展理念的要求。

以上九部分内容中，从第 2 到第 6 部分的内容一般由项目的行业或技术特点所决定，不具有共性，或者说不同的项目，其内容差别很大，本文不进行具体讨论。而市场分析、经济分析、环境分析和社会分析是各个项目的共性，也是各种项目可行性研究不能回避的。所以下面重点讨论这四个方面。

第二节　可行性研究的市场分析

在我国，引进可行性研究是在市场经济改革之前。不可否认，可行性研究的市场分析也经历了一个引进、消化、吸收的过程。这些年来，关于市场分析的具体方法，许多文章或教科书都有了详细的介绍，这些具体的技术性的方法也都非常成熟，本文就不展开讨论了。反倒是市场和市场分析的基本观念和重要观点，不是很牢固，也不是很深刻，每有具体情况变化，或不同的项目评价，往往会产生很大的差别。换句话讲，在可行性研究的市场分析往往存在不全面、不深刻的现象，反映出对于市场或市场经济的认识不牢固，套用一句学术性的话来说，市场的基因还不强大。这也就有了十八届三中全会决定中提出"让市场在资源配置中起决定性作用"的要求。因此以下讨论的重点将放在市场基本观点的认识和理解上。

在计划经济时代，早期从事项目投资管理的人都知道一个说法，就是任何项目的出发点无外乎两种情况，不是面向市场，就是面向资源（原料）。意思是说，要在一个地方兴办项目，要么看中的是这里的消费市场很大，要么看中的是这里的资源（原料）丰富。否则就不会想到在此兴办项目。不难理解，资源（原料）通过生产加工，然后卖给下游企业继续生产，以此类推，到最后还是为了满足人的消费需求。如果矿石丰富，生产出钢材，钢材再生产出建材用于盖房，满足人们住的需求。钢材生产出板材，用于造车，满足人们行的需求。钢材生产出型钢，用于生产纺织机械或食品机械，满足人的衣和食的需求。过去面向矿山开采矿石的项目是如此，现在面向大数据开发的项目也是如此。由此可见，各种生产过程最后都是为了满足人的生活需求（当然包括健康和精神需要等）。所以说到底，任何项目最终都是面向市场的，都是面向人的消费需求的。而人的消费需求最终就主要体现在衣食住行上。各种资源或原料的市场都是消费品市场逐级传导或传递产生的。因此在市场经济中，任何项目最终都是面向市场的，即任何项目的筹划和确定都起源于市场的需求。项目的信号来源于市场，自然任何项目的可行性研究都离不开市场分析，而且任何项目的可行性研究都要从市场分析开始的。

那么什么是市场？市场的组成又是什么？也就成了可行性研究必须首先要搞清楚的问题。从经济学的角度讲，市场是实现交换和潜在交换的任何一种活动。市场由三个要素构成，一是人口，二是购买力，三是购买欲望。

前面提到，任何项目最终都是为了满足人的消费需求，也就是人的衣食住行的需求构成了最基础的市场。因此，构成市场的第一个要素就是人口的数量。改革开放之初，大量外资项目进入我国，首先看重的就是中国庞大的人口数量。哪怕当时的经济发展水平还很低，购买力不大，但他们还是要捷足先登。就是这个道理。

构成市场的第二个要素是购买力。只有人的数量，但收入水平很低，人均消费就少，自然无法形成大的市场。

构成市场的第三个要素是购买欲望。有了人，也有了购买力，但这里的人普遍没有购买欲望，或者说基本消费已经满足，新的消费欲望不强。因此需求不旺同样无法形成广阔的市场。这些年经常讲要改变拉动经济发展三驾马车的结构，从以投资和出口为主变成以消费为主，但迟迟没有见效。原因何在？我国人口不是减少而是在增加，人均GDP也已经达到7924美元（2015年），按世界银行的标准，已经进入中等收入水平的行列，说明购买力也在增大。显然是因为人们的购买欲望不强，或者说大家的消费欲望没有被激发出来。所以消费拉动经济迟迟没有见效。因此可行性研究的市场分析，重点就要放在开发人们的购买欲望上。

如何满足人的需要，也就是如何激发人们的购买欲望，这里运用需求层次理论来进行分析。这是美国心理学家亚伯拉罕·马斯洛（Abraham Maslow）在其1943年出版的《人类动机的理论》中提出的一种激励理论。主要观点有：人类有5种基本的需要，生理需要、安全需要、社交需要、受尊重的需要和自我实现的需要。这5种需要反映出在不同的生活水平、收入阶段和不同文化环境中人类共同的特点。一般来说这5种需要由低到高，以层次结构形式出现。

（1）生理需要是维持生命的基本需要，也是人类最原始的需要。这包括食物、衣着、住所、睡眠和性的需要。如果说这些最基本的需要都得不到满足，这个人就会被生理需要所支配，而其他需要就会退到隐蔽的地位，无法构成激励的基础。

（2）安全需要是生理需要得到满足之后，人们追求安全的需要这包括心理上和物质上的安全保障，如防备疾病、灾难、暴力和职业保障以及社会保险等方面的需要。

（3）社交需要是对包括友谊、爱情和群体归属感的需要。当生理需要和安全需要得到满足之后，就会产生社交需要。这个层次的需要得不到满足就可能影响人的精神健康。

（4）受尊重的需要是社交需要得到满足之后，人们一般就会要求自尊和受人尊重，这包括一定的社会地位、名望、权威和自信等方面的满足。

（5）自我实现的需要是人类需要的最高层次。这是指实现个人理想、抱负，最大限度地发挥自己的才干、个人全面发展的需要，只有在其他所有需要都得到基本满足之后，自我实现的需要才能上升为主要激励因素。

当然并非每一个较低层次的需要都得到百分之百的满足之后，较高一级的需要才会显现出来。马斯洛指出：事实上，我们的社会中有许多成员，他们的各部分需要均仅有部分满足，同时也有部分未满足，而他们却都是正常的。因此，在各项需要的等级层次中，应有一项更为实际的描述，即自较低层次而上，满足程度（以百分比为单位）逐渐减少。假定某人，其生理需要可能仅满足了85%，其安全需要满足了70%，其社交需要满足了50%，被尊重需要满足了40%，而自我实现的需要则仅满足了10%。

不同的项目，提供不同的产品或不同的服务，其可行性研究的市场分析，首先当然要考虑市场三要素中的第一个和第二个要素，也就是人口数量和购买力大小，而最后的落脚点还是要落在人的购买欲望上，也就是人的上述五个不同层次的需求上。经验告诉我们，在构成市场的上述三个要素当中，可以发现人的购买欲望这个因素是最能动的。当然也就成了我们分析市场的重要内容和主要着眼点。

为了强化市场分析的概念和观点，不妨以汽车为例来深入探讨市场分析问题。笔者一直认为汽车是最具有市场经济特征的产品：从外形色彩的设计，到技术性能的提升；从制造成本的控制，到工厂管理的改进；无论销售定价，还是售后服务，每一个环节，都具有市场经济的特征。要想赢得汽车市场，设计、生产、销售、服务必须精益求精；技术研发、生产加工、物流运输、营销策略必须环环相扣。文化理念、地理气候、风俗民情、历史文化必须样样精通；金融杠杆、财务工具、质量管理、保险理赔必须全部连接。所以把汽车研究透了，市场分析也就掌握了，市场经济也就可以搞懂了。

第一，市场分析要了解购买欲望是市场最能动的因素，从激发消费者的购买欲望看市场的开发。

市场是需要开发的，消费也是需要引领的。如面对20世纪初，美国大量的产业工人已经出现，但他们的收入不高，购买力有限的情况，美国福特公司针对这一人群开发出一款T型轿车。福特汽车公司还改进生产方式和生产管理，通过采用生产线，将运动中的工件与装配中的汽车互换，也就是将工件和配件放在固定的工位，而让装配中的汽车在生产线上运动；同时精确地分解生产工序和劳动组合，把分工协作做到极致，极大地提高了产量，降低了成本，满足了那个年代工薪阶层大众化低成本消费的需求。此举极大地刺激了消费欲望，获得了巨大的成功。又如美国的通用汽车公司，则是刺激和满足个性化消费的典型例子。虽然有福特公司满足大众化消费的成功例子在前，但美国通用汽车公司的总裁斯隆并不亦步亦趋，而是通过个性化的需求分析，认为福特公司 T 型车满足了大众化消费市场后，个性化的消费需求没有得到满足。根据需求层次理论，高收入的人，在生理需要和安全需要满足以后，就会产生社交需要和受尊重的需要，以及自我实现的需要。反映在汽车消费上，他们就希望与众不同的车型和高性能的汽车，价格并非重要的因素，并且个性化消费的特点是高频度的变化。因此通用汽车公司决定在公司内部进行生产部门职能化的划分和实行事业部制的管理体制，以适应个性化小批量生产的需要。此举满足了白领消费群体追求个性化消费的欲望，也获得了巨大的成功。同时斯隆本人也因为管理体制的成功转型而奠定了现代管理学的地位。同样是汽车，一个是通过激发购买力低但群体庞大的消费欲望，另一个则是通过开发购买力高但个性化强烈的消费欲望，都获得巨大成功。这些都充分说明激发消费欲望对于占领市场的重要性。

第二，市场分析要了解产业化和市场化以及商业模式对市场开发的重要影响。

一般认为 1886 年 11 月 6 日，德国专利局正式批准卡尔·奔驰的三轮汽车的专利是现代汽车工业的开始。实际上就技术发明来说，早在奔驰之前，就有了许多关于汽车的发明，如 1787 年美国发明家伊文思就获得了蒸汽汽车的专利。1801—1803 年英国工程师特里德西克发明了高压蒸汽发动机可用于车辆。1860 年比利时机械工程师雷诺在法国获得了二冲程内燃机发明专利。可见这些技术发明都早于奔驰，那为什么后人把奔驰作为现代汽车的开始呢？就是因为奔驰较早地选择了产业化的道路，或者说它引入了一种商业模式，把汽车推向市场。而且这一传统一直深深地根植于奔驰公司，影响至今。100多年来，奔驰公司不断地适应人的需求，不断地开发人的需求，不断地引领人的需求。笔者2012年访问德国斯图亚特市时，专门造访了奔驰公司，参观了奔驰公司的汽车博物馆，就看到100多年来奔驰公司不仅始终追求汽车技术的领先，更是把满足不同阶段、不同地区、不同文化背景的消费者需求作为自己的最高目标，不断开发能够满足他们企求的汽车，也不断完善着自己的销售和服务方式，从而使自己永远保持领先。事实说明发明是重要的，但市场更重要。尽快进入市场，满足人们的需求，这才是根本，这才是决定性的。所谓"得市场者得天下"，这对任何项目投资都是一个最基本的启发，也是可行性研究必须把市场分析放在首位最有力的证明。

这里还要强调，在可行性研究的市场分析中，也要关注商业模式的创新对市场的影响。在经济新常态下，商业模式的创新发展往往预示着某些项目的市场前景。Uber没有一辆自己的汽车，却是世界上最大的出租车公司。阿里巴巴，没有自己的店铺，却不失为世界上最大的商场。这些就是新的商业模式的魅力。以前可行性研究往往强调市场与技术的因果关系，言下之意是只有技术的发明或改进，才会产生新的市场。这一情况正在发生改变，尤其是经济进入新常态后，事实已经提示商业模式的创新同样是产生或开发市场的重要手段。今后可行性研究在分析讨论项目选择时（招商时），不能仅仅孤立地看待技术和市场的关系了，而应该接受商业模式的创新。

第三，市场分析还要研究政策的因素。

汽车贸易历来就是国际贸易争端的一个热点，但各国的高关税，仍然无法阻挡这种工业文明的渗透。日本汽车20世纪60年代后大量涌入美国，就是适应市场需求的例子。日本汽车的质量和技术并不比美国的汽车高出多少，但中东石油危机后，美国消费者对汽车的油价和油耗更加敏感，当节油效果明显的日本汽车大量涌入美国时，即便是美国这样市场经济强大的国家，也不惜动用了行政力量来限制日本的汽车，但仍然难以阻挡日本汽车。

联想到 20 世纪 80 年代之前，一些拉美国家对外开放实行进口替代政策，东南亚国家实行出口导向政策。这两者的发展效果却不一样，引起我们的思考。实行进口替代政策的国家，一般是在进口环节设定较高的门槛，如较高的关税，由此抵消国外产品的竞争力，从而鼓励国内产品扩大市场。这样做在一定时期内，虽然随着市场扩大产量上升成本下降，确实能收到扶持国内产业的效果。但从长期看，国内产业竞争不充分，产品仍然难以出口到国际市场，特别是在开发国外市场时，很难针对外国消费者的购买欲望，进行有效的激发。由于片面强调进口替代，国民经济的内向性越来越严重，从而使出口部门缺乏活力，也由于国家对国内市场的长期保护，国民经济抵御外部冲击的能力不断减弱。所以实行进口替代战略的国家，经过 20~30 年的高速发展后，往往经济发展后继乏力。而实行出口导向型政策的国家，一般是在开放国内市场的同时，通过退税等措施，大力鼓励产品到国际市场去竞争，这样做虽然开始时困难会较大，但通过国外的市场竞争，包括更早建立产品的后续服务，更容易了解国外消费者的购买力和购买欲望，做到有的放矢。所以实行出口导向型战略的东南亚国家，往往取得更长期的持续发展。汽车在国际市场的表现就体现着这两种不同开放战略的结果。拉美国家的汽车就鲜有竞争力很强的汽车品牌，而实行出口导向型战略的国家，如韩国的汽车竞争力就比较强。

这几年我们见到许多产能过剩的例子，原因当然很多，但有些行业实行审批制，设立了行业门槛，往往是造成产能过剩的重要原因之一。以钢铁为例，兴办钢厂因为要审批，有行业门槛，许多地方不问市场的前景，不做详细的市场分析，抱着一种想法——只要项目批下来，即使以后产品的市场占有率不高或企业亏损，到时候资产重组时，自己的执照（生产批文）也是值钱的。由此可见，审批制的出发点是为了防止产能过剩，而这实际上恰恰是造成产能过剩的重要原因，很值得引起深思。

以上这些例子说明政策对市场的影响是多维度的，可见在可行性研究的市场分析当中不能忽视政策的因素。

改革开放以来，特别是实行市场经济改革以来，市场观念已经印入了人们的思想当中，对建设项目进行市场分析已经在可行性研究中确立了坚实的基础。所有项目即使是基础设施项目也会根据不同情况开展市场分析，比如道路交通、电力供应等。并将它作为项目投资中各种不同方案选择甚至取舍的重要依据之一。但就笔者的体会来说，某些地方某些项目的市场分析并不深入，有时也会出于应付性质。这里既有思想认识的深度问题，也有方法技术的手段问题。其根本原因可以说是市场经济的基因还不够强大。这几年大家普遍关心国内老百姓的境外购物现象，也就是业内称之为"内需外流"的情况。据有关资料介绍，2005—2014 年，我国居民境外消费平均每年增长 25.5%，2014 年境外消费高达 1648 亿美元，占全球境外消费市场份额的 10% 以上。这从一个侧面说明，国内企业包括新投资项目对市场分析的不足，尤其是消费心理的研究不够，对消费欲望的激发欠缺。所以讨论可行性研究的应用和完善，首先要强调的还是市场分析，第一位的工作还是市场分析。无论是项目举办方决定投资，还是开发区筹划项目引进，都应该更加重视市场分析；不管是项目的贷款银行，还是投资基金等新型投资机构，也都应该了解和判断可行性研究中的市场分析。

本节讨论了可行性研究的市场分析，主要是从市场的定义、构成以及市场理念上展开，分析了任何项目都是面向市场的，任何市场都是由消费品市场传导的，消费品市场的基本构成是人的衣食住行，这些市场最能动的因素是人的购买欲望，购买欲望又与人的需求层次有关。又从激发人的购买欲望、产业化和新的商业模式、以及影响市场的政策三个方面讨论了市场分析。市场的开发和市场的分析都离不开对市场的认识，可以说，你对市场的认识有多深，你对市场的分析就有多深。这当然也影响到可行性研究中市场分析的深度和高度，也从基础工作上决定了可行性研究的质量，甚至项目投资的成功与否。因此，务必引起高度重视。还想指出的是，就可行性研究来说，不同项目的市场分析当中，采用的调查方法和数据也是大有讲究的，有时甚至会导致不同的结论。

应该根据具体情况，采用不同的数据和指标，使之更符合实际，这在下面具体案例的讨论中将会谈到。

第三节　可行性研究的经济分析

以前可行性研究中的项目经济评价一般包括三个方面，也可以说是三个层次，分别是企业财务评价、国民经济评价和社会评价，对应的就是企业财务分析、国民经济分析和社会分析。这里的社会分析是指站在全社会的立场来看待项目，既计算项目对社会的正贡献，也计算项目对社会可能产生的负效应，既考虑项目对经济增长的贡献，也考虑项目对分配公平的影响。而且要求尽可能进行量化计算。考虑到社会分析中既然需要对社会贡献等引入经济指标进行计算，因此也有人将它列入经济分析的大范畴，这样更有利于对照和衡量。正是基于这个考虑，也有人将企业财务分析、国民经济分析和社会分析三个统称为可行性研究的经济分析。当然这里的经济分析就是广义的概念了。

企业财务分析是指站在企业的立场，采用现行的市场价格，也叫效率价格，一般是当前或未来可以实现的价格，对项目的投入和产出进行计算并以此作为项目优劣或取舍的依据。

国民经济分析是指跳出企业的立场，从国民经济整体角度去考察项目，采用影子价格、影子汇率等参数对项目的投入和产出进行计算并对项目进行评价。狭义的经济分析和经济评价就是指这个层次的国民经济分析，或简称为经济分析，可见这是狭义的概念。

社会分析采用的价格可以部分是现行价格，部分是影子价格。计算的内容已如上述。

大家可能会觉得这太复杂了，那么多的层次，不同的价格；既要计算内部贡献，还要测算外部效应；既要考虑增长又要考虑公平。之所以如此，还得从可行性研究的历史说起。

首先，可行性研究报告在世界范围内的推广是世界银行和联合国工业发展组织对发展中国家项目进行贷款或分析时推动的，他们认为发展中国家没有实行市场经济，这些国家的生产要素和产品以及服务的价格没有经过充分的市场竞争，不能真实地反映实际的价值，基于这种价格计算出来的经济数据也是不真实的，对项目的评价会产生失真现象，所以要引入影子价格、影子汇率等参数进行修正。具体开展可行性研究时，一般要求先在企业的层面用现行价格进行计算，然后从国民经济整体角度，用影子价格再另行计算，所以就有了企业财务分析和国民经济分析。项目的优劣不仅要看企业财务分析的指标，也要看国民经济分析的结果。有时，国民经济分析的结果比企业财务分析的结果对项目评价来说更重要。如前所述，我国20世纪80年代引进可行性研究，当时还处于计划经济，不是市场经济，一般认为产品和原料的价格也没有经过市场的充分竞争，价格不能正确反映价值。事实也的确如此，我们当时实行价格管制。所以在进行项目可行性研究时，特别是涉及引进技术设备或产品外销时，就要考虑分别做企业财务分析和国民经济分析。早期从事可行性研究的同志都有过这方面的经历。做可行性研究时，讨论甚至争论要不要采用影子价格，影子价格如何确定。1992年中共十四大决定市场经济改革以后，特别是2001年底我国加入WTO以后，我国经济与世界经济全面接轨，应该说再采用影子价格和影子汇率的客观条件已经发生了变化，企业财务分析和国民经济分析的界面也就不那么泾渭分明了。

其次，通过前面的介绍，大家应该注意到可行性研究的大规模应用并获得社会认可的是在美国几条大江大河的综合治理项目中的应用，特别是美国田纳西河的综合整治。大家知道，跨流域的江河治理是一个非常复杂的系统工程，往往涉及多方面的研究和多目标的兼顾。比如想提高发电的装机容量，就要提高大坝高度。但由于增高水位，扩大了淹没的面积，又会造成更大的生态破坏，所以就要平衡两者的得失。此外，可能还要考虑移民增加而引起的分配公平问题等。因此可行性研究中除了企业财务分析和国民经济分析外，还要有社会分析。以私有制为主的国家，其项目投资大多是私有资本，从投资者自身利益出发，许多项目能够盈利就有投资价值。但从社会角度看，有些项目不见得都能符合经济增长和分配公平的要求，所以项目或方案就要放弃或修改。在我国，虽然是以公有制为主体，但项目投资的本身效果和外溢效应同样存在不完全一致的现象，尤其是这些年来，项目对环境的影响，项目对产业结构和地区经济结构调整的影响，越来越受到大家的关注。这些新情况都对可行性研究的方法甚至可行性研究的指导思想提出了新的要求。上面将企业财务分析、国民经济分析和社会分析放在一起来介绍，目的是想让读者有一个全景式的了解，也为进一步简化可行性研究的经济分析提供历史背景。

经济分析历来都是可行性研究报告的主要内容，经济评价是项目评价的核心环节，过去是这样，将来还将是这样。根据笔者多年的实际经验和体会，它不仅是项目取舍的主要依据，也是项目实施过程当中包括投入运营以后如何保证项目经济效益的指导依据之一。所以在可行性研究当中占有十分重要的地位。正因为如此，在强调对经济分析高度重视的同时，要坚持与时俱进的精神，根据形势变化，也依据实践的积累，提出新的改进建议，不断地完善它，使之更好地适应新形势新需要。

关于项目的经济评价问题，自从我国引入可行性研究方法以来，特别是我国 20 世纪 90 年代市场经济改革以后，观念、方法乃至理论都有了很大的发展。笔者曾在 1992 年撰文《项目的经济评价问题探讨》，发表在《浙江金融》杂志上，1993 年该文曾获得"让中国走向世界，让世界了解中国"经济论文二等奖。文章对当时我国应用可行性研究是这样表述的：近年来，基本建设项目、技术改造项目特别是利用外资引进技术的中外合资项目普遍经过了可行性研究。这对减少盲目性，提高投资效益起到了很好的作用。但是，目前的可行性研究报告中经济评价部分仍然存在许多不足，反映出人们对项目经济评价的概念、层次和指标体系理解不深，认识不统一。这样的描述在当时市场经济改革刚刚开始的形势下，是可以理解的。文章还对可行性研究的经济分析提出了三个层次、四个原则、五个指标的建议。当时从国外引进可行性研究方法只有 10 年左右时间，虽然有了市场经济改革的目标和方向，但与可行性研究中的经济评价有很大关系的价格改革还没有全面推开，全国范围内进行价格改革是 1994 年以后的事。从那时到现在又有了 20 多年的实践，经济环境和发展理念都有了很大的变化，因此有必要针对可行性研究中的经济评价，也就是对项目评价的主要部分做进一步的完善。

关于经济分析的层次划分。

如上所述，20 世纪 90 年代以来，我国实行了市场经济的改革，在此背景下，可行性研究中的财务分析和经济分析的界线已经不那么明显了，因为随着价格改革，绝大多数价格已经由市场决定，在可行性研究中没有必要再使用影子价格、影子汇率等对项目的财务分析进行修正。换句话说，财务分析和经济分析的变量和结论接近甚至趋同。因此本文的观点是将原来定义的经济分析（狭义）中的部分内容与企业财务分析归并为一个层次，统一使用经济分析和经济评价的名称。之所以放弃企业财务分析的名称，主要还是考虑跟日常的习惯提法相统一。许多可行性研究报告中虽然写的还是财务分析或企业财务分析，但口头上多习惯使用经济分析来表述。这样一来就可以将经济分析重新定义为：站在投资者的角度，运用现行价格，计算项目的投入和产出，并据此进行投资效果的评价。同时将原来意义上的经济分析（狭义）中的项目外溢效应或项目对外部的影响，归入社会分析，仍然使用社会分析和社会评价的名称。这样一来，新的社会分析和社会评价的定义是：主要测算、分析和评价项目投资对项目外部的影响，计算中应根据实际情况，可以采用现行价格，也可以采用影子价格。因此，今后项目投资的分析和评价就从三个层次改为两个层次，即经济分析和社会分析，以下本节讨论的经济分析就是重新定义的经济分析。社会分析则放在环境分析一节后面来讨论。

关于经济分析的原则。

经济分析是项目可行性研究的核心，项目采用的技术是否先进而适用，开拓或占领市场的策略是否可行，最终都将反映在经济效益上。一般来说，经济上无利可图的项目，无论其技术和市场条件如何优越，仍然失去实施的意义。经济评价不仅是开展项目市场分析和技术论证的归宿，而且还是项目取舍的最后依据。因此仅仅将经济分析理解为几个指标的计算是远远不够的，而应该把经济目标合理和有利的指导思想贯穿于整个可行性研究过程当中。为此经济分析应该坚持以下四个原则：（1）定性与定量结合，（2）静态与动态结合，（3）局部与整体结合，（4）当前与长远结合。与20多年前相比，当时重点强调的是前面两个原则，根据形势的发展，现在有必要强调后面两个原则。

定性与定量结合，就是经济分析中，不仅要有定性的说明，同时必须有定量的指标计算。这个原则现在已经被大家接受，如果说还存在不足的话，有两个方面应引起注意：一是目前还有许多基础性的经济统计数据不多或不全，这使得有些经济分析缺乏必要的计算或对比。比如类似于开发区的区域性开发项目，就缺少相应的基础数据用于采用或对照。二是现在投资项目的种类很多、行业很多、投资方式也很多，这与以前重点研究工业项目投资的情况，处处以工业项目为例，有了很大的变化。这就要求在经济分析中，定量计算时要灵活采用相关的数据或计算方法，而不能千篇一律地使用某一类固定的数据或方法。

静态与动态结合的原则，同样已为大家所接受，现在大家都知道资金是有时间价值的，资金是有利息的。未来的一元钱不等于今天的一元钱。任何项目的建设和投用，都有一个经济活动期（生命期），财务经济活动必然贯穿于整个过程。只有将整个过程当中不同时间发生的支出和收入，用同一折现率折算到同一时间点上来进行比较，才有意义。因此在经济分析中进行静态分析的同时，必须运用货币的时间价值方法进行动态分析。而且从辩证和发展的观点来说，动态分析的结果应作为经济评价的更重要的依据。

20多年前，局部与整体结合以及当前与长远结合的两个原则，大家认为这不是问题，尤其是还在计划经济的概念下，项目投资理应在国家计划的统一安排下考虑，也自然会顾及长远的目标。许多讨论可行性研究的文章往往也是点到为止，不会重点强调。经过这些年的发展，出现的许多新情况、新问题倒是越来越引起人们的关注，比如投资建设项目中对环境保护的资金安排不够，甚至对环境影响的分析也不深入；投资中负债率过高，资金链脆弱，经不起经济环境的变化等等。所以这两个看似平淡的原则要引起高度重视，重点体现这两个原则的投资项目对环境和社会的影响，放在下面两节专门展开讨论。

关于经济分析的指标体系。

经济评价的指标很多，有些文章推荐的指标多达几十种。实际工作中有各取所需的现象，这不但给具体计算增加了麻烦，而且也不利于不同项目、不同方案之间的比较和筛选。本文认为可以将指标分成两大类。一类为必要指标，可以少而精，主要包括投资利润率、投资回收期、净现值、净现值率、内部收益率和盈亏平衡点以及敏感性分析。其中敏感性分析必须包括投资增减、产品或服务价格增减，以及建设期缩短和延长的三个要素六个方向的影响。上述指标各个项目和方案都要计算，用以考察项目的综合情况，提供可比性。另一类为选做指标，可根据项目的具体情况选做其中的一个或几个指标，用以反映各个项目不同的侧重面。这样一来，可行性研究当中经济分析的主要指标，或者说基础指标可以确定为七个，这也是笔者多年实践的体会之一。

下面给出经济分析指标的计算方法：

1. 投资利润率

$$投资利润率 = \frac{项目年平均利润总额}{项目总投资} \times 100\%$$

这个指标与以前用得较多的产值利润率相比，能更全面地反映投入或费用与产出或效益的情况，而产值利润率只反映了一个产出情况。而从理论上讲产值和利润是同方向的，不符合可行性研究中的"费用——效益分析"观点。

2. 投资回收期或叫返本期

$$投资回收期（年）= \frac{累计净现金流量开始}{出现正值的年份数} - 1 + \frac{上年累计净现金流量的绝对值}{当年净现金流量}$$

3. 净现值（NPV）

$$NPV = \sum_{t=1}^{n} \frac{C_t}{(1+i)^t} + \frac{S_{n+1}}{(1+i)^{n+1}}$$

式中：

C_t——第 t 年的净现金流量。

t——年份。

n——项目寿命期。

i——年折现率。

S_{n+1} ——寿命期后的余值。一般该项经折现 $\left(\dfrac{1}{(1+i)^{n+1}}\right)$ 后很小，实际应用中可忽略不计。

净现值的意义就是项目按部门或行业的基准收益率或设定的折现率，将各年的净现金流量折算到第零年（建设初期）的现值之和。净现值大于零，表明项目有获利能力，数值越大，项目的获利能力就越大。自然净现值小于零的项目是不可取的。

4. 净现值率（NPVR）

$$NPVR = \frac{NPV}{I_p}$$

式中：

I_p ——项目总投资的现值。

在同一项目的不同投资方案（如规模不同）的比较中，采用净现值率来进行衡量和筛选是很有意义的。

5. 内部收益率

内部收益率是假定项目生命期内的净现值为零时，求得的折现率。又称折现现金流通利润率。

$$NPV = \sum_{t=1}^{n} \frac{C_t}{(1+I)^t} + \frac{S_{n+1}}{(1+I)^{n+1}} = 0$$

式中：

I = IRR（Internal Rate of Return），其他符号与指标 3 中的定义相同。

在经济评价中，内部收益率是一个很有意义的指标，当内部收益率大于基准收益率（一般由项目所在行业管理部门或机构公布）时，表明项目效益好，有利可图。如果用贷款建设的项目，可以理解为项目收益除了归还贷款外，表明尚有收益，也就是内部收益率减去贷款利率的部分，而且差额越大收益越大。

计算 IRR 时常用试差法，计算公式是：

$$I = I_1 + \frac{NPV_1(I_2 - I_1)}{|NPV_1| + |NPV_2|}$$

式中：

I_1——试算中出现的低折现率。

I_2——试算中出现的高折现率。

NPV_1——I_1 时的净现值（正值）。

NPV_2——I_2 时的净现值（负值）。

6. 盈亏平衡点

盈亏平衡点分析（Break Even Point），简称 BEP 分析，是分析项目对市场需求变化适应能力的一种方法。通常根据正常生产（经营）年份的产品产量（销售量）、可变成本、固定成本、产品价格和销售税金等数据进行计算的典型公式。

$$BEP = \frac{F}{R - V}$$

式中：

F——表示不变成本。

V——表示可变成本。

R——表示达到设计能力时的销售收入。

7. 敏感性分析

项目的经济分析乃至于整个的可行性研究报告，许多计算和分析都是建立在预测和估算的基础上的。在以后的实施过程中，肯定会遇到许多变化的情况，有些还可能是无法预计的风险。因此，经济分析在完成静态和动态指标的计算之后，还有必要做敏感性分析，即通过分析有关因素的变化对项目经济分析的影响程度，用来进一步考察项目的可行与否。通常考虑的风险因素有：投资总额的增减、生产总成本的增减、产品售价或服务价格的上升或下降。一般取项目总投资分别变动±10%，产品或服务价格分别变动±10%，总成本分别变动±10%时，对原来计算的经济分析会有怎样的影响。项目中如果有国际贸易的，还应该考虑汇率变化的影响。

笔者有一个感觉，在早期可行性研究刚刚引入应用时，普遍重视敏感性分析。反倒是近十多年来，出现了不重视敏感性分析的现象。不知道原因何在。就笔者的体会来说，敏感性分析对于指导项目的决策和实施是很有意义的。比如房地产项目，资本金比较少，借贷资金量大，利息负担重，如果项目延期交付，就会对项目的盈利产生重大影响。另一方面，有些地方房地产市场随着时间推移，市场需求的波动很大，也往往使项目的销售发生逆转。这方面的例子不少，如果一开始就能将项目的敏感性分析做好，深刻理解项目对"时间"的敏感程度，用于指导决策和实施，特别是项目的组织实施，便能起到积极作用。再比如对于石油化工项目，由于技术设备的投资大，而且许多设备又是非标设备，如果建设期间，原材料（如特种钢材）价格涨幅过大，往往使项目的建设成本大涨，对项目的整体投资收益产生重大影响，有些甚至使项目的经济分析和可行性研究发生根本性逆转。如果能在可行性研究中认真理解"原材料"的敏感程度，采取调整建设时间、提前准备原材料或通过金融方法"保值"，就会使"原材料"不那么敏感。还有产品的销售价格的敏感性，根据笔者的经验，往往是更"敏感"的因素，这一点结合下面的具体项目案例还会讨论到。

将上述7个指标列为必要或必须计算的指标，其基本出发点是强调"效益"和"时间价值"的重要意义。实际工作中，当然不排除具体情况具体分析。对不同的项目根据其特点选择测算其他的指标，以便更全面更深入地了解投资的可行与可能。

还要特别指出的是，根据新的形势发展，在经济分析中，要重视不同性质的资金，也就是不同来源的投资资金对项目评价的影响。这是近10多年来出现的新情况。以前项目投资来源单一，经济分析中涉及资金的计算也比较方便。现在随着投资来源的丰富，投资渠道的增多，给经济分析增加了不少工作量，也使得经济分析的结果必须考虑更多资金层面的因素。项目投资来源单一时，往往用"项目举办方"一词就可以清晰表示资金性质。现在先要用"发起人"表示项目的主要投资方或主要股东，然后还要关注其他股东。一般来说，这一类投资资金性质基本相同。除此之外，各种各样的投资基金，如天使基金、风险投资基金、产业投资基金、股权投资基金，各种各样的债券以及优先股等。如果涉及技术专利的转让，还会出现技术拥有者的权益是在投资收益中获得，还是在产品销售或服务收入中提成。所有这些不仅会对经济分析的计算过程带来麻烦，也会对经济分析的结果产生影响，有些还会涉及经济分析工作指导思想和指标性质的认识和辨析，有必要再作进一步讨论。

这里引用一位经济学家的观点："长期以来，主流的宏观经济学范式一直未将金融因素正式纳入模型框架，这不仅使得金融体系对宏观经济的实际影响被严重低估，而且在理论上排除了两者之间的内生性关联机制和彼此影响。……虽然金融因素一直未能进入主流经济学的理论框架，但金融体系对宏观经济的影响和作用却从未真正远离经济学家的视野。尤其是 20 世纪 70 年代以来，随着现代金融体系的建立和发展，一方面，金融活动本身在经济体中的地位越来越重要；另一方面，金融体系变化与实体经济发展之间的互动关系也逐渐引起一些经济学家的关注"（陈雨露：《重建宏观经济学的"金融支柱"》，新华文摘 2015 年第17 期 P45）。事实也确实如此，联系到可行性研究的经济分析，以前不太强调投资资金的性质区分，从理论上分析，就是没有将金融因素纳入经济分析考虑的视野。从前面介绍可行性研究的历史中可以看出，可行性研究的理论背景是"费用—效益"分析，主要来源是福利经济学，理论研究中较少关注金融对经济实体的传导和路径。从实践角度来看，可行性研究早期是世界银行大力推荐和应用的，在当时，作为银行除了关注项目的结果外，可能会更多关注本身的贷款，对于其他资金特别是资本金的不同类型或不同性质的关注可能会少一些，这也是非常自然的事，当然这是实践当中的反映。简而言之，随着经济全球化，特别是投资和服务贸易的开放以及金融创新的发展，在可行性研究的经济分析中，应该重视金融创新对项目投资的影响，比如引入优先股资金，就有可能对项目的分红政策带来变化，从而影响到上面推荐的经济分析指标的结果，所以要区分资金性质并正确判断资金价值，只有这样才能更科学、客观、真实地做好经济分析。此外，由于资金性质的多样性，与社会折现率比较时，也要具体情况具体分析。

第四节　可行性研究的环境分析

可行性研究对环境保护的认识经历了一个发展的过程，联合国工业发展组织在 1978 年编写出版的《工业可行性研究编制手册》一书时，并没有将环境保护作为单独的部分在一级子目录下列出，只是在相关的章节内提到环境保护的费用计算。这说明当时人们对环境保护的重要性认识还是不够的，或者说环境保护在可行性研究中的地位和意义没有获得足够的重视，说明在可行性研究对环境影响的研究上，也缺乏深刻的认识。

如上所述，20 世纪 80 年代初，原国家计委发布建设项目可行性研究试行方法时，已经非常明确地规定可行性研究报告中必须包括环境保护的内容。应该说这是非常有远见的。国家发改委 2006 年发布的第三版《建设项目经济评价方法参数》中，虽然没有对环境保护内容进行单列和特别强调，但在"环境外部效果的定量计算"中提出："为对建设项目进行全面的经济费用效益分析，应重视对环境影响外部效果的经济费用效益分析，尽可能地对环境成本与效益进行量化，在可行的情况下赋予经济价值，并纳入整个项目经济费用效益分析的框架体系之中。"该方法明确提出了对于建设项目环境影响的量化分析要求，应从整个社会角度对建设项目环境影响的经济费用和效益进行识别和计算，虽然没有采用影子价格的具体要求，但还是提出了采用机会成本法等方法的建议，体现了对环境保护的重视。

第一批国家级开发区成立时，每个开发区都必须编制开发建设的规划，明确要求要提前建设以"五通一平"为主要内容的基础设施，其中就有污水处理、集中供热等，目的是以此提高资源利用效率，减少环境污染。这说明开发区从一开始就重视环境的保护。本书下一章案例当中提到的韩国三星造船项目和岩东排水公司项目在可行性研究中都做了详细的环境保护分析，说明开发区的项目评价体现了环境保护的要求。以上情况都说明在我们国家，尤其在开发区对项目投资中的环境影响引起重视还是比较早的。

前面已经提到，可行性研究的一个重要应用就是银行等金融机构对项目贷款进行分析评估时的重要依据。因此金融机构关注项目建设引起的环境影响，会对项目的可行性研究产生导向作用。值得注意的是，金融机构对环境和环境保护问题已经引起了重视，金融行业当中的"赤道原则"就是一个很好的说明。早在2002年，国际金融公司和荷兰银行等4家银行，在英国伦敦的格林威治举行会议，倡议金融机构在向项目融资时，要对该项目可能对环境和社会的影响进行评估，并且利用金融机构和金融贷款的导向作用，促进项目在保护环境和推进社会和谐方面发挥积极作用。2003年6月，有10家大型银行宣布接受该倡议。2006年，在经过三年的试运行与修改后，该倡议重新颁布执行。原来该倡议被称为"格林尼治原则"，以纪念会议最早在格林尼治举行，考虑到格林尼治处于地球的子午线（经线），连接东西半球。后来为了体现南半球国家和北半球国家共同关注环境问题，也就是发展中国家和发达国家一起努力保护环境，就将该倡议命名为"赤道原则"（赤道连接南北半球）。承认"赤道原则"的银行也称为"赤道银行"。我国的兴业银行在2008年正式成为国内首家"赤道银行"，成为全球第63家"赤道银行"。虽然"赤道原则"不是国际上政府间的协议，但银行是推动经济发展的重要力量，也是可行性研究的重要使用者。所以，银行执行"赤道原则"对可行性研究当中重视环境保护和改进可行性研究的内容还是有着非常重要的导向和指引作用。2008年，联合国就倡导世界各国推行"绿色发展"。2015年底，联合国气候变化巴黎大会，将全球气候治理的理念进一步具体明确为"低碳绿色发展"。这些都对可行性研究的环境分析内容提出了新的要求。

今天，我国的环境问题更加突出，环境保护也广泛受到关注。这不仅体现在政策导向上：生态文明建设已经与经济建设、政治建设、社会建设、文化建设一起列为五大建设目标。也不仅体现在发展理念上：绿色发展已经与创新发展、协调发展、开放发展、共享发展并列为五个新的发展理念。还体现在老百姓的自觉感受上：可游泳的河少了，甚至不见了。雾霾出现了，甚至越来越多了。这些都在影响我们的生活，也在改变着大家对环境的认识。国家"十三五"规划纲要在主要目标中提出："生态环境质量总体改善。生产方式和生活方式绿色、低碳水平上升。能源资源开发利用效率大幅提高，能源和水资源消耗、建设用地、碳排放总量得到有效控制，主要污染物排放总量大幅减少。"纲要中"十三五"时期经济社会发展主要指标与"十二五"相比，增加了"空气质量"和"地表水质量"两项。这说明环境保护工作不仅引起了社会各界的重视，而且已经进入了"操作"的阶段。

所有这些变化和发展都应该在可行性研究当中体现出来。笔者认为可行性研究要体现与时俱进的精神，在今后的可行性研究当中，要将"环境保护"改为"环境分析"，与"经济分析"列为平行的内容，并且将"环境分析"的主要内容和目标确定为"低碳绿色"，设置相关的定性和定量的指标。这里"环境分析"代替"环境保护"字面变化不大，除了考虑可行性研究中各部分的名称表述相对一致外，笔者的本意是"分析"要比"保护"内涵更丰富。要通过环境分析从根本上体现出生态文明和绿色发展的要求。今后可行性研究的环境分析的目标要从被动的实行环境保护向主动的追求环境效益转变；项目投资中环境保护的价值包括潜在价值要从价值抵消向价值创造转变；项目计划中的工作措施要从末端治理向源头控制转变。具体地说，今后的环境分析与以前的环境保护相比，要从以下几方面的加强：一是内容更广。除了污水、固废、大气噪声的传统"三废"分析外，还要将能源消耗和水资源消耗列入其中。以适应以水定产、以水定城和综合能耗管理的方针。二是用相对性指标代替大多数绝对性指标作为分析项目特别是评价项目的标准。三是引入影子价格的概念，对"三废"造成的负外部性和资源的重新利用要用影子价格进行计算，以适应"三废"排放的许可制度向权利制度的转变。

如前所述，可行性研究引入影子价格，以前是在国民经济分析层次当中使用，因为一个项目不仅要衡量对投资方的效益，而且要反映出对国民经济整体的贡献，必须考虑价格尺度，剔除价格失真的影响，因此项目在企业财务角度的分析后，再采用影子价格进行分析评价。我国自20世纪90年代实行市场经济改革以来，特别是2001年底加入WTO后，各种生产要素和产品以及服务的价格基本上已经能够反映真实价值，在可行性研究的经济分析中，没有必要再引入影子价格的因素。但是在可行性研究的环境分析当中，根据现状和今后的发展要求，笔者认为倒是非常有必要引入影子价格。因为现在涉及环境、资源的一些价格还没有理顺，还没有真实反映价值。比如水的价格和污水处理的收费就不能反映水资源和污水处理的真实情况，固体废弃物和空气污染的处理，目前也缺乏真实反映成本的价格。造成大气污染主要原因的碳排放正在探索收费制度。针对这些现象，可行性研究的相关内容就需要采用影子价格进行计算。因此，有必要对影子价格展开详细讨论。

所谓"影子价格"，即经济资源内在的价值含量，是保证资源最优化利用而应体现的价格。如前所述，可行性研究刚刚引入时，强调采用影子价格，主要是考虑了市场的开放因素，其本质是生产要素价格的市场机制有没有发挥作用。现在我们之所以建议在环境分析中采用影子价格，是考虑到环境因素的价格不能真实反映资源（如空气和水）的稀缺程度，其本质也是市场机制没有发挥作用。现在大家虽然从思想上已经开始重视环境保护和生态文明，但要真正建立完善的市场体系还要有一个较长的过程，因此在可行性研究中，推广应用影子价格既是一个与时俱进，也是一个比较现实的办法。需要理论工作者和有关管理部门尽快测算出相关的基础数据，便于项目评价当中采纳或参考。

考虑到现在应用影子价格与以前应用影子价格的背景已经不同，现将经济学上有关影子价格的几种理论解释摘录如下，以便大家加深对影子价格的理解和掌握。

机会成本理论认为：影子价格就是占有该资源的机会成本，即占用或耗用某一资源，必然放弃其他利用该资源创造价值的机会所能创造的价值。

理性市场理论认为：只有完全自由竞争的市场才能最有效地配置资源，其价格信号才能真实反映价值，此时的市场价格就是影子价格。

边际理论认为：影子价格是有限的资源在最优配置、合理利用条件下的边际效益，即在此条件下，资源数量的微小变化所产生的效益增量，可近似为效益增量与资源增量之比，它不是资源的平均价格，而是随利用程度而变化的边际价格。

最优化理论认为：如果经济社会实现了资源的最优化配置，这时的价格就是效率价格，亦即影子价格。

支付意愿理论认为：影子价格是产品和服务的接受方愿意支付的边际费用，即为新增一个单位供应所愿意支付的最高费用，这种支付意愿价格随稀缺程度而变化。

2015 年 1 月 1 日开始实施的新环保法明确了"损害担责"的原则，该法第二十二条指出："企事业单位和其他生产经营者，在污染排放符合法定要求的基础上，进一步减少污染物排放的，人民政府应当依法采取财政、税收、价格、政府采购等方面的政策和措施予以鼓励和支持。"中共中央关于"十三五"规划的建议当中也提出："建立健全用能权、用水权、排污权、碳排放权初始分配制度，创新有偿使用、预算管理、投融资机制，培育和发展交易市场。"长期以来，由于用能权、用水权、排污权、碳排放权等权限模糊，以市场为导向的初始分配制度不健全，造成资源使用价格严重扭曲。建立健全用能权、用水权、排污权、碳排放权的初始分配制度，创新有偿使用和预算管理以及投资机制，培育和发展交易市场，发挥市场的作用，让资源能源得到合理的使用。据有关资料介绍，2013 年 6 月，我国首个碳排放权交易市场在深圳启动，之后，北京、天津、上海、广东、湖北、重庆陆续开展了碳排放权交易试点，至 2014 年底，全国 7 个试点省市共纳入控排企业和单位 1900 多家，分配碳排放配额约 12 亿吨。根据国家计划 2017 年将启动全国统一碳市场。综上所述，无论法律法规，还是试点经验，都说明环境质量对项目投资的约束会越来越严格，可行性研究中加强环境分析已经势在必行。同时也启示着以后可行性研究的环境分析，应该逐步从"许可"制度向"权利"制度转变，因此引入影子价格的必要性也是显而易见的。

可行性研究中环境分析的具体指标和参数，因为这方面实践不多，还不能形成统一的样本。2009年6月，环保部、商务部和科技部联合发布了《综合类生态工业园区标准》（HJ274—2009）。2014年宁波经济技术开发区、上海张江高新技术产业开发区、上海闵行经济技术开发区同时获得了首批国家生态工业示范园区的称号。这里将三部门发布的标准摘录于下，今后项目环境分析，特别是区域项目招商，进行可行性研究时，可以作为参考标准。

基本条件：

（1）国家和地方有关法律、法规、制度及各项政策得到有效的贯彻执行，近三年来未发生重大污染事故或重大生态破坏事件。

（2）环境质量达到国家或地方规定的环境功能区环境质量标准，园区内企业污染物达标排放，各类重点污染物排放总量均不超过国家和地方的总量控制要求。

（3）《生态工业园区建设规划》已通过国务院环境保护行政主管部门或国家生态工业示范区建设领导小组办公室的批准，并由当地人民政府或人大批准实施。

（4）园区有环保机构并有专人负责，具有明确的环境管理职能，鼓励有条件的地方设立独立的环保机构。环境保护工作纳入园区行政管理机构领导班子实绩考核内容，并建立相应的考核机制。

（5）园区管理机构通过ISO14001环境管理体系认证。

（6）《生态工业园区建设规划》通过论证后，规划范围内新增建筑的建筑节能率符合国家或地方的有关建筑节能的政策和标准。

（7）园区主要产业形成集群并具备较为显著的工业生态链条。

（8）园区经济保持持续增长，且国内生产总值三年年均增长率不低于所在地级及以上城市国内生产总值三年年均增长率。

(9) 园区应积极开展再生水利用，再生水利用应符合当地有关政策和标准要求。

具体指标，见表一。

表一 综合类生态工业园区指标

项目	序号	指标		单位	指标值或要求
经济发展	1	人均工业增加值		万元/人	≥15
	2	工业增加值年均增长率		%	≥15
物质减量与循环	3	单位工业用地工业增加值		亿元/km²	≥9
	4	单位工业增加值综合能耗（标煤）		t/万元	≤0.5
	5	综合能耗弹性系数			<0.6
	6	单位工业增加值新鲜水耗		m³/万元	≤9
	7	新鲜水耗弹性系数			<0.55
	8	单位工业增加值废水产生量		t/万元	≤8
	9	单位工业增加值固废产生量		t/万元	≤0.1
	10	工业用水重复利用率		%	≥75
	11	工业固体废物综合利用率		%	≥85
	12	中水回用率[a]	人均水资源年占有量≤1000m³	%	≥40
			人均水资源年占有量>1000m³≤2000m³		≥25
			人均水资源年占有量>2000m³		≥12
污染控制	13	单位工业增加值 COD 排放量		kg/万元	≤1
	14	COD 排放弹性系数			<0.3
	15	单位工业增加值 SO₂ 排放量		kg/万元	≤1
	16	SO₂ 排放弹性系数			<0.2
	17	危险废物处理处置率		%	100
	18	生活污水集中处理率		%	≥85
	19	生活垃圾无害化处理率		%	100
	20	废物收集和集中处理处置能力			具备

续　表

项目	序号	指标	单位	指标值或要求
园区管理	21	环境管理制度和能力		完善
	22	生态工业信息平台的完善度	%	100
	23	园区编写环境报告书情况	期/年	1
	24	重点企业清洁生产审核实施率	%	100
	25	公众对环境的满意度	%	≥90
	26	公众对生态工业的认知率	%	≥90

注：a 园区内没有污水集中处理厂的不考核该指标。

从我们的实践看，三部委颁布的生态工业示范区标准能够符合现阶段的实际情况，具体标准和指标设置具有较好的约束和导向作用。

国家"十三五"规划纲要在循环发展引领当中提出："推动75%的国家级园区和50%的省级园区开展循环化改造。建设50个工业废弃物综合利用产业基地。在100个地级及以上城市布局资源循环利用示范基地。建设城市废弃物在线回收、园区资源管理、废弃物交易平台。"

综合以上两方面的要求，今后开发区策划区域招商引资的项目时可以将以上要求作为评价的标准。至于每一个具体项目，项目业主或项目各投资方开展可行性研究时，可以根据具体情况做适当的对标和取舍。笔者建议可以将以下7个指标列为项目可行性研究的环境分析内容或标准。同时根据各地的不同情况，引入影子价格用于环境分析计算。

（1）单位工业用地工业增加值。

（2）单位工业增加值综合能耗。

（3）单位工业增加值耗水量。

（4）单位工业增加值废水量。

（5）单位工业增加值固废产生量。

（6）单位工业增加值 COD 排放量。

（7）单位工业增加值 SO_2 排放量。

总之，可行性研究作为一门既有理论性又有实践性的专业知识，与时俱进是它具有强大生命力的表现，所以，应将生态文明建设和绿色发展理念的要求纳入其中。与可行性研究当中的其他内容相比，这是新的尝试。考虑到环境问题和环境分析的区域性特点，本文认为开发区的环境保护和低碳绿色的要求还要体现出"产业集聚、规模优势、约束导向、集中解决"向"产业集聚、生态链接、正向激励、循环利用"等方向的转变。这也是本文将上述生态工业示范区的有关标准整体推荐的考虑，因为环境问题具有区域性和整体性的特点。

第五节　可行性研究的社会分析

关于可行性研究中的社会分析问题，按照其本意，是分析项目对社会福利的贡献。可行性研究是从西方工业化国家引进的，所以它的观点也与西方的经济理论有关。西方经济学理论认为，国民经济发展的基本目标有两个，一是经济要增长，二是分配要公平。增长目标指的是增加国民收入，公平目标则要求对国民收入在时间和空间上实现合理分配。时间上的分配是指在现在和将来之间进行分配，也就是在消费（当前）和积累（将来）之间进行分配。空间上的分配是指在各个收入阶层之间和各个地区之间进行分配。增长目标和公平目标合称为社会福利目标或国民福利目标。一个项目的收益虽大，但如果将其过多地分配于当前消费，而没有合理的积累，或者过多地将其分配于某一地区或某一阶层，而造成地区之间或不同阶层之间的贫富差距加大，那么这个项目对国民福利目标的贡献是不大的。因此，一个项目的最终价值不仅取决于其净效益的大小，还取决于其净效益的分配。以前我们认为这一点对于以私有制为主的国家非常重要，而对于以公有制为主的国家并不重要。经过这些年的实践，我们认为对于实行市场经济的国家同样是不能忽视的。另一方面，就一个具体项目来说，它还有溢出效应，项目的优劣也要考虑项目局部对区域整体的影响。所以项目评价当中提出这种思想有其合理性。实际应用中也有这方面的案例，比如跨区域大江大河的综合治理，既要考虑发电、航运、水利灌溉、渔业养殖以及生态保护的综合效益，又要兼顾上下游之间的利益分配。因此，在可行性研究当中引入社会分析是有必要的，它既是可行性研究本身所具有的系统性和多方案的比选要求所决定的，也是我们强调项目评价，必须坚持局部与整体结合和当前与长远结合的具体体现。以前开发区的项目投资进行社会分析的情况不多，除了认识和观念的原因外，可行性研究的社会分析中要求的基础数据不全，引入的指标过多，计算复杂和麻烦，也是重要原因之一。或者说，原来意义上的社会分析与实际情况有较大差距，这也是本文提出将社会分析和经济分析进行简化并重新定义的原因之一。

一般来说，一个项目对社会经济增长和公平分配的影响，应该在以下几个方面得到体现：一是能为地区或社会创造新的增加值，二是对社会分配公平的贡献，三是对技术创新和产业结构调整的贡献，四是对环境保护的贡献。关于对技术创新的贡献，就一个具体项目来说，主要与技术方案有关，而技术选择对于可行性研究的方法来说不具有共性，所以这里就不展开讨论了。关于环境影响，已经在前一节已经讨论。这里重点就讨论项目对经济增长和分配公平的影响。

根据上面的讨论，笔者已经建议将社会分析重新定义，也就是将社会分析界定为项目对外部的影响，并且又将外部影响中的环境部分划出归入环境分析中。在此基础上重新设定社会分析的指标，也就是今后可行性研究中的建议指标。

社会分析的具体指标可以设定为：投资利税率、投资就业率、投资工资福利率。

1. 投资利税率

该指标表示一个项目投产后，达到设计能力时年利润和税收与总投资的比例。在可行性研究开始应用的早期非常强调这个指标，后来可能因为税制的改革等原因，许多项目的可行性研究报告中不提了。之所以将这个指标作为社会分析的必做指标，主要考虑：一是可操作性和简便，二是直观。有些地方建议采用地区生产总值（国民收入净增加值）与投入的比值作为可行性研究社会分析的指标。根据笔者的体会，这在可行性研究阶段是很难的。如果采用工业总产值或销售收入，则不能代表真实的产出效益，而且基数有时会很大。所以建议采用本指标。具体表示为：

$$投资利税率 = \frac{年税后利润 + 年纳税总额}{总投资} \times 100\%$$

式中的年税后利润和年纳税总额均指项目投产后，达到设计能力时正常年份的数值。

2. 投资就业率

该指标表示每万元投资能够创造多少的就业人数。开发区是产业化带动城市化。目前我国城镇化率的主要指标就是城市人口与总人口的占比，并且提出要提高按户籍人口计算的城镇化率。所以对项目，尤其对开发区的项目来说，用投资就业率来评价项目的社会贡献是符合发展趋势的，操作上也是合适的和方便的。尽管就业率并不代表从业者就居住在项目所在地。但考虑到操作方便和简单明了，该指标还是适宜的。具体表示为：

$$投资就业率 = \frac{就业总人数}{总投资}$$

3. 投资工资福利率

该指标表示每万元投资能够带来的福利分配情况。工资福利包括项目（单位）所有人员的工资总额和缴纳的所有关于人员的保险金总额。具体表示为：

$$投资工资福利率 = \frac{年工资总额 + 年保险基金总额}{总投资}$$

第 2 和第 3 个指标反映的是项目总投资与人或福利的关系。这是适应开发区产业化向城市化转型的客观规律的必然要求，也是贯彻共享发展理念的具体体现。大家应该发现，这些指标的引入，从深层次看体现了发展理念的变化。也就是以前项目投资只关注经济效果本身，而忽略其他相关方面，今后要转到全面考察项目投入与产出的效果。不难理解，项目投入除了产生经济效益外，还有其他影响；即便单是经济效益产出，也有不同投入生产要素之间的分配问题；而且项目投入当中本来就有一个结构问题。这些因素在可行性研究中都应该得到体现。这里用政治经济学中资本有机构成的概念加以解释。所谓资本有机构成是由资本技术构成决定并反映资本技术构成变化的资本价值构成。资本构成可以从物质形式和价值形式两个方面考察。通俗地讲，就物质形式来说，生产资料的数量同使用它们所需的劳动力数量的比例，就是资本的技术构成。就价值形式来说，不变资本和可变资本的比例，就是资本价值构成。资本价值构成由资本技术构成决定，并反映资本技术构成的变化，两者存在着有机的联系，所以称资本有机构成。资本有机构成越高，则不变资本的比重越大，可变资本的比重越小。简单地说，资本有机构成越高，总投资中用于技术、设备和房屋设施的不变资本就多，而用于同员工有关的可变资本就少。联想到改革开放初期，国内资金奇缺，当时引进项目都希望投资大的大项目，不仅是因为项目大本身投资就大，而且还因为大项目它的资本有机构成也高，代表着技术先进而用人较少。这符合当时使部分地区先发展或一部分人先富起来的发展理念。时至今日，发展理念已经转变为共享发展，就要辩证地看待项目投资中的资本有机构成的高低。同时，还应该看到，现在许多创新型的项目都具有轻资产的特点，也就是项目投资中人力资本的比例有趋高的倾向，这类项目在创新发展当中有它的优势，不能因为投资小就不重视了。可行性研究应该反映出这种趋势和变化。因此社会分析中引入与就业和福利有关的指标是有意义的。

上述三个指标比较有代表性地反映了项目对社会经济增长和公平分配的贡献，应该推广到大多数投资项目的分析和评价中去，尤其是开发区的项目投资和招商引资评价当中。也有人提出能否再增加一些辅助指标，比如在第一个指标之后，再增加亩均利税率，以检查单位土地的产出率。第二个指标后，再增加大学以上学历人员的就业率，以强调对技术创新发展的长期重视，因为技术创新从根本上说与人的受教育程度有关。对于这些指标及其他指标，笔者认为可以根据具体项目，有针对性地增加分析的内容。但作为普遍性的要求，还是要体现简便、实用的原则，过于烦琐反倒不利于可行性研究的推广应用。

　　以上我们重点讨论了可行性研究的市场分析、经济分析、环境分析和社会分析四个方面的内容。记得 40 多年前，当可行性研究刚刚引入我国时，特别强调市场、技术和经济是可行性研究的三个主要内容，用当时的说法：技术是关键，市场是前提，经济是核心。换言之，一个项目，没有市场，也就失去了研究和实施的前提；技术是否先进适用，则是项目成功与否的关键，而能否实现预期的经济目标，则是项目的核心。现在将环境分析和社会分析也作为可行性研究的主要内容，并将它们与经济分析一起列为同样重要的内容，应该说这是我国特别是开发区经过 40 年发展后提出的命题，也是笔者多年来的实践和思考的心得。这当中的一些具体指标和标准还有待于各界的讨论和测算，但笔者相信随着新的发展理念的贯彻，可行性研究的与时俱进将是必然的。

　　下面，笔者再结合在开发区多年从事项目评价和招商引资的实际工作经历，挑选了 4 个笔者深度参与或为主实施的项目，对可行性研究的具体应用作进一步的讨论。

第二章 项目案例的分析

案例一 开发区联合开发总公司项目

一、项目概况

1987 年秋天，中国五金矿产进出口公司和中国机械进出口总公司领导到访宁波，他们此行的目的是按照国务院《关于进一步推动横向经济联合若干问题的规定》（国发〔1986〕36 号）的精神，寻求与地方开展合作，特别是加强实业投资方面的合作。宁波作为计划单列市1987 年地方外贸的自营进出口刚刚起步，也希望与中央大型外贸公司形成贸易加实业的新合作模式。另一方面，宁波作为沿海开放城市呈现出良好的发展前景，特别是港口建设和开发区建设如火如荼，面临非常难得的发展机遇，也为新的历史条件下加强与中央企业的合作提供了广阔的空间。因为两家企业领导有实业方面合作的考虑，所以市里就安排代表团到宁波开发区考察，当时宁波开发区正在进行大规模的基础设施建设，一时间搞大型的工业项目还难以确定。洽谈中，宁波市和开发区的领导提出："干脆你们也一起出资，我们三家联合共同开发建设并运营管理整个开发区。" 当时，这一想法大大出乎两家公司领导的意料，自然没有进一步展开讨论。待两家公司领导回到下榻的宾馆后交流意见，认为宁波作为港口城市和外贸的重要货源地，共同投资建设开发区，将来开展加工贸易和建设工业生产基地前景肯定不错。这种合作虽然超出行前的设想，但符合中央的精神，也符合两家公司工贸结合的发展思路。两家公司领导当晚打电话告诉宁波方面，表示对这一设想感兴趣并希望马上展开深入讨论。宁波方面自然深受鼓舞，因为招商引资是所有工作的重中之重，何况这是一个前所未有的、模式创新的、金额巨大的项目。其后的谈判工作可以用一句话来概括，困难不少但进展不慢。当年秋天就签订了两家中央企业和宁波开发区三方合作意向书，1988年1月签订投资协议书，1988年5月正式签订共同投资成立联合公司并合作开发宁波开发区（原小港区域）的合同。合同规定：三方共同出资2.8亿元，其中1亿元为注册资金，其余1.8亿元为借款。联合公司的业务范围包括：开发建设并经营管理开发区内的市政公共基础设施配套工程，生活服务设施；负责兴办有利于投资环境的公共事业；负责洽谈和兴办各类项目等。公司的收益除了企业的经营收入之外，还包括按照当时国家政策规定，土地开发的部分收入和开发区留用部分的财政返回收入（根据企业类别划分，分别按50%、75%、100%返联合公司）。

20世纪80年代还处于计划经济，由地方政府和中央企业组成合资公司，共同投资建设整个开发区是一个非常重大的创新，许多具体工作与当时的政策规定和传统做法无时无刻不在发生冲突，最大的困难还是思想认识和理念观念的束缚。从企业的角度讲，如何进行管理，如何加快开发，如何提高开发收益。从政府的角度讲，如何确保投资方向，如何营造良好的投资环境，大家都没有经验。通过一个小例子，就可见一斑。当时我国还没有《公司法》，办理企业执照就碰到困难，笔者其时担任联合公司的首任企业管理处处长，受命尽快去有关部门办理工商执照，除了与开发区工商行政管理部门沟通外，还专门找宁波市有关部门负责人说明情况，共同讨论解决方法。接待办理的人员指出，无论是公司章程中企业性质的"有限责任公司"，还是经营范围中"开发建设并经营管理开发区内的市政公共基础设施……，规定并收取土地使用费、场地开发费和水电通信建设费等费用。负责兴办有利于投资环境的公共事业"等，都于法无据，也没有先例。1988年4月刚由七届人大一次会议通过的《中华人民共和国全民所有制工业企业法》中，规定企业是"依法自主经营，自负盈亏，独立核算的社会主义商品生产的经营单位""企业依法取得法人资格，以国家授予其经营管理的财产承担民事责任"。其中就没有注册资本和有限责任公司的说法。有限责任公司的概念，是1979年7月五届人大二次会议通过的《中华人民共和国中外合资经营企业法》中提出的。他们还指出：首先你们不是中外合资经营企业，自然不适用中外合资企业法，不能用"有限责任公司"；其次你们可以算是全民所有制企业（因为当时全民所有制都是独资的，而你们又是合资，此处可以忽略不计），但经营范围严重超出了工业企业（上述法律开宗明义就是工业企业）。现行的两部法律都无法支持这种做法和模式。好在讨论中大家逐步统一了观点：开发区是对外开放的窗口，经常与外商签订合同，不写明"有限责任公司"，承担"无限责任"吃亏的是我们；经营范围广的问题可以在联合公司下面设立专业公司，经营范围上下对应，上面虚下面实。这些虽然有自圆其说之嫌，但也解决实际问题。大家相互之间不无自嘲地自我鼓励：改革开放就要自圆其说，甚至无中生有。最后时刻，打听到市工商局的主要负责人在宁波海员俱乐部开会，笔者就专门在主席台后面等候，会议结束，马上汇报大家商量的"自圆其说"的解决方法。他也在此前接到有关领导的电话指示，用当时流行的话说"特事特办"了。仅此就不难想象这种股权联合开发模式在当时的颠覆性和创造性。

从改革的角度讲。20世纪80年代中期，在农村实行家庭联产承包责任制的改革取得巨大成功之后，我国的经济体制改革逐步转到了城市企业。当时比较盛行的做法是企业承包经营责任制，也曾在一段时间取得成效。但承包经营责任制有一个明显的缺陷，也是一个制度性的缺陷，就是企业所有权的责任主体仍然是不明确的。换句话说，人格化的出资人仍然存在缺位现象。尤其是国有企业，当时也叫全民所有制企业，说是全民所有、人人所有，理论上成立，实际操作上却无法体现。而联合公司成立时，一开始就明确三家股东出资，股权关系非常明晰，出资人的责任和义务都非常明确。在此基础上，股东会、董事会和监事会以及经理层的定位都很具体，也很明确。企业的法人治理结构一开始就得以建立，很好地适应了市场经济的要求。在当时，我国的公司法还没有颁布，甚至有限责任公司和股份有限公司的概念还不太为人所知的时候，能有这样的实践，不能不说是开发区改革开放的一大突破。

以下结合本项目的实践，笔者会谈到三个方面的体会和认识。而这些体会和认识从根本上讲，都源于市场经济和计划经济的不同，或者说是市场经济的改革取向所产生的。这正是本文甚至全书反复强调的市场经济改革的重要性，以及开发区在市场经济改革的实践当中充当先行者和探索者的重要意义。可以说这些改革实践，至今仍然是弥足珍贵的记忆和启示，在笔者后来的工作中，不断提醒着要坚持改革、开放和创新的意识。

实行联合开发以后，因为获得强大的资金注入，开发区明显加快了发展速度，综合发展水平上升到第一批国家级开发区的第五名。开发区联合公司后来实行股份制改造，1997年在上海证券交易所上市，两家中央企业也通过证券市场退出，获得了很好的投资收益。

二、几点思考(项目评价和招商引资)

1. 股权开发模式会有更好的发展

在当时还处于计划经济的条件下，成立合资企业并由企业承担开发建设的主体责任，是一个非常大胆的创新，因此在全国第一批开发区当中被誉为"宁波模式"。这种"共享利益、共担风险、长期合作、共同发展"的模式我们称之为股权开发模式，也就是开发区的开发性投入由各方共同出资组建企业来承担，开发区的收入（指开发性的收入）由合资公司享有，自然最终是合资各方共享。目前大多数开发区都是政府（开发区管委会）通过银行或其他金融机构贷款（一般通过管委会全资的下属企业的平台）来搞开发建设。也就是说是政府直接负债进行开发，还本付息的直接责任主体是开发区政府。这种方式我们称之为债权开发模式。上述两种开发模式的经济责任不同，当然会带来管理方式的差异。从1984年第一批国家级开发区建立以来，经过30多年的发展，目前国家级开发区已有200多家，这当中采用股权开发模式取得成功的例子已经不少，如宁波大榭开发区就是由中信集团投资开发，苏州工业园区就是由中国和新加坡共同投资开发。上海市的各个开发区基本上也是组建开发公司负责开发建设，政府并不直接负债搞开发。根据经济责任和管理方式的本质不同，这一类开发区也可以归入股权开发的模式。

股权开发模式在今后仍将有着积极的意义。现在各地的政府性债务受到社会的高度关注，开发区运用债权进行开发的做法受到很大的制约。同时国家实施共建"一带一路"倡议，沿线兴办各类开发区、产业园区的现象将会很多。去国外开发自然不能直接以政府的名义。因此经济进入新常态后，采用股权开发的模式来加快开发区的发展，正越来越受到各方的关注。具体来说，中央企业和地方合作，东中西部开发区之间的合作，国内外开发区（产业园区）之间合作，这三个方面今后都可以探索股权开发的模式。这当然会对投资的可行性研究提出新的要求。特别是前面讨论的可行性研究中的市场分析、经济分析、环境分析和社会分析，在股权开发的模式当中，应该有哪些新的内容和评价体系。根据这些年的实践和经验，这里的市场分析主要内容应该是土地的出让，也就是招商引资的"市场"。经济分析按照权责相等的原则，应该包括土地的开发性收入和部分留用的财政收入（或转移支付）。环境分析和社会分析的范围也会更广一些。毕竟目前采用股权开发模式的开发区不是很多，将近30年前的形势也与现在有很大的不同，如果能够深入研究并逐步完善出一套更适合股权开发模式的可行性研究，对提高开发区的开发水平和管理能力，特别是对于开发区走出去，体现我国开发区开发建设和管理水平的软实力，输出中国品牌，是很有意义的。下面结合实际经历和体会，就土地开发收入和财政留用转为投入谈些看法。

2. 土地开发成本和收入问题

采用股权开发模式，进行可行性研究的经济分析，投入和收益的重要测算都离不开土地。就本案例来说，按当时的规定很难进行这方面的经济分析。土地出让正式开始是 1992 年以后的事。当时我们开发区招商手册上写的是土地出租或土地批租，没有土地出让一说，言下之意土地是不能出让的，只能出租。而招商时，按国际惯例外商取得土地若干年的使用权时，往往是一次性付清土地款（实质上就是出让），为了既能一次性收到钱，又不违反当时的政策。因此只能叫"批"租，以此区别于"年"租，自然这给可行性研究的测算出了难题。

另一方面，1992 年之前，国内还没有实行权责发生制的会计准则，使用的还是应收应付制的财务报表。所以土地出让（租）的收入首先冲抵土地开发成本，一直到扣完所有成本后，才能反映出盈利。这样一来当期就无法产生利润，甚至不能体现资产增值，更谈不上股东分红。这显然不能客观地反映开发区的实际情况，也不能满足可行性研究中经济分析的要求。记得当时每次联合公司召开董事会，都会对投资的预决算尤其是土地的收入争论不断。从表面现象看这是财务核算的技术性问题，而从深层次的原因看，则是市场经济和计划经济的制度冲突，这也是一种体制机制的冲突。要想解决这个问题，确切地说我们基层工作者要解决这样的问题，就需要本着改革的精神，看准并把握市场经济改革的目标和方向，实事求是地寻找甚至创新既能破解现实难题，又能符合发展方向的方法。不为目标远大而好高骛远不接地气，也不能彷徨不前而失去方向坐困愁城。笔者先后担任过联合公司的企业管理处处长和财务处处长，主持了开发区土地成本的测算。本着改革开放的精神，参照国外市场经济当中广泛使用的权责发生制的财务会计准则（1992 年以后国内逐步推广），核算土地开发成本。经过反复测算，确定了土地的开发成本是 22 美元/平方米。按当时的汇率折算，每平方公里的投入是 7000 万到 8000 万元之间。国家批准的开发面积是 3.9 平方千米，因此确定总投资为 2.8 亿元。这既补充完善了可行性研究的经济分析，又解决了开发成本和经营收益的核算问题。较好地补充和完善了项目的评价，也有力地促进了后续的项目招商。

土地是财富之母，尤其在我们国家的体制当中，自新中国实行土地改革以后，土地是国家也是全体国民的共同财富。但土地的财富有一个特点，就是"寄生性"。在农业文明或自然经济条件下，土地的价值取决于其本身的农业产出。进入工业文明以后，土地的价值往往取决于它本身以及区域的产业化水平。也就是说土地只有经过产业化开发以后，其价值和财富才会大幅增加；而不能或没有进行产业化开发的土地，其财富是有限的，也是不可能大幅增加的。因此，对于进行区域产业化建设的开发区来说，其土地价值和财富的增加，或者说土地开发性投入而产生的收入，由承担土地开发性投入的人部分享受是合理的。对照这几年大量房地产项目，从土地增值中赚得盆满钵满的现象，对土地进行产业开发的投入更有理由获得土地增值的收入。这更有利于经济健康和可持续的发展。尤其是中国作为一个大国，我们不能没有实业和实体经济（关于产业化之于大国的重要性在第三篇会详细讨论）。因此，对于开发区尤其是实行股权开发模式的开发区，由开发主体享受部分土地增值。本文持肯定的观点。

3. 股权开发模式共享财政收入问题

一段时间以来，开发区的财政收入按政策规定留区部分，能否由承担共同投入并共负盈亏的企业共享，也就是这里所讲的股权开发的主体企业能否享有部分财政收入，各界有不同的看法。这是一个比较复杂的问题。但开发区的经验告诉我们应该将复杂问题简单化，总的原则就是权责对等，具体则要视投资规模的大小，开发周期的长短，是否承担公共事业建设和提供公共服务等而定。一般来说，笔者认为在开发建设的前期，比如前10年，应该由采用股权开发模式而承担开发责任的企业享有。这是一个比较合适的体制。

1995年7月12日，财政部地方司在珠海市召开了全国开发区建设与财政管理研讨会，会议召开的背景有两个，一是开发区财政特殊政策到期，按当时规定，开发区从批准兴办之日起，新增的财政收入，5年内免除上缴上借任务，后经批准该政策分别延续到1993年和1995年。二是1992年开始，我国开始了市场经济改革，1994年新的税收体制开始实行，开发区的财政体制也面临转变。根据会议介绍的情况，开发区10年建设，成效巨大，1985年全国开发区预算内财政收入只有0.85亿元，若剔除海关代征收入，当年收入为0.12亿元，1994年全国开发区的财政收入达到43.81亿元，按同一口径计算，比1985年增加43.69亿元，增长360多倍，平均每年递增80.4%，1985—1994年累计财政收入108.78亿元，其中新增财政收入100.42亿元，因为实行"增收留用、滚动开发"的政策，按当时已开发面积计算，平均每平方千米投入 8545 万元，加上社会投资，平均每平方千米投入 11881 万元。就宁波开发区来讲，当时实际开发面积已达到 3.9 平方千米，按以上提供的平均值计算，已实际投入 4.6 亿元，联合公司三方的投入是 2.8 亿元，已经增值 65%。从股权开发的模式看，如果开发区财政收入中的留用部分不能由开发主体享有并继续投入，显然不能达到这样的开发规模和速度。

1994 年底，全国开发区累计开发面积 118.49 平方千米，已建成 1830.4 万平方米的工业厂房和相应的配套设施，形成了水、电、道路、电信基本完善的投资硬环境。同时，实现了投入与产出的良性循环，开发区累计批准外商投资项目 6519 个，其中已投产 2587 个，协议吸收外资 82.3 亿美元，实际利用外资 42.2 亿美元。1994 年当年完成工业产值 723 亿元，出口创汇 108 亿美元，与 1985 年相比，分别增长 792 倍和 275 倍。如果将留用的财政收入理解为投入的话，那么产生的效益是，每 1 元人民币的投入（主要是基础设施建设）引入了 0.82 美元的外资，每 1 元人民币的投入，年产出是 7.23 元。

笔者当年参加了会议并就开发区财政体制发言并提出：和 20 世纪 60 年代我们国家的三线建设相比（同样是产业项目建设带动区域开发），80 年代开始的开发区建设，其投资方式和财政管理采取了一种新的模式，我们不妨作一个设想，开发区的建设如果也照搬 60 年代的做法，即全部投资由国家财政负责，10 年中也由国家安排 108.78 亿元的财政资金（前面说的 10 年财政留用）用于开发区的建设，而不是采用"自收自支"的方式，对照三线建设的现状，很难想象开发区能取得这样的成绩——像今天这样充满生机与活力，有那么多的经验值得我们来讨论总结。十年来各开发区不仅在建设上取得了令人瞩目的成绩，也进行了卓有成效的体制机制改革，锻炼了一大批具有市场经济观念和意识、富有开拓进取精神的干部。开发区各项改革的生动实践得益于财政管理体制的基础改革，这一点在基层工作的同志或者说在第一线工作的同志中深有体会。不难理解，财政管理权限的下放，开发区财政管理体制的改革，不仅促进了开发区的发展，而且在一定程度上决定了开发区管理体制的改革和发展模式的创新。

因此，开发区经过 30 年的实践告诉我们，在开发初期实行一定的优惠政策，包括财政税收部分留用或通过转移支付给以支持，这一点已经为实践证明是有效的，各地不同程度地在实行，尽管力度可能不同。而能否上升到思想认识的肯定和政策制度的规定，看来还有一段路要走。从某种意义上来说，开展股权开发模式的可行性研究的研究有助于推动这方面的工作。

案例二　三星重工业宁波公司项目

一、项目概况

1995 年 5 月，笔者随宁波市投资贸易代表团访问韩国并担任开发区分团团长。抵达韩国首尔（当时称汉城）的第二天，宁波代表团在下榻的宾馆举行招商引资项目推介会。会上笔者重点介绍了宁波开发区的投资环境、政策导向和产业规划，特别将我区发展造船项目的设想做了详细的说明，因为这是此次赴韩招商的重点项目之一。在回答问题阶段，韩国三星重工业（株式）会社海外事业部部长金董植先生多次问到造船项目的有关问题，引起笔者的注意，鉴于会场上人较多，一时又找不到合适的地方，笔者当即邀请金先生到房间洽谈。在房间内，我们铺开地图，就区位优势、海域环境、岸线条件、土地整理以及宁波市的大环境一一做了介绍。期间笔者与同事仅以房内自己加热的茶水招待金先生，也许双方都对项目太关注的缘故，我们都不曾留意这样是否"失礼"。倒是金先生的敬业精神和对技术专业问题的广博知识，给我们留下了深刻的印象。会后金先生并没有邀请笔者访问他们公司的意思，笔者知道他们需要"消化信息"的时间，所以笔者决定"等待"。另一方面，也由于访韩的行程不便调整，所以没有继续接触。

访韩回来后，笔者让项目组的同志一周内以笔者的名义给金先生发去传真，对金先生在我们访韩期间的热情接待表示感谢并真诚地邀请他访问开发区。在当时这是唯一的联系渠道，也是非常恰当的时机，相信会有"佳音"。很高兴金先生不久即复电表示乐意来我区访问。6月初，金先生到访，自然是实地考察、双方洽谈。为了表示尊重，我们特意安排了一辆进口的卡迪拉克轿车，不想车身太长，而项目的拟办地一半还是滩涂，岸边的道路土堆林立杂草丛生，以致车辆转弯也颇费周折。金先生打趣说："王先生你在韩国介绍时，这样的土地，价格开的也太高了吧。"访问中，双方就项目的设想、规模、建设条件、周围环境情况等交换了想法。随同金先生访问的几位技术专家也很敬业，技术问题则更见长。我们也将事先通过有关方面了解的专业和行业方面的情况相告，双方都留下了很好的印象。金先生离开前，介绍了三星方面曾有在东南亚国家沿海地区设厂的计划，但由于种种原因尚未最终确定。这一方面是告诉我们，开发区已经被列为"考察对象"；另一方面也提示我们要拿出"合作的诚意"。笔者不失时机地提出希望对方派商务方面的专家或更高级别的负责人来访，开展下一步工作。金先生表示待他回国后研究再定。

8月，我们迎接了三星重工业（株式）会社的专务理事裴锡龙先生到访。他在开发区考察期间，我陪他去北仑港集装箱码头参观考察。我们专门安排了一艘船，从戚家山码头出发，沿北仑港向东航行，察看项目地块和港口情况。笔者介绍前段时间曾陪同一个香港代表团参观北仑港，领队的是一位知名企业家，笔者向他了解香港码头的发展历史，他非常耐心地介绍了集装箱吞吐量等情况，香港的年集装箱吞吐量比北仑港大不少。当他回到香港后发现当时介绍的集装箱吞吐量数字有误时，专门致电笔者，非常认真地表示歉意并提供了新的数字，而这个数字要比上次现场介绍的数字更大，同时他也介绍了香港集装箱吞吐量大，依靠海上航线水水中转是一个重要原因，令笔者印象深刻。当笔者征求裴先生对此的看法时，他表示赞同。根据他的经验，前有亚洲"四小龙"的发展，后有中国的对外开放，整个东亚地区的航运市场在接下来的几年会有较快的增长。同时他们还预测到21世纪初，20世纪70年代建造的船舶将有45%～50%的旧船需要更新换代，新船的市场将会迅速呈现出强劲增长的态势。笔者非常佩服他们的定量预测和自信，因为这在当时我们是很难做到的，无论是信息条件，还是行业背景。从项目谈判和招商引资角度讲，从中不难看出他们准备充分、思路清晰，自然也感知到他们对这个项目的决心。从他从容的目光中，笔者已经猜到三星方面对项目有了详细的方案和明确的计划。接下去的谈判，双方的目标定位已经明朗，一个想来，一个欢迎，也正因为如此，具体问题的谈判非常艰苦，因为双方都是"志在必得"，也都担心"鸡飞蛋打"。虽然大家意见不一（因为还没到最后关头），但双方的目标已经心照不宣。我们尽量将具体问题让下面的人员去讨论，而回避我们之间的直接"对垒"，此时引而不发就成了最好的策略。所以后面的时间，我们两人"环顾四周"而言它的情景时有发生。

10月，三星重工业（株式）会社的会长李海搀先生到访开发区，双方都明白这已经是决定项目的关键时刻了。本来组织上已决定笔者的工作变动，但考虑到项目的重要性和工作的连续性，仍然要笔者完成这一次接待后再走。根据安排笔者直接到机场停机坪迎接他。访问期间除了项目有关的参观、考察、洽谈外，我们还特意安排了李社长一行参观宁波的阿育王寺，在参观过程中，李社长的态度认真而专注，除了听寺庙人员的讲解外，偶尔也会问一些关于当地寺庙的问题，听得出他的佛教知识相当渊博。出人意料的是，三星方面的随同人员事先准备了若干（不少）的人民币（都是最大面额），李社长每见到一位僧人，都会先合手致意，然后与之握手。握手时，不经意间李社长手上的一张钞票随之转于对方之手。对此我们自然不便多问，但偶尔相视一笑，也已经读懂了李社长的心意，他既对阿育王寺表示敬仰和尊重，也已经在为三星项目的将来而祈福。

12月，韩国三星重工业（株式）会社正式向开发区提交了项目申请书和可行性研究报告并获得政府部门的批准：正式成立外商独资企业三星重工业宁波有限公司，分三期建设以修造船为主的综合性重工业企业。首期注册资本 1269 万美元，投资总额 2998 万美元（当时开发区外资项目的批准权限是 3000 万美元），第二期增加投资 4100 万美元，达到 7098 万美元（2002 年），第三期总投资达到 2 亿美元。一期项目年产值超过 8800 万美元。20 年前，面对这样的大项目，事先双方没有接触联系，从 5 月开始才在项目推介会上第一次接触，当年年底就正式落户，从招商引资的角度看，实属罕见，是非常成功的案例。正如三星方面提交的项目可行性研究报告所说，三星"在与世界主要国家的投资商谈中，以宁波市海外招商团在韩国的投资说明会为契机，通过与宁波市海外投资委员会（注：开发区管委会）的数次友好投资协商洽谈及现场考察，于 1995 年 12 月制定了土地转让意向书设立了公司……"。这里尤其值得一提是三星造船项目的可行性研究中共有 9 章内容专门进行环境保护的研究和评价，占到全部内容章节的 60%。具体有：建设项目周围地区的环境现状、大气环境质量现状及影响评价，海域水环境质量影响评价，海洋生物及与渔业资源现状及影响分析，环境噪声现状与影响分析，固体废弃物环境影响分析，施工期环境影响分析，污染控制对策，环境经济损益分析。他们之所以如此重视环境分析，一方面是由于项目的特殊性，因为该项目位于海边，从而增加了分析海域环境影响。另一方面也说明引进项目特别是引进大项目大企业会更加重视环境保护。20 多年前就能够如此详细地开展这方面的工作，在当时也是一个很好的启发。同时也印证了一个观点，即引进外资项目，不仅是引进资金和技术，而且也是引进先进的管理和理念。

三星重工业（宁波）公司，从 1995 年成立，次年开工建设，1997 年投产，经过近 20 年的发展，已经成为制造特种船舶行业的重要企业。就在笔者写下本文之时，《宁波开发导报》刊登了一篇关于三星公司的报道：三星重工业（宁波）有限公司近期与马士基油轮公司签订了建造 9 艘 4.994 万载重吨成品油船合同，该订单总价近 19 亿元。加上之前签订的 10 艘成品油船订单，总价值超过 40 亿元。公司已经成为国内重要的 MR 型成品油船建造基地。此前，2013 年 6 月，三星重工业宁波公司与希腊船东 Capital Maritime 签订了 8 艘 5 万载重吨的成品油船建造合同。2024 年 6 月，该船东又追加签订了 2 艘成品油船的建造合同。这 10 艘成品油船的订单总价值 21 亿多人民币。三星重工业宁波公司目前已形成成品油船的流水线造船体系，平均 2 个月就可以交付给船东 1 艘船。看到三星重工业宁波公司有这样的发展，也联想到开发区招商有这样的效果，作为最早的当事人感到无比欣慰。

二、几点思考（项目评价和招商引资）

1. 深入研究投资方的行业背景

宁波开发区的最大优势就是港口。引进修造船工业项目，一直是我们招商引资的主攻方向，多年来，从欧美到日韩，凡是造船工业发达的国家或地区，招商部门接触了不少客商。赴韩国招商考察前，有关同志就向笔者推荐了一家韩国的机械制造方面的公司，希望在韩期间重点拜访。这家企业的负责人曾到访我们开发区。在韩期间，笔者也专程去拜访了这家公司，这家公司是从纺织机械起家，当时发展很快，新的负责人希望借助当时韩国和东亚地区良好的发展环境，向修造船行业拓展。但在洽谈和考察中，我们感到对方在修造船行业并没有成熟的经验和核心能力，而造船项目所用的海岸线是相当宝贵的不可多得的资源，所以笔者当即就放弃了继续深入洽谈的打算。而三星重工业却不同，我们第一次在宾馆房间内讨论时，对方就表现出很高的专业水准。从中可以发现几点：一是三星重工业有这方面的行业背景和建厂的专业技术能力，二是对造船行业的国际市场特别是东亚地区的市场有深入的研究。就像后来他们自己所介绍的那样，"三星重工业成立于 1974 年，朝着成为世界超一流企业的目标，通过果断的体制和不断的技术开发，正在成为生产船舶，工程机械、海洋构造物、成套设备的世界重工业领域的带头企业。"在后来的谈判当中，作为具有行业背景的大企业还在以下三个具体方面体现出来：

一是承诺产品外销，当时我国引进外资企业有一条规定，要求外资企业的产品外销要达到一定的比例，至少自己本企业要达到外汇平衡，另一方面，国内的整船市场又有许多限制，所以他们对于产品外销的承诺，无疑为项目的进展扫清了一个大障碍。如果没有深厚的行业背景，是做不到这一点的。

二是人才培训方面。三星方面提供的可行性研究报告中说，对于核心技术人才及高级管理人员，在生产开始前就实施总部培训教育，对于技能人员，在当地培训所由总部派遣人员进行技术培训，当地生产过程当中，技术能力不足时，在总部组成支援部，随时到当地指导解决。后来还了解到，鼓励精益求精的"工匠精神"是三星重工业历来的传统。宁波三星公司成立后，公司每年都会举办针对一线工人的各类技能竞赛，设置专门的奖励机制，鼓励大家改善工艺、创新工装方法，仅在2015年，就有8个团队和17名个人获奖，奖金总额达到96000元。还有一些工人成为宁波市首席技术工人，目前他们还和当地有关部门联合建立了技能培训基地。这些年来，宁波三星公司已经连续15次派出工人参加韩国奥林匹克技能大赛，曾经夺得焊接、船体多项技能团体、舾装团体和电气等项目总共9金14银15铜的好成绩，其中4人还获得韩国技术工人的最高荣誉——韩国劳动部颁发的"长官奖"。

三是对环境保护的重视。三星项目的可行性研究报告一共有15章，其中专门针对环境问题的就有9章。除了通常的污水、废气、固体废物的处置外，还专门针对项目的特定环境，专门做了海域环境分析、海洋生物与渔业资源分析，也做了污染控制对策和环境经济损失分析。从以上所举的几个例子中就能够看出，三星重工业在这方面有丰富的行业管理经验，足够的技术准备和良好的市场营销能力。这不仅对后期的项目建设大有好处，对于我们招商谈判也减少了许多障碍。

2. 正确判断对方的战略意图

招商难，招大项目更难，这是从事过招商工作人员的共同经历，也是大家的普遍感受。笔者也有这方面的体会。原因当然是多种多样的。这里结合三星项目的招商，想强调招商工作非常重要的一点，就是要正确判断或搞清楚对方的战略意图。尤其是对于大公司大项目，更要如此。

世界造船市场从1989—1991年一直呈上升趋势，经过1992年的调整，1993 年以后再次呈现出增长的趋势。当时韩国是仅次于日本的世界第二大造船能力的国家，由于 20 世纪 80 年代后期日元的强劲升值，韩国的造船业面临新的机遇，如果能在成本较低的国家建立造船基地，那对增强韩国造船业的竞争力更有好处。这是我们赴韩国招商之前的基本想法。在双方多次接触当中，我们得知在三星重工业内部各事业部门所占的比重上，造船和建设部门的比重每年大增。据介绍，1994 年这部分的比重在 50% 左右，是三星重工业下一步拓展的主要领域；并打算克服在韩国国内发展的局限，继英国重装备工厂、泰国成套设备工厂之后，曾经有过准备在东南亚再建新厂的考虑。当时我们分析，在宁波设立造船厂，从地理位置、交通运输以及劳动力成本等方面看，条件并不比东南亚国家某地差。三星方面应该能够接受。后来我们又了解到三星重工业已经于 1994 年在国内证券市场上市，1995 年又发行了海外可转换债券。所以无论是现金流，还是资本充足率，都足以支持公司扩大投资。因此可以判断三星公司有这方面的战略计划，也有能力和实力在国外投资建厂。具体谈判过程中，我们充分利用双方这种战略上的趋同性，有商有量地、快速而果断地解决掉许多具体问题，很快达成一致。

3. "功夫要在课外"

"功夫要在课外"的本意不难理解，但应用于招商工作，却要联系实际情况不拘一格地加以利用。这一点经验对招商引资非常重要，运用得好，能收到事半功倍的效果。招商引资并不仅仅是谈判双方在谈判室中的锱铢必较，也不仅是宴会席上的觥筹交错，也不完全是签协议式上的握手言欢。谈判时的针锋相对是难免的也是必要的，但不是唯一的，有时谈判场外的工作更有必要，甚至更具有决定性。应根据项目的特点和招商对象的具体情况灵活运用。在三星造船项目的招商引资中，笔者就有这样的体会。前面说到，韩国三星重工业李社长来访时，除了项目洽谈外，我们专门安排了参观阿育王寺的活动，佛教在韩国有很大的影响力，李社长本人对佛教有很深的造诣，宁波的阿育王寺是中国现存唯一以阿育王命名的千年古刹，并以珍藏释迦牟尼的真身舍利而闻名。当李社长听到这个安排时，看得出他为我方这个安排而深为感动。参观过程中，接待和陪同的我方人员向他介绍了宁波当地的文化教育、经商传统，早在 1000 多年前，宁波与韩国（高丽）就有佛教和贸易的交往，这在当时少不了要借助舟船。笔者表示今次若能合作，佛教、贸易和造船三个要素齐备，自然也是再续佳话。参观访问中，双方之间都有同感，无形中拉近了彼此的距离，为项目进展创造了良好的氛围。再如三星重工业裴先生参观北仑港码头时，也碰到一个不错的机会。由于受杭州湾潮流影响，北仑港口的水质一直是比较浑浊并呈黄色状态，但那天码头前方的海水却不浊反清，令人很是惊讶，笔者当即借题发挥："裴先生乃有福之人，有朋自远方来，不亦乐乎，今天连一向浑浊的海水也有所表示，我们中国有句古话，瑞雪兆丰年，莫非今天是清水迎（盈）三星，你这个项目一定能成功，而且一定能盈利。"当翻译将此意告诉裴先生时，他也深为感动。笔者还发现裴先生除了技术问题外，对商务问题也很在行，原来他在三星集团负责过投资和财务工作，而笔者又在企业担任过财务处处长，我们之间自然又有了许多共同话题。笔者向他介绍 80 年代中期，笔者就开始从事外资的引进工作，日本的设备和技术是很有吸引力的，但由于日元短时间内大幅升值，反倒促使中国内地许多企业转向中国香港、台湾等地。他表示汇率确实影响很大，但作用是双向的，用中文的意思解释就是双刃剑，利用好还是有好处的，令人印象深刻。裴先生得知笔者喜欢韩国的泡菜，回国后，逢年过节还特意寄过几次泡菜给笔者，说实在的，在韩国时喜欢上吃泡菜，但每次都是别人拆开包装后再放到桌子上，没有看过外面的包装。笔者收到裴先生寄来的泡菜，看到精美的包装时，总算是"一睹芳容"。以至于后来自己到商场采购，笔者看到包装一般的泡菜，都把它归入不选之列，颇有一番"以貌取人"的架势。

以上这些例子都能充分说明，拓宽思路跳出招商谈判的框架，避免就事论事的束缚，增加知识面和信息量，做好"课外"功夫，增加接触机会，加强理念交流，对招商引资是大有好处的。

案例三　岩东排水公司项目

一、项目概况

岩东排水公司的前身是岩东污水处理厂，占地面积 14.01 公顷，设计规模是 24 万吨/天的污水处理能力。按计划分三期建设，一期工程包括 12 万吨/天的土建和 6 万吨/天的设备安装，二期工程是 6 万吨/天的设备安装，三期工程是 12 万吨/天的土建和设备安装。一期工程始建于 2001 年（原来的污水处理厂已经不够大），当时的传统看法认为这是开发区的基础设施，是为项目招商配套的"五通一平"工程，因此全部投资都由政府投入，也就顺理成章了。一期工程建成后，对提升开发区的投资环境，提高区域环境保护水平，发挥了很大的作用。2007 年初，酝酿开工建设二期工程，同时根据区域工业用水日益紧张的情况，准备上马日产 10 万吨的中水回用项目，但由于政府投资中资金平衡的关系，项目自然就要分轻重缓急了，再加上也有人认为这类项目运行后还要继续"贴钱"，是否马上建设这两个项目，大家看法不一。笔者当时正分管全区的国有资产的工作，主张通过企业改制并进而融资解决资金问题，实现项目尽快上马，并专门就此给主要领导写信：(1) 岩东污水处理厂建成已有 5 年，但目前的管理体制尚未理顺，内部工人按企业员工性质管理，营运收支及资产管理按事业单位会计制度进行核算，项目的建设仍按基建单位账目管理，长以此往，不利于管理的提升。(2) 这次两个项目投资约 1.5 亿元，如果仍然沿用政府投资模式，目前政府投资计划资金平衡尚有困难，一时难以列入计划。但污水处理的量已经达到设计能力，推迟建设不仅影响投资环境，也会影响到我区的城市化进程。(3) 如果将现有资产经过整合设立国有的全资企业，操作方便，并以此为平台向银行融资进行后续项目建设，不仅能盘活存量资产，拓宽融资渠道，减少财政直接负债。虽然目前污水处理的收费不高，但现金流量稳定，再说污水处理投资符合国家政策和银行信贷导向，银行贷款应该能够落实。(4)根据宁波市有关规定，2006 年 7 月 1 日起，一般企业的污水处理费已经从每立方米 0.60 元提高到 1.00 元，初步测算新项目投产后，改制后的企业能够平衡，更重要的还是能够为逐步实现污水处理建设的良性循环和滚动发展打下基础。可喜的是，区领导层面的看法很快获得一致。此后区里先后发出 19 号和 23 号文件，明确了企业改制和项目业主调整的通知并指出：污水处理投融资改革有利于拓宽融资渠道，有效减轻政府的投资负担，减少财政直接负债，盘活政府存量资产，实现污水处理项目建设的良性循环和滚动发展。促进污水处理行业逐步走向市场化。

　　鉴于当时企业改制和项目上马的前提条件是获得银行贷款的承诺或批复，笔者专门为此走访了几家银行，具体汇报了我们的想法：本次项目投资为 1.5 亿元左右，加上原来一期的投入，总资产将是 2.8 亿~3 亿元之间，其中 60%是国有的资本金，其余可以通过负责解决。本次项目全部投产后，按现行收费标准计算，目前每年至少有超过 8000 万元的现金流量。污水处理项目符合国家的政策导向，如果贷款的利率能够优惠，贷款的年限适当加长，上述现金流量和企业的折旧足以覆盖利息和本金的还款。从项目的可行性研究角度看，市场分析不妨采用影子价格，宁波作为沿海城市，可以采用海水淡化作为影子价格进行对比。如果利用海水淡化解决水资源问题，目前的技术水平，以日产 10 万吨以上的经济技术规模来看，大概每立方米海水淡化的成本在 5 元到 6 元之间。相比之下，目前加上污水处理费的自来水水价和我们拟定的中水价格都极具竞争力。从更长远的前景看，水作为资源的重要性和污水处理的紧迫性正越来越为大家所认识，将来要从根本上解决水的问题，肯定要引入市场机制，走产业化的道路。开发区当然希望和有志于此的金融机构一起先走这一步，共同拓展市场，探索管理方式的创新。令人振奋的是，国家开发银行宁波分行的领导听完我们的汇报后，当即表示他们要做这个项目并商定贷款额度为 9600 万元（因为超出 1 亿元的贷款要报到总行批准，决策的时间就要延长，担心影响企业的改制和项目的决策，故决定贷款为此额度）。我们也非常理解和感谢宁波国开行以此表示对该项目的支持。至此排水公司改制和后续项目投资的外部条件完全具备，其后各项工作均有序展开。

排水公司改制后，后续项目建设非常顺利，继二期项目和中水回用项目建成后，三期项目也已提前建设。目前每天污水处理量已超过22万吨，中水回用每日的用水量已达到7万多吨。内部管理得到加强。而且每年实现盈利。特别值得一提的是，浙江省在2013年开始，开展了全省范围的"五水共治"活动，其中排在第一位的就是治污水。排水公司顺利改制和滚动建设，为区域的治污水打下了良好的基础。

这个项目的投资到目前为止都是来自国有企业，从招商引资的角度看，没有引入外面的投资。但国家现在正在大力推动投资领域PPP的合作模式，今后在基础设施建设领域当中，笔者认为污水处理项目是最具备PPP模式推广条件的，不仅因为它的收费模式基本成型和稳定，建厂设计、工艺设备等技术条件非常成熟，而且还因为转变发展方式建设生态文明的要求，客观上决定了我们必须转变思想观念，在涉水领域引入市场化机制，如水资源的占有使用、污水的处理和排放、水的再生和利用等。就像当年开发区建立之初，搞电信建设一样，开始大家都认为这是基础设施，不仅投资大，建成运行后，还要补贴维护，为了完善招商引资的投资环境，不得不超前建设，但随着技术条件的发展和思想认识的转变，引入市场化机制后，"五通一平"当中的"电信通"，其投资和收益早已进入良性循环。可以肯定地说，在不远的将来，"五通一平"当中的另一通——"水通"，也必将会引入市场化的机制，否则就没有办法实现生态文明的目标。实际上在排水公司项目实施过程当中，就有感兴趣的单位与我们商谈合作事宜。将此项目作为案例讨论，不是因为其投资巨大，也不是因为其技术特别先进，而是该项目意义特别。同时，正因为全部是国有资产投入，笔者作为分管国有资产，对项目过程包括可行性研究介入的较多，可以从可行性研究的角度介绍更深入和更深刻的想法，也可以谈些更微观更具操作性的做法。

二、几点思考(项目评价和招商引资)

1. 可行性研究应该体现出多方案的比较和选择

可行性研究的英文名称是 Feasibility Study，Feasibility 的词义是可行性、可能性。可行性研究 20 世纪 80 年代正式引入我国，可能是因为中文译名的关系，大家着眼点往往局限在"可行性"上，而忽略了对"可能性"的认识。联系到项目评价，"可行性"表示这个项目的一个方案是可行还是不可行，可行就上，不可行就下，或者可行就通过，不可行就否决。而"可能性"则意味着似乎更合理的、更方便的、可以设法的，也就是要问一问同样的项目，有没有更合理的方案可以选择。实际上 Feasibility 的英文本意就包含这个意思。前面提到 20 世纪 30 年代，美国在田纳西河的综合治理中成功运用了可行性研究方法，而使得可行性研究得以更广泛的推广，本文也已经反复强调了大江大河的综合治理，要考虑多重目标的兼顾，如航运、发电、灌溉、防洪等，这自然就会牵引出各种"可能"的方案，而这些方案无论是技术上，还是经济上都是"可行"的，也都是做得到的。到底采用哪一种方案，就要问哪一种方案更"合理"？这就要取决于管理者的决策，决策当然要围绕管理者的价值取向和目标（管理的决策职能在后面的文章中会讨论到）。所以可行性研究的本意除了可行、可实现的含义外，还包含在多个方案中进行更合理的选择。也就是进行多方案的比较，再从中择优选用。但我们现在许多项目做可行性研究，或提出可行性研究报告时，往往就是一个方案，缺乏多方案的比较。这一现象有些是因为政府部门收到的可行性研究报告时，项目举办单位已经进行过比较和选择，有些则是没有做过多方案的比较，还有一些可能是不了解这一点。岩东排水公司的可行性研究报告是中国市政工程华北设计研究院承担的，他们在污水处理的技术方案的选择上，就进行了几种技术路线的对比，分别阐明各种技术方案的利弊，并在此基础上再确定选用哪一种，这是非常规范的做法。我们不妨节录部分内容，进一步说明可行性研究的多方案性和选择性。

氧化沟工艺是 20 世纪 50 年代由荷兰工程师发明的，其基本特征是生物反应池呈封闭的沟渠型，污水和活性污泥的混合液在其中不断循环流动。氧化沟使用一种带方向控制的曝气和搅动装置，在反应器中的混合液传递水平速度，从而使被搅动的混合液在氧化沟闭合渠道内循环流动。因此氧化沟又被称为"循环曝气池"，或无终端曝气系统。

氧化沟工艺兼有完全混合型和推流型的特点，耐冲击负荷，出水水质好，运行稳定，运行管理简便。氧化沟的曝气设备为机械曝气，不需要大型的鼓风机房，可减少噪音对环境的影响。

SBR 是序批式活性污泥污水处理法的简称，该工艺方案是一个间歇式的活性污泥系统，曝气池与沉淀池合二为一，活性污泥的曝气、沉淀、出水排放和污泥回流均在同一池子中完成，可通过双池或多池组合运行实现连续进水。运行时，污水分批次进入反应池，然后按顺序进行反应、沉淀、排出上清液和闲置过程完成一个运行操作周期。

两个方案的技术经济比较见表二。

表二　两个方案的技术经济比较

比较项	氧化沟方案	SBR 方案
工程总投资额（万元）	15397.42	15638.09
单位基建投资额（元/m³）	2566.24	2606.35
年生产成本（万元）	2297.89	2191.89
单位水量生产成本（元/m³）	1.049	1.001
年经营成本（万元）	1550.45	1431.50
单位制水经营成本（元/m³）	0.708	0.654
年电费（万元）	532.61	316.24
单位水量电耗（度/m³）	0.32	0.19
单位水量占地面积（m²/m³）	1.12	1.00
出水水质	好	好
耐冲击力	强	较强
污泥稳定	未稳定	未稳定
操作管理	技术水平要求一般，管理简单	运行必须自动化，技术水平要求高，管理复杂

由以上方案各自的特点及上面的技术经济表可知：

氧化沟方案出水水质能达标，耐冲击负荷，不设鼓风机房，工艺流程简单，管理较方便，国内在设计和运行管理方面经验丰富全面。

SBR 方案，出水水质能达标，生物池或沉淀池合建，占地较少，对自动化的依赖程度很高，设备闲置率较高，池深较大，池体抗浮工程量大。

权衡上述两种方案，各有所长。但总的来看，氧化沟工艺方案优势较为突出，其投资低，处理效果好，运行稳定，具有投资省、见效快，运行灵活简单，维护方便等优势。本设计推荐采用该方案。

以上就是可行性研究非常规范的做法，也是可行性研究本身应该具有的特点和优点，应该坚持和发扬。今后可行性研究，特别是开发区出于招商需要的可行性研究报告，要体现出这一精神。可以根据不同的地块、不同的功能园区，不同的行业要求、不同的技术方案，开展多方案的可行性研究，内容可以适当简化。以前也有类似的叫法或做法，像预可行性研究，或者叫投资机会研究，以后可以统一称之为招商可行性研究，以区别于具体项目的可行性研究。坚持多方案的研究和选择，这样既可以把研究工作引向深入，也可以拓宽招商的视野。

2. 从项目经济分析看 PPP 模式改革

PPP 模式是 Public-Private-Partnership 的缩写，意指政府和私人组织之间，为了某个公共项目或公共服务进行合作，并以政府特许为基础，明确双方的权利和义务，形成合作伙伴关系，既满足经济社会的需要，又使合作双方达到比单方行动更为有利的结果。2013 年以来，新一届政府大力推动基础设施建设等公用事业领域的 PPP 模式，这不仅是控制各地政府性债务的现实需要，更是经济进入新常态后，提出绿色发展和共享发展新理念，转变发展方式的长久之计。我国目前公用事业或公共服务行业的投资管理存在的弊端有：一是投资来源单一，并以政府为主；二是经营范围和经营业务垄断，缺少必要的竞争；三是服务和产品的价格改革滞后。笔者认为今后公用事业或公共服务改革的目标之一就是公平和效率的统一。

有些文章将公益性和垄断性定义为公用事业的自然特征，因而得出结论：具有公益性和垄断性自然特征的公用事业必须由政府提供，不能引入市场机制。如前所述，笔者不太赞成这样的观点。笔者认为：公益性和垄断性是某些公用事业的工业特征，或者说是工业文明赋予某些公用事业的特征，而不是它的自然特征。一般来说，自然的东西或者具有自然属性的东西，人是不可或缺的，离开了它人就无法生活，至少生活会受到极大的影响。自来水和污水处理是因为应用了工业技术而生产加工的，要想获得这个服务或产品，就应该付费。如果有人说我不喝自来水，就喝原来的河水，或者说自己的污水不接入管网处理，直接排入河里，这样做并不会影响到他本人的生存权利。可见自来水和污水处理的公益性和垄断性不是自然特征，而是工业文明赋予它的，因此是它的工业特征。污水处理厂在一定的区域或一定的距离间，不可能无限多地建设，谁的技术先进，谁的方案合理，谁先建。一旦建成，就拥有了相对的垄断性。同样，这个垄断性也是工业文明赋予的。既然自来水和污水处理的公益性和垄断性是工业特征，因此也就适合引入市场化的机制和企业经营的模式。而市场机制的两大支柱是产权制度和价格体系，PPP 模式是政府和社会资本的合作，本身就已经解决了产权问题，那我们就把注意力放在价格方面，不妨结合本项目的可行性研究找出答案。

污水处理行业推广 PPP 模式，相对来说是条件较好的，但进展似乎并不理想。究其根本原因还是制度供给滞后，具体来说，关键是污水处理的收费机制改革没有跟上，或者说政府购买服务的步伐迈得不够大。可以从岩东排水公司的可行性研究报告来说明。从 2001 年的一期工程到 2007 年的二期工程以及日产 10 万吨的中水回用工程，可行性研究报告中都做了非常好的经济分析，从中都发现影响投资收益的最主要因素都是收费价格问题，污水处理是如此，中水回用也是如此。以中水回用项目为例：

工程总投资 10197.98 万元。

年生产成本是 2356 万元。

年经营成本是 1460 万元。

全部投资收益率（税后）6.28%。以售价 0.8 元/吨测算（下同）。

全部投资净现值（IRR=4%）（税后）232 万元。

投资回收期 12.32 年。

盈亏平衡点是 88.36%。

再看项目投资的敏感性分析，见表三。

表三　中水项目敏感性分析

项目名称	基本方案	固定资产投资		经营成本		收费单价	
		+10%	−10%	+10%	−10%	+10%	−10%
IRR	6.28%	5.21%	7.53%	4.35%	8.08%	9.49%	2.58%

从这一组数据可以看出，生产能力达到 88.36%时，企业经营才能够持平，投资回收期要超过 12 年，这对于推广 PPP 模式肯定是缺乏吸引力的。另外我们从经济分析的敏感性比较中可以看出，影响投资收益和投资回收期的最重要因素就是价格。中水的售价提高 10%，也就是从每吨 0.8 元提高到 0.88 元，项目的内部收益率就可以从 6.28%提高到 9.49%，提高幅度超过 50%。所以说，要想提高这一类项目的吸引力，通过价格改革是很有效的办法。

再来看一期项目污水处理的经济分析：

工程总投资 15397.42 万元。

投资回收期 16.99 年。

财务净现值（IRR=4%）339 万元。

财务内部收益率 4.25%。

投资利润率 2.82%。

盈亏平衡点 93.48%。

同样再看敏感性分析，见表四。

表四 一期项目（污水处理）敏感性分析

指标名称	基本方案	固定资产投资		经营成本		收费单价	
		+10%	-10%	+10%	-10%	+10%	-10%
内部收益率（%）	4.25	3.32	5.32	2.84	5.55	6.58	1.56
投资回收期（年）	16.99	18.32	15.66	19.12	15.39	13.32	21.51

从表中可以看出，影响投资最敏感的因素也是污水处理的收费价格。当污水处理收费价格提高 10% 时，投资回收期从 16.99 年缩短到 13.32 年，是三个正向因素中缩短投资回收年限最多的，同样污水处理价格如果降低 10%，也是三个负面因素中影响最大的。这就提示管理部门，调整污水处理收费价格是撬动污水处理厂 PPP 模式的杠杆。

回到污水处理的一期和二期的综合情况，考虑到一期当中已经为二期提前建设了部分土建工程，综合考虑一、二期的因素，按权重加总，投资回收期也要到 15~16 年，这样的项目如果推向市场也是缺乏吸引力的。同时通过敏感性分析也可以发现，最敏感的因素也是污水处理的收费价格。目前污水处理的价格和水的价格一样，都作为公用事业对待，由政府定价。在没有放开污水处理收费价格之前，通过政府购买服务，也是一个解决的办法。

仍以岩东排水公司为例，一、二期的污水处理厂投资共 19145.57 万元，按长期贷款 7% 的利率计算，如果全部由政府投资，每年承担的利息是 1340.19 万元，这部分利息本来也是由政府承担。按每天 12 万吨污水处理计算，全年 4380 万吨，每吨分摊 0.31 元。如果引入社会资本建设污水处理厂的话，政府用这部分资金补贴，也就是购买污水处理服务，再加上现有的污水处理收费，将达到 1.31 元/吨，这样就会提高项目的吸引力。随着污水处理收费价格的调整，逐步减少政府补贴，或逐步降低政府购买服务的差价。这样做就有助于推广 PPP 模式，当然也有助于污水处理逐步转入良性循环。站在地方政府的角度，推广 PPP 模式，实际上就是招商引资，所以通过可行性研究，通过经济分析与项目评价，从一个侧面说明政策引导和制度供给对招商引资的重要作用。希望通过可行性研究的讨论，能有助于 PPP 模式的推广，特别是加快污水处理行业 PPP 模式的应用，使得污水处理更快进入良性循环。

3. 从本项目特点谈可行性研究的环境分析

前面已经提到，经过 30 多年的实践，针对经济进入新常态的特点，可行性研究中的环境分析和环境评价应该引起重视，本文已经给出了新的建议和定义，它与原来的环境保护以及经济分析之间的关系也给出了新的定位。本项目的特点决定了它的可行性研究与环境分析的联系更密切，在这里再作深入讨论。本案例的可行性研究报告是 2000 年和 2007 年所作，根据当时的规定，其中污水处理一期项目可行性研究报告中专门列出一章"工程效益分析"，报告中分了两部分表述：一是环境效益，二是社会经济效益。

环境效益：污水处理厂建成后，将大大降低污水对环境的污染，预计污染物每年削减量为：

化学需氧量 COD_{cr} 减少 3723 吨/年；

生化需氧量 BOD_5 减少 6132 吨/年；

总悬浮物 SS 减少 7008 吨/年；

氨氮 NH_3-N 减少 832 吨/年；

总磷 TP 减少 151 吨/年。

社会经济效益：污水处理厂的建成对开发区的环境改善和招商引资起着不可忽视的作用；该工程的实施使开发区的水环境逐步改善，使居民生活和城市化都得以大幅度改观，可以创造出间接的经济效益；开发区作为对外开放的窗口，实施该项目具有深远的国际意义，符合 1993 年我国政府制定的《中国 21 世纪议程——中国 21 世纪人口，环境与发展白皮书》的要求。这表明我国将经济、社会的发展与资源、环境相协调，走可持续发展之路的决心。

同样，中水回用项目的报告中也有这样的描述：

社会效益：积极开展污水再生利用是解决城市水资源短缺，创建和谐社会、实现经济可持续发展的重要战略措施之一。中水回用工程的建设每年可为城市节约 3650 万吨优质水资源，实现优水优用低水适用的城市总体规划和水资源规划的总体目标，其社会效益是巨大的。

经济效益：新建的中水回用工程预计售水价格 0.85 元/m^3，与即将建设的姚江大工业供水工程的售水价格相比，可节约 2000 多万元的社会成本，其经济效益是相当可观的。

环境效益：建设大工业深度净化水厂是保护环境，降低污染的重要措施之一，对国民经济持续稳定发展，改善当地投资环境，吸引外资都是极其重要的。

应该注意到，污水处理厂一期工程的可行性研究报告作于 2000 年，中水回用的可行性研究报告作于 2007 年，前者将社会经济效益合在一起表述，后者将经济效益和社会效益分开提出。这不是因为作者对可行性研究报告规范要求的理解产生偏差，而是当时（2000 年）污水处理的收费标准、收费模式都不具备产生经济效益或投资收益的条件，甚至还有人们的认识和观念的原因。现在这种情况当然有所改变，比如 2007 年中水回用可行性研究报告中的提法就已经细化。将经济效益和社会效益分别表述，一方面是由于项目本身经济效益的明显提高，不再是"忽略不计"的因素，另一方面也说明项目的社会效益和环境效益已经引起大家的高度关注，社会效益和环境效益不再是被动的保护所要做的，而是项目主动追求的目标。因此本文前面要将过去可行性研究中的环境保护改为环境分析，并展开详细讨论，这就是其中的主要原因之一。本项目的特点既有本身对环境的影响，比如消耗能源、产生污泥，也就是负的外部性。也有对区域环境保护的提升和对社会正的外溢效果。对于后者，本项目的可行性研究也已经作出了分析，并且是定量的。可见 2007 年与 2000 年相比，就有了很大进步。但对照绿色发展的理念和生态文明建设的要求，也结合本文前面对今后可行性研究新理念新方法的讨论，笔者认为可以引入影子价格的概念，开展环境分析。按照有关决定，将来要建立健全用水权、排污权，还要试行用水权的交易制度，也就是从许可制度转向权利制度。从理论上讲，排水公司的污水处理要达到一级标准，才能补充到河流中，这样才能真正实现了循环发展，这样势必会加大污水处理的成本，同时，对需要排放污水的其他项目，或者使用水资源的项目，就会产生传导作用。所以对于其它涉水项目的可行性研究就有必要引入影子价格，甚至可以采用海水淡化的成本作为影子价格，来计算或进行项目的环境分析和环境评价。

案例四　富邦商业广场资产重组项目

一、项目概况

富邦商业广场原是宁波华辰君临房地产开发管理有限公司开发的君临·北仑国际商业中心，该项目占地 220 亩，地处开发区的中心城区，建筑面积超过 32 万平方米。目标是建成集购物、休闲、办公、娱乐为一体的大型综合性商业中心，是开发区从产业化走向城市化的标志性项目，受到社会的广泛关注。2006 年 9 月正式开工，按照原计划应在 2008 年底开始分区域陆续建成并开业。由于种种原因，2008 年下半年开始，开发商资金吃紧，虽经多方努力帮助解决，但仍没有大的起色。到 2009 年上半年，项目面临资金链断裂。其时，该项目房产预售已达 860 多宗，购房对象 700 多人。如果项目不能继续顺利推进，不仅项目本身会成为烂尾楼，进而影响到开发区城市化的建设，甚至还会引发社会稳定问题。2009 年 4 月 20 日，该项目的主要债权人经与有关方面协商后，正式提出破产诉讼，4 月 29 日区法院正式受理此案。4 月 30 日，区法院确定一家律师事务所为破产管理人，同时布置立即开始清产核资和资产评估工作。考虑到该项目投资大，相关利益方涉及面广，政府内部此前已经成立了该项目工作协调小组，笔者临时受命担任组长。

一个月后，5 月 31 日，会计师事务所正式提供的资产评估报告显示，该项目的破产清算价值只有 7.2658 亿元。至 6 月，债权申报人数已超过 650 人，申报笔数 1007 笔，申报债权金额达到 20.268 亿元。当时综合各方面的情况，我们内部多次分析认为，不排除申报债权当中有水分，但即使通过法律程序加以核减，最终的债权也要在 10 亿元以上。这就意味着如果按破产清算的思路去处理，也就是通过拍卖项目资产以偿还债权人的债务，债权人至少将有 50% 以上的损失。这当中还涉及部分房产的预售许可权限问题，情况就更加复杂。经验告诉我们，这种情况下各类债权人之间大的目标虽然是一致的，但具体诉求并不完全相同。6 月底在影剧院召开的第一次债权人（700 多人）大会上，各种意见莫衷一是，不仅是不同类别的债权人意见相去甚远，即使是同一类型的债权人，也很难达成统一想法。其中涉及的部分民间集资相关人员，想法更为激烈。在资产评估报告出来后，也是在 6 月，笔者曾专门约见原项目开发方负责人，有一次长谈，希望他们有一个比较可行和比较全面的方案，特别是包括有效开展二次招商的计划，而不仅仅是房产推销的想法。笔者一直认为这种项目继续搞下去，资金链不能断是一方面，更重要的是项目的市场前景要让人感到有希望，否则谁能继续投入资金。甚至可以说资金链是表面的原因，市场前景才是根本原因。下一步如何处理，市场因素、经济因素、社会舆论和稳定压力交织在一起，不排除还会有其他的连锁反应。我们的目标还是希望发挥开发区招商引资的优势，找到有实力有能力的开发商进行资产重组。在此过程当中，有几家新的开发商跟我们接触，提出的方案都不太理想，有些开发商坚持用拍卖的方式接盘。曾经有一家比较知名的开发商，与项目协调小组有关负责人数度洽谈，在笔者出面后，也仅表示愿意在资产评估值基础上加 10% 参与拍卖。这当中原开发商也曾提出各种解决的方案，自然难以为债权人接受。最后经过多轮洽谈，各种方案比较，宁波富邦控股集团公司认可资产重组的思路。富邦公司充分发挥自身实力和经验的优势，对项目进行了充分调研，分别于 7 月 29 日和 8 月 13 日先后提出比较详细而明确的资产重组计划和正式报告，在 8 月 17 日的债权人大会上，富邦公司提出的资产重组方案获得全部 6 个组别的债权人投票表决通过，从而避免了项目的破产清算，使得这一重点项目获得新生。到 10 月中旬，项目重新启动，2010 年秋项目陆续建成开业。

根据法院通报，该项目资产重组是 2007 年我国《企业破产法》修订以来，宁波市两级法院实施的第一起成功完成的破产重整的案例，曾在 2012 年被最高人民法院评为"全国法院践行能动司法理念优秀案例"。

二、几点思考(项目评价和招商引资)

1. 坚持依法办事掌握项目主动权

从开发区招商的角度看，土地出让并签订项目协议后，政府对项目的实施过程已经不像招商签约之前那样有主动权了，这是各地招商工作中的普遍体会，尤其对这种纯商业纯民营资本的项目更是如此。像 JL 商业中心项目，不但不能按期建成，而且资金链断裂难以为继，又有超过 700 人的债权人（每次债权人大会都是在影剧院召开），政府招商部门既非股东（没有产权关系），又不是债权人。从理论上讲，已经很难掌握该项目的演变方向。有鉴于此，我们充分利用新颁布的《企业破产法》，通过债权人提出破产诉讼，法院受理并指定资产管理人的办法以掌握工作的主动权；同时以最快的时间完成清产核资和资产评估工作，做到心中有数；依据评估情况，划定底线并提示风险以最大限度争取大多数债权人，求得减少损失的公约数。从提出破产诉讼，法院受理，到清产核资，再到明确下一步的工作方向和思路，不到一个半月时间，一气呵成。这就充分体现出掌握项目主动权的重要性。实际上，2008 年该项目资金已经显示出非常紧张的迹象，有关部门也曾多次与开发商协商解决的方法，因无法掌握主动权，均未果。

该项目在当时是重大破产项目，部分资金还牵涉民间集资，这又会在更大范围波及社会稳定问题，也会约束项目的资产重组工作。事情演变的大方向始终沿着我们设想的方向和计划发展。主动权仍然掌握在我们手中。这是确保项目破产重整成功的关键因素。这里不妨说一下一般项目的招商引资，有些人习惯上会认为项目来不来是人家的事，招商中往往放弃主动权或主导权。笔者的体会是掌握项目主动权不仅对这一类破产重整项目显得重要，即使是一般的项目招商要掌握招商引资的主动权也非常重要。

此外，破产重整工作，要把时间作为非常重要的因素来考虑。要掌握主动，也要掌握节奏。从 4 月中旬立案，我们就要求资产评估必须在一个月内结束。记得一个月后，刚刚是周末双休日，我们仍然通知所有相关部门加班，一起讨论分析资产评估报告，判断破产清算和资产重组的方向和方案，因为只有情况清才能思路出，有了思路才能主动。9 月上旬，资产重组方案实施过程中，涉及有关工商事项的变更又碰到困难，笔者正在厦门参加投资贸易洽谈会，得知情况后当夜赶回宁波，协调处理。前面已经提到通过法院立案，政府内部成立协调小组，政府方面掌握了主动权。但社会上也知道前面是法院，背后是政府，破产项目久拖不决，各方很可能将矛头从开发商转向政府，这个"主动权"或"主导权"反倒会成为"烫手的山芋"。因此类似这样的项目包括招商，依法办事掌握主动和抓紧时间掌握节奏是非常重要的，很大程度上决定着破产重整的成功与否，甚至也决定着项目本身的成败。

2. 资产重整项目也要进行市场分析

前面讨论可行性研究报告的内容时，曾提到市场分析是任何项目的前提，任何项目归根到底都是面向市场的，只有适应市场的需要才能成功。新项目招商是这样，项目破产重整和资产重组时也是这样。重视项目的市场分析是我们的传统。在笔者受命担任政府内部协调小组组长后，从最基础的市场情况入手，判断是否可以不走法律起诉途径，选用其他办法盘活项目。笔者看过现场当时就有一个印象，无论广告宣传手册还是营销的策略都没有突出城市商业广场的整体效果，还是沿用一般房产的推销方式，整体的设计方案也是乏善可陈，销售人员除了面积，就是价格，其余就回答不上。前面已经提到该项目地处城区的中心位置，如此下去前景堪忧。这也是促成我们下决心重启项目招商的一个重要原因。

富邦商业广场项目进入资产重组阶段，我们坚持做了一些市场分析。不难理解，综合性商业中心这样的项目能否成功在很大程度上取决于当地的商业消费能力。所以对这类项目应从当地的商业消费能力或者说消费市场进行分析。如前所述，市场的三要素一是人口，二是购买力，三是购买欲望。开发区建设综合性商业中心是产业化向城市化迈进的标志性工程之一。产业开发和产业集聚，带来了人口的聚集，产城融合带动了商业的繁荣。笔者当时采用浙江省县（市、区）一级的经济社会发展水平作为对照。因为国家级开发区一般依市（地级市）而设，拥有县级以上的管理权限，开发面积也与县里的城关镇相当。所以笔者认为对这一类项目进行市场分析时，将所在省的县作为参考是合适的。

首先，市场分析的第一个要素是人口，建设综合性的商业中心，开发区的（指中心城区）常住人口应该在 15 万～30 万人。当时我们已经达到这一标准。

其次，市场分析的第二个要素是购买力，对于城市商业中心（综合性广场）这样的项目，根据笔者多年观察和分析，可以采用地区生产总值、财政总收入、社会消费品零售总额和城镇居民人均可支配收入这四个指标，以及相互关系作为市场分析的基本依据。其中，社会消费品零售总额代表一个地区的消费水平和消费规模，其余三个指标则表示一个地区的产出和收入水平。2008 年，开发区的地区生产总值 423 亿元，财政收入 79.1 亿元，社会消费品零售总额 62.1 亿元，城镇居民人均可支配收入 25296 元。用这些指标与浙江省的各县（市、区）的对应指标相比，表明开发区已经达到浙江省经济发展较好的县一级水平。此外，还可以进一步得出两个指标：财政收入与地区生产总值的占比是 18.70%，每一元可支配收入（城镇居民人均）对应的零售总额（社会消费品）是 24.55 元。前一个指标表示开发区政府收入较高，意味着政府提供公共服务的能力较强，服务业相对发达。后一个指标代表人均可支配收入当中转化成商业消费的比重较高。这表明开发区也已经达到浙江省发展较好的县的水平。根据笔者分析，后一个指标当时在 25 元以上的县均是经济发达、商业繁荣的县。2009 年（项目资产重组成功当年）开发区上述指标分别是：地区生产总值 446.5 亿元，财政收入 85.7 亿元，社会消费品零售总额 73.6 亿元，城镇居民人均可支配收入

27368 元，财政收入占地区生产总值的比例是 19.19%，每一元可支配收入（城镇居民人均）对应零售总额（社会消费品）是 26.89 元，较上年都有增长。2009 年地区生产总值中服务业（第三产业）的比重也从上一年的 39.3% 提高到 41.1%，包括商业零售在内的服务业比重提高，说明产业化向城市化迈进的步伐在加快。后来的事实说明，上述的市场分析基本上符合实际。至于市场分析的第三个要素——购买欲望，下面讨论二次招商时再谈。根据多年的观察，上述这几个指标和办法用于分析开发区的商业项目或开发区从产业化向城市化发展当中某些项目是合适的。这里笔者整理了 2014 年浙江省各县（市、区）地区生产总值、财政收入、社会消费品零售总额、城镇居民人均可支配收入的经济指标表（见表五）。供大家从事相关工作时作参考。表中的字母定义如下：

A = 地区生产总值（亿元）。

B = 财政总收入（亿元）。

$C = \dfrac{财政总收入}{地区生产总值}\%$。

D = 社会消费品零售总额（亿元）。

E = 城镇居民人均可支配收入（元）。

$F = \dfrac{社会消费品零售总额}{城镇居民人均可支配收入}$。

表五　2014 年浙江省县（市、区）经济指标

地区	A	B	C	D	E	F
萧山	1727.63	243.21	14.08%	515.65	47195	109.26
余杭	1101.23	240.78	21.86%	349.43	45329	77.09
富阳	601.47	88.42	14.70%	170.79	39954	42.75
临安	431.67	52.60	12.19%	141.11	37860	37.27
建德	298.93	33.32	11.15%	93.41	35117	26.60
桐庐	306.13	38.05	12.43%	117.37	36366	32.27
淳安	192.06	21.10	10.97%	64.05	30559	20.96

续　表

地区	A	B	C	D	E	F
鄞州	1296.64	279.47	21.55%	404.96	46324	87.42
余姚	804.36	119.43	14.85%	388.08	41921	92.57
慈溪	1109.41	196.92	17.75%	484.86	43526	111.40
奉化	308.99	55.28	17.89%	144.65	38755	37.32
象山	388.08	54.77	14.11%	188.32	40189	46.86
宁海	410.14	65.56	15.98%	166.37	40664	40.91
瑞安	676.88	84.46	12.48%	298.94	43208	69.10
乐清	724.69	111.22	15.35%	273.39	42610	64.16
洞头	56.45	8.46	14.99%	20.15	31730	6.35
永嘉	312.27	40.51	12.97%	117.22	32330	36.26
平阳	319.62	36.09	11.29%	141.64	33396	42.41
苍南	393.60	41.09	10.44%	247.53	33585	73.70
文成	66.38	8.32	12.53%	30.70	27419	11.20
泰顺	67.95	8.22	12.10%	32.08	26166	12.26
平湖	478.21	90.41	18.91%	149.66	43192	34.65
海宁	669.09	108.49	16.21%	304.01	44887	67.73
桐乡	614.36	89.05	14.49%	268.66	41438	64.83
嘉善	402.59	60.06	14.92%	151.51	43126	35.13
海盐	350.70	52.01	14.83%	103.05	43618	23.63
德清	367.50	61.33	16.69%	121.03	39516	30.63
长兴	438.10	70.16	16.01%	185.47	39234	47.27
安吉	284.50	50.05	17.59%	112.59	37963	29.66
柯桥	1138.08	145.09	12.75%	210.25	46809	44.92
上虞	681.03	86.70	12.73%	243.85	43569	55.97
诸暨	981.12	109.54	11.16%	316.18	45790	69.05
嵊州	423.04	41.46	9.8%	205.62	41058	50.08
新昌	333.71	46.63	13.97%	125.75	40556	31.01
金东	149.08	19.57	13.13%	103.98	32351	32.14
兰溪	273.56	37.60	13.74%	106.49	29766	35.78

地区	A	B	C	D	E	F
东阳	439.25	70.01	15.94%	208.81	38105	54.80
义乌	971.47	119.02	12.25%	466.58	51899	89.90
永康	459.51	69.19	15.06%	161.11	39432	40.86
武义	195.28	29.18	14.94%	72.25	28126	25.69
浦江	188.59	22.78	12.08%	88.16	32719	26.94
磐安	74.55	11.05	14.82%	25.35	27600	9.18
江山	250.17	22.08	8.83%	96.38	32002	30.12
常山	107.09	10.79	10.07%	49.27	25899	19.02
开化	98.39	9.79	9.95%	57.35	24532	23.38
龙游	189.72	10.21	5.38%	104.48	31424	33.25
岱山	192.23	18.89	9.83%	57.66	36723	15.70
嵊泗	78.14	7.16	9.16%	26.68	37103	7.19
温岭	797.21	87.71	11.00%	430.54	41225	104.44
临海	439.34	63.33	14.41%	183.87	36488	50.39
玉环	423.68	64.48	15.22%	141.95	47761	29.72
三门	156.43	21.33	13.64%	70.50	31805	22.17
天台	173.79	23.35	13.44%	85.09	32257	26.38
仙居	155.83	18.90	12.13%	69.89	28526	24.50
龙泉	102.61	9.19	8.96%	41.48	31511	13.16
青田	181.77	20.94	11.52%	68.85	31256	22.03
云和	50.78	6.82	13.43%	20.57	28726	7.16
庆元	53.15	4.87	9.16%	25.50	26224	9.72
缙云	184.06	17.04	9.26%	58.64	29766	19.70
遂昌	87.37	9.54	10.92%	38.05	31478	12.09
松阳	81.80	6.73	8.25%	30.84	26525	11.63
景宁	42.00	9.78	23.29%	22.34	26152	8.54

这里针对上表作几点说明，（1）表中62个县级单位，有些已经改为市辖区，按理应该合并到地级市统计，由于历史原因，这些区还单独

统计并公布，这里按此惯例。（2）指标 F，也就是每一元可支配收入（城镇居民人均）对应社会消费品零售总额达到 29 元以上的县（市、区）有 38 个，占 61.29%，如果达不到这个标准，但指标 C 较高，即财政总收入与地区生产总值之比大于 12% 的，每增加 1%，上述标准往上修正 5 元，29 元以上的增加海盐、武义和天台三个，共 41 个，占全部 66.13%。实际情况也说明这 41 个县（市、区）经济发达，商业繁荣。根据笔者多年从事服务业管理工作的体会，可以将此作为开发区兴办商业综合体或加速发展服务业的标志，也可以作为这类项目可行性研究的测算标准。（3）2014 年的指标 F 为 29 元，前面提到 2008 年，富邦项目资产重组时，我们测算是 F 为 25 元，主要因素应该是物价增长。这也说明每年的招商和项目评价时，有些测算标准应该是动态的。（4）各省的开发区如果采用此方法进行市场分析，应该测算并参照本省的县（市、区）指标为宜。因为开发区与所在地经济社会发展的关联度是不能忽视的。这在后文中还会提到。

还想指出的是，许多介绍可行性研究的文章都以工业项目为例，讲解市场分析的方法。现在随着经济社会的发展，非工业类项目增多，尤其是今后创新创业的新项目会大量出现，可行性研究的市场分析应该根据项目类型和特点，找出有针对性的数据或指标，要体现具体项目具体分析和灵活运用的精神。所以在开发区从产业化向城市化迈进过程中，针对是否适合建综合性商业广场项目，我们采用的是上述介绍的指标和方法进行市场分析，也算是对可行性研究的市场分析增加一个灵活运用的案例。

3. 二次招商同样需要引起重视

富邦商业广场是一个商业综合体项目，项目建成后甚至项目确定方案时，就面临着第二次招商，也就是到底有哪些具体的商场或商家能够进驻进来，这也是决定该项目能否最终成功与否的关键。早期开发区建设标准厂房，或叫通用工业厂房时，也需要二次招商。各地开发区在城市化的过程中，这种二次招商的情况就更多了。我们不能认为二次招商是一次开发商的事而放手不管。因为后续的招商从某种意义来说对开发区的发展影响更大。作为开发区（政府）的招商部门，应该继续重视二次招商，甚至要掌握二次招商的方向要求和主动权；否则就会造成很大的被动。就富邦项目来说，即使房子建好了，但如果没有足够的商家和上档次的商场进驻，项目也是不成功的。这在一定程度上关系到市场三要素中的购买欲望问题，前面分析提到开发区人口规模有了，购买力也已经具备了，但购买的欲望仍然是需要去开发的，那谁去开发这个购买欲望？这就要靠二次招商进来的商家，否则市场还是不能形成。现实生活中这样的例子比比皆是。因此，我们也将二次招商纳入资产重组计划。富邦集团这方面有比较强的能力，也非常认同二次招商的重要。大家达成的共识就是新的商业中心不仅是提供商品的卖场，也不光是创新服务的市场，而且还应该是提升消费理念乃至城市商业文化的广场。只有这样才能真正适应开发区从产业化向城市化迈进。富邦公司通过艰苦的努力，不仅项目顺利建成，而且二次招商也取得很好的效果。他们投入了大量的人力、精力和财力，包括动用海外的招商渠道和资源，促进了新世界百货（中国香港）、CVG（韩国）国际影院、家乐福购物中心（法国）等许多有较高档次商家的入住落户。提升了开发区商业和文化的档次。成为我区产业化向城市化迈进的突破性和标志性事件之一。

2014 年的春天，笔者曾去北京的商务部国际贸易经济合作研究院联系工作，与曾经派驻香港的有关部门领导不期而遇，席间他们谈起富邦公司曾通过他们共同招商的往事，对富邦公司的敬业精神和志在必得的决心，很是佩服。2012 年秋天富邦商业广场和新世界百货开业时，笔者曾前往祝贺并致辞，这里特地找出并摘录其中的部分内容如下：

正当大家欢度中秋、国庆佳节之际，我们又迎来了富邦商业广场落成和新世界百货开业的两件喜事，节日的气氛因此越发浓烈，港城的金秋因此更加多彩，我区的百姓也为此倍感自豪。……众所周知，富邦商业广场的前身是君临商业项目，由于种种原因，2009 年破产停工。富邦公司接手重整后，本着对项目负责，对社会负责的态度，坚持经济效益和社会效益的统一，在各有关部门或单位的大力支持下，调整设计方案，投入巨资，高标准建设，高标准招商，使得这一万众瞩目的项目破产重整，平稳过渡，凤凰涅槃，重获新生。今天一座时尚大气的商业广场为我区全域城市化增添了一道浓墨重彩的亮丽风景，也为百姓的安居乐业提供了崭新的平台。富邦公司的开拓能力和社会责任得到了各界的认可，同时，项目的成功也为富邦公司自身的发展拓展了许多空间。

第三章 谈谈招商引资

结合以上四个案例，一共介绍了 12 点有关项目评价和招商引资的思考和体会，这些思考和体会可以归纳为两个大的方面，一是招商的策略；二是项目的评价和分析。而项目的评价和分析最终也是为招商引资服务，所以这 12 点都可以理解为招商引资的心得。其中包括富邦商业广场项目的第一和第二点，三星宁波项目的全部三点。这 5 点都属于招商引资的策略和方法，具体说来就是：

（1）招商要掌握主动权。

（2）重视二次招商。要把招商工作看成一个完整的链条。

（3）深入了解对方的行业背景。

（4）正确判断对方的战略意图。

（5）要下足招商工作之外的功夫。

其余 7 点属于项目的评价和分析。可以归纳如下：

（1）注重招商项目的市场分析（富邦项目第二点）。

（2）注重招商项目的社会分析和环境分析（排水公司第三点）。

（3）注重项目投资多方案的对比和选择（排水公司第一点）。

（4）关注项目投资 PPP 模式的推广（排水公司第二点）。

（5）关注股权开发模式的发展趋势（联合公司第一点）。

（6）关注股权开发模式中土地开发的投入和产出以及分配政策（联合公司第二点）。

（7）关注项目投资，特别是开发区股权开发模式投资的财政政策的支持，广义上讲也包括其他与项目投资相关的政策支持（联合公司第三点）。

正如第一章所述，本篇我们结合招商引资的实际工作和体会，讨论了对可行性研究的研究。也用可行性研究的项目评价作为主线条就招商引资工作介绍了一些心得体会和建议。可行性研究引入我国已经 40 多年了，有了很多的发展和完善。结合笔者从事以上这些项目及其他项目的亲身经历和实践，本文认为可行性研究仍然有着充实、发展和创新的空间，归纳起来有：(1) 除了继续高度重视项目的经济评价外，要更加全面地重视和更加深入地评价项目的市场分析；(2) 要将环境评价和社会评价提升到与经济评价同样重要的层次，尤其是要从以前被动的环境保护转变到主动的环境分析和全面的环境优化。用经济学的话来说，要将项目对环境的负外部性内部化。同时也要关注项目投资的社会效果，在可行性研究中注重社会分析。(3) 从方法论的角度讲，还要高度重视项目评价和招商引资的新方法和新模式，开拓可行性研究方法的创新应用。比如开展开发区招商引资的预可行性研究（也可以称为招商可行性研究）。尤其是针对特定次区域或特定产业的定向招商。又比如可行性研究今后在新形态项目的应用，像服务业项目、技术研发和转让项目中的应用会增多，这当中许多数据采集和计算处理也要灵活创新。富邦项目案例当中的市场分析，采用了浙江省各地相关联的经济数据，并根据项目特点进行计算和处理，应该是一个具体探索和实践。由此可见，可行性研究作为一种工具，同时也是项目投资的评价程序，既要反映价值理性，也要体现工具理性。也就是既要追求工作对象（项目）的目标价值，也要体现工具本身的创新价值。这就是本文开展可行性研究的研究之目的。

说过可行性研究的研究，再来说说招商引资。经济发展进入新常态后，开发区作为改革开放的窗口，如何适应新常态引领新常态，招商引资工作的改进和项目评价工作的完善或提升就是其中的一个重要手段。因为招商引资和项目评价工作在一定程度上代表着开发区的发展方向和价值取向，同时也在不知不觉中反映出开发区工作的指导思想和工作方法。

开发区的经济工作千头万绪，而招商引资工作则是其中起到"纲举目张"作用的首要任务，为什么这样说？从事开发区工作的人都知道，开发区（也包括其他地区）每年都有几个关键的、硬碰硬的考核指标与招商引资有关。招商引资工作的好坏，第一，它直接决定着开发区引进资金（包括外资和内资）的指标能否完成；第二，它又关乎固定资产投资计划可否实现；第三，按照问题导向的精神，根据精简行政审批、改善投资环境的要求，招商引资还是不断改善和改革政府服务，提升管理水平最现实和最重要的抓手。而这三项任务都是开发区的硬性指标和刚性任务，更不要说其他工作了。所以抓好招商引资工作，就能起到纲举目张的作用。

开发区已经"四十不惑"了，有人担心发展的空间有限，要不要一如既往地重视招商引资？套用当下流行的话语来说，那是必须的。开发区一般远离老市区而建设新区，前期需要招商引资，容易理解。现在已经有了成熟甚至完整的产城融合的形态，招商引资还是重点工作吗？有些人可能会觉得开发区发展到一定阶段后，招商引资可以慢一慢、缓一缓。但大家可曾注意到，老市区（就是开发区所在的市区），有些还是有上千年历史的老城区，一直以来也很重视招商引资。即使是上海这样的大都市，也非常看重招商引资，只不过他们招商引资的水平档次要远远高于我们而已。实践证明，开发区不同发展阶段，可以有不同的招商引资的重点，当然也应该有不同的策略。但不能不重视招商引资。事实上，越是发展了，招商引资的困难越大，越是要深化对招商引资的认识，越是要提高招商引资的水平。从区域发展的角度看，经济发展的本质就是投入与产出及其效率问题。一个地区要发展就要投入，单靠自身的积累是远远不够的，一定要引入外面的增量。从产业发展的角度讲，工业革命以来的经验告诉我们，产业发展永远是动态的，不可能是一成不变的，开发区又是以产业发展为主要任务，没有资金的投入和项目的更新，产业化就会不进则退。从市场经济的特点看，竞争是市场经济的本质特征。招商引资又是竞争的集中体现方式之一。经济全球化不断深化，资金流动的范围和速度更广更快。你不招商，人家招商；你不引资，人家引资；你不重视投入产出，人家重视投入产出。老城区亦是如此，更何况开发区。因此，招商引资永远是开发区工作的主旋律。

开发区的招商引资可以建立以下三个层次的工作架构和体系（主要从开发区管理机构角度讲）。

第一层次：有一个专业的招商部门。有一个强有力的依托现行体制的综合协调部门。

一个依托区内高校或研究机构并联合区外高校或研究机构建立的多方联合的工业研究院（或产业研究院、先进技术研究院）。招商引资工作大而言之，是一个工程，而且是一个系统工程。正如本文所述，光可行性研究的研究，我们就讨论了那么多，更不用说每个项目的可行性研究和各个行业的投资机会研究了。招商引资工作又是一个长期的工作，并不仅仅是开发初期的重点工作，也不是某一时期的权宜之计。越是发展到后来，越是发展到高级的阶段，招商引资工作的工程性特点和系统性特点就会越明显，所以需要建立必要的研究机构来研究。当然该研究院的职能和目标主要是收集、分析、研究项目信息和产业发展路径，拓展招商引资的渠道和融资方式。其最终目的还是要为开发区的产业创新发展服务。笔者曾访问过合肥高新区，他们与中国科技大学联合建立的"先进技术研究院"就是一个比较好的模式。许多开发区不见得都有这样好的条件，但可以抓住几个关键点，一是区内要有院校或研究机构作为载体或落脚点。二是要联合区外有较高水平但又能契合本区发展特点的院校。三是要有专门的机构和人员。四是要有相应的章程和制度。

第二层次：数个行业或专业的经济管理部门承担本行业部分项目的招商引资任务。因为行业主管部门的信息渠道是很有价值的。如旅游主管部门承担部分重点旅游项目的招商引资任务。

第三层次：其他所有与招商引资有关的服务、审批和支援部门。主要提供与项目有关的特别是项目落地和建设阶段的服务、支持、保障工作。

除了建立和完善以上的工作架构和体系外，开发区的招商引资还要有系统的考评考核体系和方法。

最后，关于对招商引资的思想认识问题。改革开放以来，招商引资工作受到高度重视，不仅是开发区如此，大凡以经济发展为重要任务的地区也是这样。但同时也会发现有一部分人潜意识当中对招商引资或多或少地存在着某些轻视甚至抵触的情绪，有时还会表现出莫名其妙的排斥。究其原因还是对招商引资缺乏深层次的认识和坚定执着的情怀。原因当然很多，这里不一一展开讨论了。根据笔者与有些人的接触发现，之所以有这样那样的想法，原因之一应该是与"招商引资"的名称叫法有关。因为受到中国儒家文化几千年来"重义轻利"传统思想的影响，"商人"和"商业"往往给人"重利轻义"的印象，恰恰与传统的观念相反，在过去一直不太受人待见。古代"士农工商"的排列，"商人"就排在末位。现在我们要招"商"，而且那么重视，情何以堪？在笔者的记忆里，在早期如果说对"招商"只是传统文化情感上的抵触，那么"引资"就有了是非或路线的划分。因为，无独有偶，"招商引资"当中既有商，也就是"商人"，又有资，也就是"资本"，大家要围着"商人"和"资本"转，要说不舒服，在当时还是计划经济的时代，还真有那么一点感觉。因为改革开放初期我国还是计划经济，受传统教育的影响，计划经济与资本主义是格格不入的。"资本"想必是与资本主义联系在一起的。"引资"不就是引进资本主义吗？

在笔者看来，"招商引资"的名称只是改革开放初期特定历史背景下产生的一种约定俗成的叫法而已。随着社会的发展，也随着国家的开放，当然也随着我们自己工作体会的积累，对招商引资的认识也在转变和深化。如果我们更改其名称，将"招商引资"改为"投入与产出"。许多工作计划和指标也随之改变，如大家要重视"招商引资"工作，变成大家要重视"投入与产出"工作。想必大家的感觉就大不一样了吧！"招商引资"是各项工作的重中之重，变成"投入与产出及其效率"是各项工作的重中之重。是不是就更容易接受了？

我们反复强调了经济发展的本质就是投入与产出及其效率问题。这里招商引资中的"商"是"商业"，引申开来也就是"产业"。"资"是"资金"，按逻辑上展开就是"投入"。招商也就是招进产业，引资也就是引进资金，既然引进了资金，自然是为了投入，既然有了投入，自然就有产出，逻辑上也就必然会引出效率问题。所以"招商引资"的本质内涵就是"引入资金投入产业"，考虑逻辑上的必然性，说的更全面一点，完成"招商引资"，也就是实现和提高"投入与产出及其效率"。

这样我们就又回到了经济发展的本质问题上了。众所周知，投入与产出的效率问题是开发区，也是一个地区，乃至于一个国家经济社会发展的核心问题，也是一个经济社会发展当中永恒的问题。既然"投入产出"很重要，也就是"招商引资"很重要。我们不妨设想，改革开放初期，如果就把开发区要"招商引资，利用外资"，定名为开发区要"促进投入与产出"，对各开发区的招商引资考核指标改为对"投入产出规模和效率"的考核。这样一来考核指标不就"高大上"了？我们从事的不是"招商引资"工作，而是从事"提高投入产出效率"的工作，这样人们对招商引资的认识和接受程度可能就会顺畅得多。不过改革开放之初，在讨论姓"资"还是姓"社"的年代，在纠结于"计划经济"多一点好，还是"市场经济"多一点好的争论当中，使用"招商引资"这个词，也确实起到了振聋发聩的作用，也收到了"冲破禁区、改革开放"和"解放思想、实事求是"的效果。还是继续使用它（招商引资）并喜欢它吧！因为我们不仅是辩证唯物主义者，也是历史唯物主义者。

第三篇
创新发展和金融工具

开宗明义地将创新发展和金融工具结合在一起，读者是否会感到有些诧异。但这确实是本文的良苦用心。原因自然有很多。其一，从开发区的发展看。开发区是改革开放的产物，一开始就以市场经济为改革取向，在当时全国还是计划经济的年代，自筹资金进行开发建设，困难很多，也令笔者体会颇深。深知金融之于开发建设的重要性。时至今日，开发区已经进入创新驱动的发展阶段，金融的重要性只会与日俱增。其二，从我国金融发展的轨迹看。由于种种原因，直接融资的比重一直较低，以银行信贷为主的间接融资仍然是金融活动的主流。众所周知，间接融资多有锦上添花、少有雪中送炭的特点。这对于具有高风险、高收益特征的技术创新驱动来说是不利的。所以金融工具对于创新就显得尤为重要。其三，从世界范围看。20世纪70年代初，布雷顿森林体系瓦解后，货币从金本位制和金汇兑本位制过渡到信用本位制，此后货币的数量增长很快，可以用"天量"来形容。加上经济全球化的不断深化，货币的流动性，包括货币的跨境流动也大为增大。货币、资金和资本总是逐利的，随着货币数量的增加，金融工具创新也是层出不穷，对于经济发展有正能量，比如美国硅谷的风险投资。也有负面影响，比如美国的金融危机。所以要想创新发展，不了解、不利用、不掌握金融工具是不行的。当然还有很多很多的理由。本文将按照以下的逻辑展开。

当今时代，要想发展就要创新，这已经成为社会的共识。那么创新的概念起于何时？又有什么时代特征？

工业革命以来，产业是创新发展的载体，创新又是产业发展的内生动力。产业发展，特别是制造业的发展已经成为国富民强的重要基础，而国富民强的价值尺度是货币。既然产业、创新与货币尺度扯上了关系，那么金融危机对产业、创新又有什么影响？

产业化是国家现代化的必由之路，也是国家实力当中最具有能动性的因素。开发区的本质决定了它在国家现代化进程中的定位，也决定了它在国家创新发展战略中的作用。既然开发区的发展取决于产业，产业化又会受到金融危机的影响，产业的创新和发展自然离不开金融，那么开发区产业化的发展又有哪些创新的金融工具？

第一章 创新理论及其时代意义

第一节 创新理论的提出

经济发展当中的创新理论，最早由美国经济学家约瑟夫·熊彼特（Joseph Schumpeter，1883—1950）提出，现有的各种创新理论都是以此为基础而发展起来的。熊彼特不同于一般的经济学家，他的经历颇为丰富。作为经济学家当然以教书育人和经济学研究为主，但他担任过奥地利政府的财政部部长和银行行长，又在埃及的国际法庭工作过。他先后在欧洲的维也纳大学、格拉茨大学、波恩大学、美国的哥伦比亚大学和哈佛大学任教。他还担任过美国经济计量学会和美国经济学会的会长。不同学校不同地域的教学经历甚至教学以外的工作经历使他开阔了视野。他先后在欧洲和美国生活，他所处的时代正值欧洲资本主义高速发展，美国资本主义快速崛起，这为他观察和研究经济发展提供了现实的条件。他还经历了1929年以后世界严重的经济危机，目睹了两次世界大战对世界经济造成的巨大破坏，以及战后美国和欧洲经济的恢复。他还亲身经历了引领世界经济发展的"发动机"从英国、法国和德国如何转向美国的全过程。他本人尤其以经济发展阶段的分析研究见长。正是由于以上的亲身经历，使得他能够也可以更客观更深入地洞察和分析经济发展的不同阶段和各种原因。他撰写了大量的学术著作，其中最有代表性的是《经济发展理论——对于利润、资本、信贷、利息和经济周期的考察》（1911年）（以下称《经济发展理论》）、《商业周期——资本主义过程理论的、历史的、统计的分析》（1939年）（以下称《商业周期》）、《资本主义、社会主义与民主》（1942年）。他在《经济发展理论》中就提出了创新的观点，在《商业周期》中，他更加系统地阐述了经济发展有赖于创新的理论。熊彼特创新理论的主要观点是指企业家依据情况变化或形势发展，对生产要素实行新的组合，也就是建立一种新的生产函数。这种新的生产函数就是促进经济增长的主要动力。

在熊彼特的创新理论中，企业家是创新的核心力量，他们富有冒险精神，敢于实践，善于探索，因此才有了创新的可能。他的创新理论跳出了西方传统经济学仅仅从劳动、资本、地租和利润等经济变量入手，研究经济发展和经济周期的局限。熊彼特从研究资本主义经济周期或经济波动入手，寻找生产技术和生产组织在经济发展中的内生动力因素。并且他认为，企业家是实现生产技术革新和生产关系变革的主要力量。这就是他创新理论最主要的意义，最根本的核心。众所周知，企业是现代社会的经济细胞，企业的活力也就决定了经济发展的活力。企业家是企业的灵魂，是企业生产经营的组织者和实施者。因此，企业家的创新精神也就成了经济社会创新发展的基础和核心。

在开创于 18 世纪后期的西方经济学理论中，开始并没有将企业家的因素列入主要研究的范围。原来经济学研究的主要对象是土地、劳动和资本这三个主要的生产要素。19 世纪末和 20 世纪初，英国经济学家阿弗里德·马歇尔提出了第四种生产要素，即组织。这里的组织自然是指生产组织，而生产组织的组织者、运用者自然是企业家。随着各种生产条件的改变，如市场的变化，其他生产要素如土地、劳动和资本自然也会发生变化，如何应对新的形势，就需要对各种要素进行新的组合，自然需要企业家的劳动和努力。这里的"组织"一词，既可以理解为名词，比如一个企业组织变大了，还是变小了。也可以理解为动词，比如对各种生产要素的结构进行调整。到了熊彼特的创新理论，他更是直接强调了企业家的创新精神是创新发展的灵魂。因为企业家对其他生产要素的运用、组合、优化要取决于企业家的能动性和主动性，因此，对应于以上的"组织"一词，则更多地体现出动词的含义。理解这一点对于发挥人的主动性和能动性在创新发展和经济发展当中的作用，是很有意义的。这在经济学研究中本身就具有"创新"的意义。

既然企业家、企业家精神对于创新是如此重要，那么就有必要讨论一下何为企业家？何为企业家精神？

记得改革开放初期，笔者曾与同事讨论"什么人才能算是企业家?"回答是：以企业为家的人就是企业家。现在的人们一听，就知道这样的回答带有朴素的感情和那个时代的烙印。因为在当时，针对社会上存在的不热心工作、得过且过的现象，就需要大力提倡爱厂如家，每天忙于工作，忘记回家，全身心地投入企业的事务，这样就能抓好企业，带领企业的发展。自然这样的人也就成了大家心目中的企业家。经过改革开放30多年的洗礼，尤其是开发区30多年的开发建设，许多企业直接参与市场竞争，特别是参与国际企业间的同台竞技。大家感觉企业家不能再如此简单地定义和理解了，也不是只要每天忙于事务性工作的经理人，就能成为"企业家"。尤其是对照熊彼特所提倡的企业家要有创新精神的要求，企业家的定义和理解应该更深刻、更严谨。英文当中的企业家一词"entrepreneur"，原来的意思当中就包含冒险事业的组织者和推动者的本意。可见企业家不能简单地等同于负责企业日常经营的经理人员。在我国，对于企业家和企业家精神认识存在误区是有历史原因的。市场经济改革以后，我国出现了许多企业，当时的企业又以国有企业为主，生产经营当中还有许多计划经济的成分，也少有冒险创新，也很少有企业倒闭，客观上负责日常经营的经理人员和实行创新发展的企业家难以区分。因此，在我国当时企业家和企业家精神的表现并不突出，这样也就使得社会上对企业家精神的认识和了解不全面和不深刻，自然社会上对企业家和企业家精神展开深入讨论和研究的也不多。现在全社会都在提倡创新发展，有必要对企业家和企业家精神进行重新认识。这样一定会有助于创新发展。本文认为企业家应该具有三种"力"。一是发现能力，二是组合能力，三是精神动力。发现能力是指发现和寻找技术发现、技术发明、技术发展的能力；发现市场变化、市场潜力和市场趋势的能力。换句话说，企业家首先要对技术和市场变化具有极其敏锐的发现能力。组合能力是指对各种生产要素进行组合运用的能力，包括对土地、资本、劳动、信息和技术等生产要素进行策划运筹，以及实施整合的能力。企业家只有发现能力，而无法实施生产要素的新组合，自然无法组织有效的生产经营，也就无法创造新的价值。精神动力是指企业家要拥有事业心和体现正能量，要有造福社会和人类的人文情怀，要有克服困难的坚定意志。如果只是为了盈利赚钱，他也可以制造毒品，这当中他也有技术发现和市场发现，也有组合生产要素的能力，甚至能赚到很多的利润，但他的行为却是贻害社会和人类，贡献的不是正能量。所以这样的人不能算是企业家。上述三种能力当中没有将追求"盈利"作为直接的要求表示出来，实际上这些"能力"中已经暗含了盈利的要求。比如发现市场和实行生产要素的新组合，就是为了实现更大的利润。这里没有将追求盈利作为企业家的标准，并不是反对企业家追求利润。在创新的过程中，企业家或企业家精神是否有"逐利"的动机，本文持肯定的观点。大家知道，企业本身就是以盈利为目的的经济组织，作为掌握企业发展方向的企业家自然要追求利润。另一方面，货币是衡量财富或成功的价值尺度，也是衡量创新是否成功或成功程度的价值尺度。所以追求利润是企业家和企业家精神的正当动机，也是企业家创新的动力源泉之一。当然这里的盈利并不是几个简单的数字，而是具有丰富的内涵，包括企业的价值和社会的财富。通过以上讨论，想必大家对企业家的定义有了进一步的了解，因此，并不是所有企业的管理人员都是企业家，缺乏以上三种"力"的人，只能归为企业的经理人员。企业家不同于企业的经理人员。正如熊彼特所说："像我们已经看到的，实现新计划，比只是经营一个已经建立起来的企业，需要更多的自觉理性，因为新计划本身在执行以前尚有待于详加思考，予以制订，而经营旧企业则大部分只是例行事务。"（熊彼特，《经济发展理论》，商务印书馆，1990年版，第105页）这里特别提醒大家注意，实现新计划需要更多的自觉理性。这与前面提到的创新发展需要人的主动性和能动性是一致的。因此，只有具有企业家精神的人才能算是企业家。以上对于企业家精神的解构相信不仅有助于正确认识企业家，也有助于深刻理解创新发展的理论。

熊彼特创新理论的意义对于经济发展实践和经济理论都具体崭新的意义。这一点随着时间的推移，越来越显示出它的张力，时隔百年之后，创新理论被人们广泛提起和应用，就是一个很好的证明。本文认为创新理论的重要意义有：第一，跳出了西方传统经济学研究的框架，扩展了经济理论研究和实际工作的视野和着力点。第二，创新理论认为创新是组织内部或系统内部的内生动力推动的，因而创新也不是静止的。这就为经济的可持续发展和自我调整找到了根据。第三，创新的灵魂是企业家精神，这就使得人的能动性得到释放和重视。这说明创新"需要更多的自觉理性"。需要重视和发挥企业家精神。

　　熊彼特的创新理论，具体来说包含 5 个方面："（1）采用一种新的产品——也就是消费者还不熟悉的产品——或一种产品的新的特性。（2）采用一种新的生产方法，也就是在有关的制造部门中尚未通过经验检定的方法，这种新的方法绝不需要建立在科学上新的发展的基础之上；并且，也可以存在于商业上处理一种产品的新的方法之中。（3）开辟一个新的市场，也就是有关国家的某一制造部门以前不曾进入的市场，不管这个市场以前是否存在过。（4）掠取或控制原材料或半成品的一种新的供应来源，也不问这种来源是已经存在的，还是第一次创造出来的。（5）实现任何一种工业的新的组织，比如造成一种垄断地位（例如通过'托拉斯化'），或打破一种垄断地位。"（熊彼特，《经济发展理论》，商务印书馆，1990 年版，第 76 页）上述 5 种创新分别对应着产品创新、技术创新、市场创新、供应创新和组织创新。熊彼特还认为：创新必须是能够创造新的价值；创新是生产过程中内生的；创新是经济发展的客观要求和本质规定的。从以上对创新的具体描述中可以发现，创新的主体是企业。在我国市场经济改革以来，尤其是随着科研单位改革的不断深化，大家也已经逐步认识到企业是技术创新的主体。但实际工作中技术面向经济建设，科研与经济的结合仍然有待改进。因此，这里有必要对"为什么说企业是技术创新的主体"展开进一步的讨论。

　　首先，从现代化和产业化的角度看。产业化是现代化的必由之路，近代以来人类社会产业化的发展遵循着以下规律：科学发现——技术发明——产业发展。这当中技术发明处于科学发现和产业发展的中间环节，是连接科学发现和产业发展的桥梁。技术发明是科学发现的应用延伸，产业发展是技术发明的经济追求。由此可见，产业发展是技术创新的载体，技术创新是产业发展的内生动力。套用一句带有哲理的话：创新是技术的商业开发和商业的技术开发。而企业又是技术与经济结合的最佳载体和平台。因此，企业是技术创新的主体也就不难理解了。

其次，从投入产出效率的角度看。投入和产出都需要用价值尺度来加以反映和衡量。技术发明相比于科学发现，它的投入产出及其效率的反映就更加直接明了。从理论上讲，科学发现也有投入与产出，但它的投入和产出，具有全社会和长周期的特点，科学研究的投入一般以国家、社会、乃至全世界为单位进行计量，比如每个国家的财政预算就有科研教育的投入。同时它的产出也会以很长的时间和全社会的范围来考量，比如量子力学，早在 100 多年前就已出现，它的成果 100 多年来也一直造福于人类社会，像现代的电子计算机和互联网技术。而技术发明的投入与产出是以具体组织（单位）和较短的时间来考量，它的投入与产出反映得更加直接，也要在较短的时间里决定成功与不成功。投入与产出的价值尺度要在较短的时间和单个组织内进行衡量和反映，这只有在企业才能实现，所以企业是技术创新的主体。许多科研院所的研发项目虽然成功但又被束之高阁，其中一个重要原因就是对于投入产出的效率缺乏衡量方法和途径，或者根本没有去衡量。

最后，从企业的性质看。企业是直接面对市场的以盈利为目标的经济组织。企业与市场的距离最短，环节最少。它与市场的连接最紧密、最直接，反映市场信号更及时、更有效。所以由企业作为技术创新的主体，可以使得技术发明和技术创新更有效果、效率与效益。

综上所述，企业作为技术创新的主体，无论理论还是实践都可以找到解释。

熊彼特以研究经济发展周期见长，《商业周期》一书的副标题就是资本主义过程理论的、历史的、统计的分析，他试图通过历史事件的回顾和统计资料的分析，找出经济波动、经济周期乃至经济危机的规律，从而建立起观察、解析甚至应对经济波动的理论。在《商业周期》出版之前，他曾经陆续发表了一系列研究经济周期的文章，1927 年发表了《经济周期的解释》，1928 年发表了《资本主义的不稳定性》，1935 年发表了《经济变化的分析》和《理论学家对经济周期的评论》。在

《商业周期》中，熊彼特提出了经济周期呈现长、中、短三个层次的理论。长周期又称长波，一般为 60 年左右，中周期又称中波，一般为 10 年左右，短周期又称短波，一般为 40 个月左右（3 年至 3 年半）。实际上，早在熊彼特之前就有人提出经济发展过程中存在三个周期，其中长周期由俄国经济学家尼古拉·德米特里耶维奇·康德拉季耶夫提出，称为"康德拉季耶夫周期"。中周期由法国经济学家克莱芒特·朱格拉提出，称为"朱格拉周期"。短周期由美国经济学家约瑟夫·基钦提出，称为"基钦周期"。熊彼特将三个周期整合在一起，指出一个长周期包含 5~6 个中周期，一个中周期包含 3 个短周期。他还特别指出，一个长周期对应着一次产业革命。每一次新周期的开始，特别是长周期和中周期的开始，都是吸收和深化企业家创新的结果。熊彼特还特别强调，要建立以创新为中心，配合货币因素建立起发展模式和发展图景。由此可见，货币不仅是经济发展的重要条件，也是创新理论的重要内涵之一，早已受到广泛的关注。这也是本文将创新发展和金融工具放在一起讨论的原因之一。

《商业周期》一书发表于 1939 年。在这之前，英国的经济学家梅纳德·凯恩斯（Maynard Keynes，1883—1946）在 1936 年出版了其代表作《就业、利息和货币通论》（一般又简称《通论》），凯恩斯提出以扩大消费需求为主来应对经济周期的理论和应该采用的经济政策。显然这两位著名的经济学家都对经济周期和经济危机提出了分析和解决办法。《通论》建议扩大消费需求，扩张财政信用货币，从需求侧入手。《商业周期》强调企业家的创新精神，鼓励实行生产要素的新组合，提高供给效率，是从供给侧入手。两者都是为了实现经济的均衡发展，这一点可谓殊途同归，也算异曲同工。美国在 1929 年遭遇经济大萧条后，其后担任美国总统的罗斯福采用了凯恩斯的理论，实行后广为流传的"新政"，也就是政府从需求端进行干预，扩大消费需求以刺激经济，从而比较成功地走出了经济大萧条。而熊彼特的创新理论，虽然获得学术界的认可，但他本人并不希望给出具体的政策建议。70 多年后的今天，在应对由美国金融危机而引起的世界经济危机时，人们不约而同地想到了 70 多年前熊彼特强调的创新理论，强调从供给端入手，也就是对生产要素进行新的组合，进行结构性改革。今天我们无意对到底是从需求侧改革为好，还是从供给侧改革为好，进行孰是孰非的讨论和评价。也许用最朴素的语言来描述，矫枉过正有时候也是解决问题的办法。应该承认，经济发展自有其客观规律，在较长的一段时间内，进行扩大需求的改革后，自然会积累一些矛盾，此时进行供给侧结构性的改革也是正当其时，特别是大力推进创新，提高或改善供给效率，自有其合理性。金融危机以后，美国提出《先进制造业国家战略计划》和《美国创新战略：推动可持续增长和高质量就业》。德国提出以"智能工厂"为核心的工业 4.0 计划。欧盟提出《欧洲 2020 战略》。英国提出《强劲、可持续和平衡增长之路》。这些主要国家的战略都有两个突出的共同点，就是创新和再工业化，并都配套相关的政策。这也体现出从供给端入手的改革，这些不能不说是经济发展规律的使然。

第二节　创新理论的时代特征

熊彼特出版于 1911 年的《经济发展理论》和出版于 1939 年的《商业周期》，时至今日，已经分别过去了 100 多年和 70 多年。从第二次世界大战结束后，各国普遍重新启动经济发展算起，世界经济迎来持续增长的周期，虽然中间也发生过大大小小的经济波动，但总体上讲，世界经济还是大幅增长的。从二战结束到 2008 年美国金融危机发生，已有 63 年，恰恰符合熊彼特一个长周期的时间。今天创新理论又唤起了大家的注意和重视，特别是 2008 年的金融危机以来，世界经济进入深度调整，"创新"一词又被广泛提起。各国都提出了运用创新走出危机的对策。而且各种创新也是概念频出，如技术创新、制度创新、管理创新、组织创新、科技创新、机制创新、产业创新、金融创新、协同创新、开放创新、文化创新、理论创新等等。这既是一种好现象，说明大家都认识到创新发展的重要性，都对创新发展充满热情。同时这也是一个需要厘清思路、深化认识并进行提纲挈领以致纲举目张的问题。

回到熊彼特当年针对经济波动、经济周期和经济危机提出的创新的概念。笔者认为，产品创新、技术创新、市场创新、供应创新和组织创新当中，以及现在出现的各种各样的创新当中，技术创新和制度创新是核心也是基础。换句话说，技术创新和制度创新是历史赋予创新理论的新特征，或者叫时代特征。这是创新思想提出后，经过 100 多年的发展，应对时代发展的提炼和升华。这不仅因为其他创新，如产品、市场、原料、包括部分企业组织的创新都可以通过技术创新和制度创新来获得，而且还因为经过 100 多年的发展，经济发展的规律和经济发展的环境客观上赋予了技术创新和制度创新更加能动、基础、核心的作用。这可以从以下两个方面得到解释：

首先，制度创新。

熊彼特在强调企业家创新精神的同时，就关注到了货币因素，包括信贷和资本对于企业家创新的影响。二战以后，世界各国的金融资本获得了很大的发展。1971 年 8 月，美国关闭美元与黄金兑换的窗口，美元与黄金脱钩，美元与黄金的比价从布雷顿森林体系下的 35 美元兑换一盎司黄金，飞涨到今天的 1100 多美元才能购买一盎司黄金，黄金的价格涨了 30 多倍。众所周知，世界上黄金的存有量不可能减少，而黄金的产量增长也是有限的，换句话说，黄金基本上属于"恒产"。黄金的价格大涨意味着美元对黄金的大幅贬值，也可以理解为作为世界核心货币的美元，发行量大量增加。货币的大量增加以及各种金融创新工具的出现，也就导致了金融资本的急剧扩张。另一方面，产业资本和金融资本的脱钩也日益明显。大量的投资基金、债券和股票都需要专业的管理人才和管理团队来打理。熊彼特笔下既懂产业技术、市场营销、生产管理的富有创新精神的企业家，不见得又擅长投资经验，这就使得企业家实行包括资本在内的各种生产要素新的组合时，有赖于金融资本家的合作。再者，金融资本家也不可能让企业家直接掌管数字越来越大的金融资本。今天社会的实际情况是，企业家掌管的产业资本已经远远小于金融资本的规模，企业家进行重大投资，需要大量资金时，就需要联合金融资本了。由此可见，今天企业家对生产要素实行新组合时，也就是进行创新时，往往不是他一个人的事情，或者说不是他单方面的事情。换句话说，不是他本身的知识、能力、经验和资本实力所能单独完成的。他需要借助金融资本，也需要借助管理金融资本的专业人员。他需要"跨界"联合行动。而要实现这样的"跨界"行动，就需要相应的制度环境和政策引导，需要制度创新。即使是对于技术创新来说，当今时代的技术发展越来越快，不同领域的技术融合程度也越来越深。熊彼特笔下富有创新精神的企业家本人不见得都能深刻掌握各科技领域的专业知识，也不容易随时了解并掌握跨越许多学科领域的最新技术。也就是说，技术创新越来越表现出它的专业性和独立性以及深刻性。而某一个领域的技术创新又会引起相关技术领域很强或很广的连锁反应。这种情况下，企业家的创新也会在更大程度上需要对各个专门学科、专业技术和科研人员的综合和统筹协调。这也需要制度创新的引导和支持。

再有，二战以后，随着民族国家的快速而强势兴起，同时也随着经济全球化的不断深入，国家政府在经济生活中的角色越来越表现得不可或缺。国与国之间的贸易投资，地区国家之间经济共同体的诞生和发展，都要求各国、各地、各级政府提供更多更好的制度环境和公共服务，而且这个制度环境还面临着互相之间的激烈竞争。所以制度创新不仅是必不可少的，而且还是动态发展的。由此可见，熊彼特创新理论只强调企业家的创新思想，只着眼企业的组织因素，或者说企业内的制度因素显然是不够的，还需要扩大到企业和企业家的边界之外。也就是说，制度创新既包括企业家和企业组织内的创新，也包括企业家和企业组织外的创新。换句话说，原来创新理论中的组织创新的内涵需要扩大。

还有，著名的管理学家彼得·德鲁克提出创新、冒险、合作、敬业、学习、执着和诚信是企业家精神的七大要素。这当中创新也是首位的，可以理解为最重要的要素。但也有合作、冒险等因素。同时也要看到这些因素并不都产生正能量。用经济学的语言来说，并不都是正外部性的。一些企业造假制假、内幕交易，就说明了这个问题。如何引导企业家的创新精神，制度环境很重要。换句话讲，积极引导企业家创新精神的正外部性，也是制度创新不能忽略的内容。另一方面，在西方占主导地位的自由主义经济学历史上非常强调市场的"无形之手"的作用，反对政府"有形之手"对经济的干预。但是100多年来的市场经济发展也暴露了市场的不足。即使就西方工业化国家的市场经济来说，许多西方的经济学家也认为市场有经常失灵的时候，也需要政府"有形之手"不时进行调整，这当中就包括及时修改相关的法律法规。比如，美国金融危机后，就修订了许多法律法规。这些也说明了制度创新的重要性。

其次，技术创新。

20世纪初，相对论和量子力学理论诞生后，自然科学中单一学科领域重大的原创性突破已不多见，也就是原创性的科学发现已经不像16世纪至19世纪那样精彩纷呈而捷报频传。科学对于人类生活和经济社会的影响更多地体现在它的技术性和技术化上。技术发明和技术创新往往呈现出多学科交叉和技术融合的特点。就拿对我们生产和生活影响至深至远的互联网来说，电子计算机所应用的晶体管单向导电的科学原理早在20世纪初就已经发现，至今已有百年。而互联网的飞速发展则是近20年来的事情，互联网的发展只是应用了晶体管的发明原理，或者说，互联网只是晶体管科学原理的技术应用，已经算不上原创性的重大科学发现。而且晶体管的技术也只是互联网使用的众多技术之一，互联网的成功更多地体现出各种技术交叉结合的特点。同样，用半导体材料特别是硅材料制作集成电路，也只是采用了新材料和新工艺，同样不是原创性的科学发现。而将电子计算机连成网络的TCP/IP协议更是一种智力产品，属于"软件"，自然也不是重大的科学原理的发现，但它在互联网中所起的作用却是非常重要的。所有这些都说明，当今时代，对人类生活对产业发展影响巨大的科学技术，并不仅仅取决于科学原理的发现，而更多地表现出不同学科不同技术的深度融合。如果我们将单一学科领域的发现和发明叫做科技的纵向发明，将不同学科领域的技术融合叫做科技的横向融合的话，那么二战以后的半个多世纪以来，科技的横向融合要远远多于纵向发明。科技对产业更新和经济社会的影响更多地体现在横向融合上。当然我们也要看到，科技的纵向发明和横向融合相得益彰，两者互为因果。不难想象，今后技术创新跨学科跨领域的发展，其跨度会越来越大，学科交叉和技术融合的深度也会越来越深刻。这就是当今时代技术创新的特点。原来单一科学技术领域的发明逐步发展为多领域不同技术的融合，而这种融合的广度和深度往往反过来决定着技术创新的强度、力度和高度。这些强度、力度和高度又通过产业化的发展表现出来，演绎出丰富多彩的产业结构调整和转型升级。

再有，科学发明往往出于人类认识世界的本能，技术创新往往表现出人们改造世界的欲望。而改造世界又表现出满足人们消费需求的目的，更多地受到利益的导向。市场经济的特点就是不断地设计并快速形成利益导向的新格局，并由此优化着资源的配置。在市场配置资源的决定性作用下，技术创新的基础性和能动性作用发挥得更加充分。从而使技术创新和其他生产要素的结合形成良性循环，源源不断地迸发出旺盛的生命力。比如人们衣食住行的消费需求当中，以人的出行来说，熊彼特发现创新理论时，人们依靠汽车、普通火车和螺旋桨飞机来旅行，现在人们会选择高铁和喷气飞机，将来可能还会选择超音速飞机或火箭。可见同样是为了满足人们旅行的消费需求，产品和服务的技术含量越来越高。因此，在消费需求越高和市场导向引领的共同作用下，产业的更新和发展也越来越依靠技术创新。

还有，请大家注意，熊彼特在分析经济周期当中，曾经强调一个长周期会对应着一次新技术革命。新技术革命的扩散就会推动新一轮的产业化变革，从而带动经济社会的发展。如果从 1945 年二战结束算起，到 2008 年金融危机发生，历时 63 年，基本符合一个长周期的时间段。如果把 2008 年金融危机以前，认定为一个长周期，那么 2008 年开始，应该会是一个新的长周期开始。也应该面临着新的技术革命。近年来各界普遍认同新的技术革命即将到来。虽然目前还难以下一个确切的定论。但是技术创新的氛围越来越浓，技术创新推动经济发展的能动性、主动性以及基础性的作用，已经为社会广泛接受。因此，创新理论中技术创新的重要性越发明显。

综上所述，历史走到了今天，与熊彼特提出创新理论的时代相比，现代经济社会发展中，技术创新和制度创新已经成为各种创新思想的核心内容。技术创新是"主动力"，制度创新是"原动力"，技术创新是"引擎"，制度创新是"点火系"。技术创新和制度创新是所有创新的基础。简而言之，制度创新和技术创新是历史赋予创新理论的时代特征。这一点对于正在进行市场经济改革和经济发展转型升级的中国来说，更有其重要的时代意义。同样对于以体制机制创新为己任和以产业发展为主导的开发区来说，也有着特殊的意义。因为技术创新和制度创新与开发区的"主旋律"高度契合。

第三节 开发区创新发展的意义和特点

创新发展对于开发区来说，具有特别重要的意义。这不仅仅是因为受到国际金融危机的影响，开发区外向型经济的比重高而面临困难；也不仅仅是因为我国经济发展进入新常态，开发区面临结构调整的困难；还因为开发区的历史定位决定了开发区必须走在改革开放的前头，也必须走在创新发展的前头。当然这些又都是由开发区的本质所决定的。

一如前述，开发区的本质是产业开发、产业集聚和产城融合。也如前述，任何技术创新都是通过产业更新和产业发展表现出来的。换句话讲，产业是技术创新的载体。因此，不难理解产业本身就具有创新发展的内生动力。引领新常态就要解决不平衡、不合理、不可持续的结构性矛盾，包括不同产业之间的结构性矛盾，经济发展和社会事业不平衡的矛盾，东中西部发展不平衡的矛盾等。在所有这些结构调整当中，产业结构调整是基础性的，最具有能动性，产业结构的调整可以带动其他方面结构性矛盾的调整。可以说，其他方面的结构调整也有赖于产业结构的调整。而开发区又是以产业发展见长。因此产业结构的调整既是各项结构调整的基础，又是开发区创新发展包括技术创新和制度创新的现实抓手。这就决定了开发区在创新发展当中应该更加有作为、可作为、能作为。开发区创新发展的潜力和空间是巨大的。我们不妨从产业开发、产业集聚和产城融合三个方面来看开发区创新发展的特点。

一、开发区产业开发的创新

第一，众所周知，开发区是以产业化尤其是工业化（制造业）起步，并以产业化发展见长。以 2014 年为例，全国开发区实现的地区生产总值是 7.65 万亿元，占全国国内生产总值的 12.03%，而开发区第二产业的增加值是 5.56 万亿元，占全国第二产业增加值的 20.52%。从中可以发现开发区以工业为主的第二产业增加值占比要远远高于国内生产总值的占比，说明第二产业特别是工业制造业的基础很好。而产业是技术创新的载体，工业制造业又是技术创新的主阵地，工业制造业对技术创新的需求更加迫切。所以，发展工业制造业不仅仅是开发区集聚资本和解决就业的途径，更重要的也为开发区的技术创新打下了坚实的基础。另一方面，开发区的产业，特别是工业制造业，由于受到发展历史的影响，有些仍然处于产业链的低端。根据经合组织对全球价值链（Global Value Chain，GVC）的最新测算结果，我国出口产品当中包含的国内增加值比例为 67%，而美国、德国、日本则分别为 89%、85%、73%。这说明我国的产业结构还是偏低，开发区以外向型经济为主，不难理解产业链构成也同样呈现出这个特点。有些开发区工业制造业当中存在大量的加工贸易，这个现象恐怕更突出。仔细分析，还会发现引领我国制造业发展方向的战略性新兴产业开发区所占的比重并不高。《中国制造 2025》当中着力推动的智能制造，开发区也不具有大的优势。

同时，还应该认识到开发区的产业发展虽然有了很大的成绩，但由于建区时间短，有些项目引进的时间更短，工业制造业的发展也存在着不充分和不深刻的现象。笔者非常同意许多专家的观点：工业制造业需要的耐心、专注、执着和精益求精的精神没有深入人心，也没有得到沉淀和升华。开发区的产业开发在不长的时间内获得了快速发展，也使许多人忽略了对工业制造业难度和工业制造业本身价值的深刻体会，忽略了对工艺技术复杂性和标准化生产、质量保证的深刻认识，对企业管理的严谨和企业家创新精神的孜孜不倦的追求，对科学管理以及品牌价值的不懈努力。今天我们讲工业制造业需要创新，更应该认识到工业制造业需要积累和沉淀。迄今为止，各地开发区享誉世界的知名品牌的产品不多，真正产生于开发区的国际知名企业也不多。像深圳经济特区的华为、中兴和腾讯这样的著名企业在开发区还是少见。经验告诉我们，产业发展到一定阶段，企业或者产业乃至区域经济的竞争力将会趋向于品牌的竞争。这些都从一个侧面可以说明开发区的产业开发仍有很长的路要走。当然也就需要进行不断地技术创新。

第二，产业创新还要注重人力资源的开发。各地开发区成立的时间都不是很长，高等院校和科研机构少，高素质的人力资源不足是比较普遍的现象。已经成为制约创新发展特别是技术创新的因素。我们讲开发区要利用国内国外两种资源，这当中就包括国内国外的人力资源。宁波开发区近年来进行了这方面的探索。管理部门根据开发区的特点和需要，以企业和项目为载体，大力引进国外高素质的同时又有丰富实践经验的人才，为开发区的产业化和产业创新服务。现在已经从扶持单个项目和企业发展到着眼于整个行业或产业的提升，也已经从技术领域发展到企业管理、市场营销等领域。到目前为止已累计引进国外专家近6000人次，其中常驻500多人。国外专家累计为企业研发和设计新产品410项，申请专利及专利授权236项。目前已正式被国家外国专家局认定为"国家引进国外智力示范区"。同时有效利用国外人力资源还给了我们新的启发：开发区的产业开发带来了大量人才和信息的集聚交流。相比于其他地方，开发区还是一个年轻的城市（区），也可算是一个移民的社（区）会，这些就业者相对来说年龄普遍较年轻，就业时间却不短。因此，开发区仍然具有人力资源的优势。但由于缺乏"工匠精神"，人力资源的红利并不高。如果能够依托产业的技术创新大力推广"工匠精神"，鼓励岗位成才，一大批优秀的"大国工匠"将出自开发区。其创造的价值将是可观的。总之，辩证地看待人力资源的潜在优势，是推动开发区产业创新的一个新领域。

第三，近几年来，在开发区的产业开发当中，出现了一种新的形式，就是中外合作产业园，这是一个很好的探索。成都开发区根据中法两国政府间的协议，建立了中法合作产业园。成都开发区并不是简单地将产业园定位于引进几个外资项目，而是联合法国的优势企业，共同分析针对区内、国内甚至国外的投资机会，比如保护环境的新兴产业，共同研究开发技术和产业化。他们的目标：建设绿色低碳的生态之城，开放协作的国际之城，兼容并蓄的文化之城。力争探索出一条低能耗、低排放、低冲击的生态园区建设之路。创新型、创造型、创业型的智慧城市发展之路。实现开发模式由粗放型向集约型、资源利用型向环境友好型、投资拉动型向创新驱动型的转变。这是开发区产业开发的新尝试新模式，也就是已经从单向引进，转向双方共同研究开发；也已经从成熟技术的拿来主义，转向共同开发引领市场需要的新产业。这既是开发区积几十年发展经验的提升，也是开发区今后产业开发的创新潜力。

综上所述，开发区的产业总体上看还存在大而不强的特点。辩证地看，这恰恰是产业创新，也是技术创新和制度创新的潜力和空间。

二、开发区产业集聚的创新

历史经验告诉我们，产业发展永远是动态的。开发区产业集聚的创新，应该体现出从供应链到价值链再到生态链的转变，或者说从供应链到价值链再到生态链的跃升。当然这当中就需要嵌入创新链，否则就不能持续地发挥产业集聚的效应。

首先，经过几十年的发展，许多开发区都已经实现了产业集聚。在看到产业集聚效应的同时，也有人认为空间布局趋紧，土地资源枯竭，开发区的产业发展任务已经完成。实际上全球金融危机后，价值链重构已经成为经济全球化发展的显著特征。开发区作为对外开放的窗口，又有产业集聚的基础，恰恰是提升产业价值链位势和位能的好时机。我们不妨以汽车为例，许多开发区建立汽车制造厂后，往往会引来上百家的零部件工厂，这些零部件工厂之所以来到开发区主要是依据产品供应链的关系。因为就地生产就近供应减少了运输等成本，节约了时间，提升了竞争力，无论对于汽车厂，还是对于零部件厂，都有好处，这是显而易见的。这是第一步。第二步，引入第三方物流公司，做到由第三方物流公司统一制定配送方案，实现第三方物流公司对汽车零配件的集成配送，甚至直接配送到汽车的组装车间。这当中自然需要充分利用信息技术和实行科学的管理进行创新才能实现。这样一来，不仅减少了汽车零配件的运输成本，而且还可以减少仓储场地，降低库存量、加快资金周转，显然能创造出新的价值。位于宁波开发区的吉利汽车公司，早在2009年就引入来自上海的第三方物流公司，通过配送方式的创新，降低了成本，创造了新的价值。这就是我们所说的产业集聚从原来的供应链跃升到价值链。因为各方已经从相互的供应关系转到价值最大化关系，都通过创新各方都提升了价值。这样的事例各地开发区已经有很多。

其次，随着技术创新和制度创新的大力推动，开发区的产业集聚还应该向生态链发展。20世纪80年代末和90年代初，出现了产业生态系统的概念。按照生态学的概念，生态系统是一个具有自我调节的开放系统。生态系统里个体的生命活动促进了系统中能量流动和物质循环。各个体之间依据能量流动和物质循环的关系连接在一起。同时，个体要从系统环境中取得必需的能量和物质，就得适应环境。环境变化又反过来推动个体的适应性。这种作用和反作用促进了整个生态系统持续不断的变化。就产业集聚的生态链或生态系统来讲，也就是产业的集聚模式应该转向与自然环境和系统中个体之间更加和谐共存的系统，在这个系统中，能源和物质消耗将被优化，废弃物排放做到最小，而且每一个生产流程的废物将变为另一个生产流程的原材料，实现生态风险最低。这就是今天循环经济的观点。有学者将产业链条划分为三个类型：第一种类型是直线型的，这个链条系统伴随着无限的能源和资源流入和废弃物的排出。第二种类型是准循环型的，这个链条系统通过有效的内部生产处理，实现有限的能源资源流入和废弃物的排出。第三种类型是全循环型的，这个链条系统中物质消耗被优化，废弃物排放最小化，能源资源的利用效率大大提高。毫无疑问，由于开发区产业集聚的有利条件，使得我们有条件去实现产业全循环型的生态链目标。换言之，就是从资源进区到产品出区，形成一个完整的产业生态链条。这当中既有资源与产品的链条，还有生产过程中的废弃物重新加工利用的链条。比如，水用于工业生产，产生了污水。以前污水经过处理，排放到海里。现在污水经过深度处理，先用于部分工厂的冷却水，再经过适当的处理，排放到河里，用作地表的补充水。再比如，许多开发区都建有大型电厂或热电厂，为了减少废气排放对环境的影响，以前也实行脱硫，但这还仅仅停留在减排废气的阶段。今后如果能将排放的含硫废气生产成石膏，再将石膏应用于工厂化生产的建筑产品，这不仅实现了将有害的东西变成无害的东西，而且还实现了再将无用的东西变成有用的东西。这样一来就建立了工业的生态链。当然这当中技术创新是必不可少的。如果要实现市场化的要求，还需要有价格机制来引导，这又需要引入制度创新。

合肥开发区的产业开发和产业集聚一直具有优势，在国家级开发区的综合评价中名列前茅，近年来他们致力于提升传统产业的价值链，变单纯的产能扩张为价值链跃升，推动企业在研发、设计等技术密集环节的投入，支持企业通过技术改造、重组、兼并、品牌联盟等方式，实现依托产业集聚优势的创新。2015 年，几个主导产业的发展仍然非常靓丽，如家电产业实现产值 1145.8 亿元，增长 9.9%，汽车产业实现产值 316.4 亿元，增长 26%，装备制造业实现产值 464.2 亿元，增长 1.3%。仅这三个产业的产值就超过 1900 亿元。在合肥开发区这三个产业既是主导产业，也是传统产业，在经济进入新常态后，这三个产业都面临激烈的竞争，仍然能够实现增长，从一个侧面充分说明了产业价值链的提升。合肥开发区还发挥产业集聚优势，打造产业生态链。以合肥开发区的京东方为例，他们提出"4R"的概念，即循环（Recycle）、减量（Reduce）、再生（Renew）、负责（Responsibly）。他们以循环经济的理念，探索产品设计与材料使用之间的联系，在新产品设计时就改变材料组合，增加材料的复用度和可回收性，尽量减少能耗和材料消耗，以更好更科学的方法重构供应链和处理链，使废料变废为宝。如 8.5 代线的化学制剂循环利用当中，从源头削减刻蚀液使用量，使刻蚀液的使用时间成倍增加，通过增加回收管道、调整气刀角度等方法节约刻蚀液的使用，并应用药液浓度自动检测系统使刻蚀液使用量和废液排放量成倍降低。还通过严格的管理措施，对能源、水资源、废气排放和固体废弃物进行层层控制，有效减少资源消耗。

开发区的发展过程中，产业集聚具有鲜明的特点和良好的效益。开发初期我们是以人工的低成本和原材料的低成本来取得竞争优势。其后我们又以基础设施的集中供应和土地价格的优势支撑了高速发展。当然这当中也有我们的制度环境优势。得益于这一系列的低成本优势，各地开发区的产业特别是工业制造业较快地建立了竞争优势。但产业开发和产业集聚也是一个动态的过程，时至今日，产业聚而不强，集合缺乏提升的现象仍然存在。只有通过不断创新的方法，包括技术创新和制度创新，让产业集聚从依托于供应链的向价值链和生态链跃升，才能够促使产业集聚不断释放出更大的能量，产生更高的效益。

三、开发区产城融合的创新

开发区出现产城融合以后，作为一个年轻的城市（城区）更加充满活力。城市化引领产业化的作用就会更加突出，对创新发展又会提出不同的或者说更高的要求。不妨从以下几个方面来理解。

如前所述，产业化推动城市化，城市化引领产业化，这是国家现代化的必经之路。但城市的规模以及与产业互动的模式不是一成不变的。城市都有规模、功能、管理等等问题。新型城镇化是符合我国国情的发展道路。改革开放 30 多年来，一方面大量人口涌向大城市，开始城市生活，享受城市文明。大大加快了我国现代化的步伐。另一方面由于人口过度趋向大城市，又产生了严重的大城市病，制约了经济社会的可持续发展。现在开始到 21 世纪中叶实现第二个百年目标，还有 30 多年的时间，跟改革开放开始到目前为止的时间基本相等。如果还是照以往的模式发展下去，大量的人口继续向大城市集中，显然要脱离中国的国情。所以党的十八大提出要走新型城镇化的道路。笔者认为新型城镇化的重点不在"城"而在"镇"，至少今后第二个 30 多年的发展应该注重这一模式。换句话讲，县城和以下的城镇才是今后城市化的重点。目前我国除了各级城市的市辖区之外，还有将近 2000 个县级行政区，如果每个县城按 20 万人口计算，就可以生活 4 亿人。因此将县城和以下的小城镇发展起来，不仅会加快城市化步伐，同时又会大大减轻大城市病的压力，更加符合绿色生态的要求。由于经常在各地出差，笔者常想并留意一个中小城市的规模到底多大合适。对于新型城镇化的要求来说，30 万到 50 万人口和 5 万到 10 万人口的两种城市规模比较典型。以城（镇）内出行为例，笔者注意到建成区如果在 10 平方千米以内，人口在 5 万人左右到 10 万人的小城镇，市民出行三轮车比较方便，三轮车（运输）业也比较发达，可以说形成了良性循环。而出租车行业则发展不起来，因为地方小，行车距离短，出租车的车费不高，养不起出租车的行业。如果提高单价，老百姓就不坐了。如果建成区在 30 平方千米以上，人口在 20 万到 30 万左右，则三轮车行业不发达，而出租车行业可以进入良性循环。因为城区大了，三轮车费时费力，市民出行乘坐三轮车的时间长，又颠簸不舒服，车夫收入低，如果提高价格又没人愿意坐。而出租车因为城区面积扩大自然加长了出行里程，车费自然也上去了，又能节省时间，既舒适又省时，市民出行对出租车的需求自然大增。这样出租车行业就能形成良性循环。这两种城市和城镇的形态都符合新型城镇化的要求，恰恰也契合开发区的发展模式。对于国家级开发区来说，一般都依托地级市或地级以上城市设立，都具有县级或县级以上的行政管理权限。这一类开发区用于产业的开发面积，各开发区虽然相差很大，有些已经达到了上百平方千米，但比较多的开发区，或者说比较典型的开发区应该在 50 平方千米左右，人口在 30 万左右。事实说明这是一个比较经济的，同时环境也比较友好的产城融合模式：既有强大的产业基础，便于就业，又能使城市的服务功能比较完善，城市的运行管理比较经济，还有利于生态环境的和谐。对于一些省级开发区来说，一般都是在紧邻县城的地方建立，不具有县级的管理权限，开发的面积也不会很大，城市服务功能一般都依托原来的县城。这样的开发区就适合办成上面所说的规模较小的类型。对于开发面积超过 100 平方千米的开发区来说，从产城融合的角度讲，自然就有了更大的创新空间。

因此，产城融合的创新发展空间。各开发区可以依据不同的类型，不同的规模来具体拓展和实施。

一是服务业的发展。开发区由于都以工业制造业起步，一般第三产业的比重不高，在产城融合发展不明显的阶段，一般会在30%以下。所以第二产业和第三产业的结构调整本身就是产业结构调整的重要内容，也是推动开发区经济结构调整的重要抓手。由于开发区前期已经有了良好的产业基础，特别是产业集聚效应的显现，对生产性服务业的需求很大，有时还会呈现出爆发性的增长，比如对金融，法律、工业设计等高端服务业需求强劲。这无疑会对城市化起到很好的推动作用。下一步国家将全面实施服务业的"营改增"税收改革，这对于开发区的服务业，特别是生产性服务业的发展是一个"利好"；也为开发区产业化推动城市化，城市化引领产业化提供了创新发展的新空间。比如许多开发区的工业设计水平就落后于制造业的整体水平其就可依托强大的制造业基础，大力发展工业设计就是技术创新的发力点。

二是城市功能的完善。产城融合过程中，开发区的文化教育和医疗卫生等城市功能的完善也有巨大的创新空间。笔者曾经参与区里新建图书馆的筹划。早在2007年新建图书馆就列入开发区的投资计划，当时的设想是建立一个综合性的文化中心，图书馆也包括在里面。但由于种种原因，迟迟下不了决心。核心问题是到底要建多大。建小了肯定不符合城市化的发展趋势，建大了又担心使用的人少，维护成本太高。笔者当时负责开发区和宁波职业技术学院合作的数字科技创业园的工作。宁波职业技术学院将西校区全部腾出来作为数字科技创业园的园区，打算将位于西校区的学校图书馆迁建到东校园。那天学院负责人带笔者到东校区察看图书馆的新址，笔者马上想起区里正在筹划的图书馆，当即告诉学院负责人暂时不要上报这个迁建方案。同时谈了笔者的想法："在我们浙江省，根据我的观察，区、县一级城市建造图书馆往往面临两难选择。建小了，大家肯定不欢迎甚至不接受，会说不重视文化建设。建大了，形象是好了，但城市人口不多，使用图书馆的人数更少，且不说维护成本高，偌大的图书馆和先进的设施，使用者寥寥，形象也不好。因此，可否将区里的图书馆和学院的图书馆合建，一方面可以造的大一点。另一方面，学院有将近一万人的学生和教师，市民和师生大家共同来使用图书馆，将来肯定是'人丁兴旺'。"该想法获得学院负责人的认同。回来后，笔者正式向区里主要领导作了详细汇报，后经过有关程序列入计划并在 2014 年建成投用。图书馆的面积将近 3 万平方米，这在开发区一级应该是不多的，更可喜的是现在"人气很旺"。这对于群众文化素养的提高，城市文化品牌的塑造，乃至于对经济社会发展的反哺作用都是不可估量的。这个事例告诉我们，没有强大的产业基础，就没有坚实的税收来源，建不了大的好的图书馆。同时，没有产城融合，没有人才的集聚，也"养不起"一个大的图书馆。有些时候往往有心办好事又不担心办不好，恰恰说明创新发展的空间很大。

三是更加贴近市场。开发区产城融合过程中，人的观念认识也有创新和提升的空间。依笔者的体会，从产业化到城市化，开发区本身的市场形态就会发生变化。笔者一直认为，所有的市场最后都要归结为人的衣食住行的消费市场。换句话讲，人的消费市场是各种市场的基础，是市场中的市场。如果开发区仅仅是一个产业园区，它的功能就是生产加工。市场交易和市场消费都发生在外面，这样开发区客观上与市场就有了相当大的距离，这对于人的市场观念和管理理念会产生潜在的影响，不利于视野的开阔和市场经验的积累，也不利于市场经济下管理水平的提升。产城融合出现后，这种情况会发生改变。因为，城市化带动了开发区内消费市场的形成。还由于开发区人均产出和人均收入一般要高于所在地区的平均水平，有利于形成先进的消费观念和市场理念。所有这些都会对开发区各方面的管理，包括企业的工商管理和政府的公共管理产生积极的影响。这对于创新尤其是制度创新是至关重要的。虽然有时它是潜移默化的，不为人所知的。

综上所述，创新发展在开发区具有巨大的空间。有比其它地区更大的潜力。当然这是由开发区的本质所决定的。另一方面，创新发展的时代特征，也就是技术创新和制度创新与开发区的产业和体制优势高度契合。因此，开发区的创新应是可作为、有作为、能作为的。

第二章 产业·货币·金融危机

前面我们已经讨论了创新理论的提出和创新理论的时代特征。提出了产业化是技术创新和制度创新的重要载体和基础，同时产业化又是开发区发展和创新的优势和抓手，两者的交汇点都是产业或产业化，为了进一步加深对产业和产业化的认识，下面再来讨论产业化与现代化以及产业化与货币金融的关系。

第一节 产业化与现代化

开发区建立之初，我们国家提出的发展战略目标是初步建设小康社会。40 年过去了，现在的发展战略目标是全面建成小康社会（2020年）和基本实现现代化（2050年）。历史经验告诉我们，产业化是国家现代化的必由之路。开发区又是以产业化发展见长。为此，我们应该继续深入考虑两个问题：一是对照从小康社会走向基本现代化的要求，产业化的作用有哪些。二是对照全面小康的要求，开发区要跳出纵向对比自身发展的思维，而应该考察开发区对所在区域全面建成小康社会和实现国家现代化的影响。

何谓产业，产业是引入技术和专业分工，实行社会化生产和交换的领域。按照有关规定，有第一产业、第二产业和第三产业之分。第一产业是指农业；第三产业是指服务业；严格来讲第二产业包括采掘业、制造业和建筑业，前两者又合称为工业，是第二产业的主体，所以有时就以工业代替第二产业，反之亦然。又因为制造业是工业的主体，有时也以制造业代表工业。为便于讨论，本文的工业化一般指第二产业，产业化则代表三个产业。先行工业化国家的经验告诉我们，产业化的主体是工业化或工业现代化。世界上任何一个现代化的大国强国必须首先是工业化的大国强国。从小康社会到基本现代化，工业化和产业化的作用将在以下几个方面体现出来：

（1）工业化和产业化是创新发展的载体，而创新是国家现代化的不歇动力。

第一，没有强大的产业基础，就没有广阔的创新空间。工业化和产业化是技术创新和科学研究的主要载体。科学研究和技术创新对经济社会的促进作用总是通过工业化或产业化的形式表现出来。每一次工业革命如蒸汽机、电动机和计算机等的广泛应用和不断的技术创新，都是通过工业化和产业化来适应甚至开发和引领市场的需求，最终满足人们的消费。可以说没有工业化或产业化的发展，科学研究和技术创新就失去了赖以发展的物质基础。没有这个基础，一个国家的科学研究和技术创新就不能源源不断地发展，而没有科技创新和技术进步的国家，就追不上世界现代化的步伐。

第二，工业化和产业化的结构调整总是呈现出与市场变化动态适应的特点和规律，同时这个调整又具有内生创新的特点，这是经济社会可持续发展的物质基础。大家可能感到这几年我们特别强调产业结构的调整。实际上，20世纪90年代后期我们国家就提出要调整产业结构，当时的提法是要注重内涵式集约化的发展，减少外延式的增长。可见结构调整早已有之。国外的情况也是如此，自工业革命以来，没有一个国家会长期地认为自己的产业结构特别是工业（制造业）结构永远处于非常合理的状态，而不需要继续不断地改进和提高。因为产业的结构总是以满足人们物质和文化需求的不断变化为目标。而人们的需求客观上又是会不断变化的，不会永恒不变。所以就产业结构来说，平衡是相对的，不平衡是绝对的；变化中的不平衡就是平衡，现实中的平衡又是不平衡的。由此可见，产业结构之间平衡与不平衡的演化和发展就表现出与市场和消费需求变化的良性互动，从而构成创新发展的路径引导，共同推动经济社会的健康发展。

第三，产业结构的调整又对制度环境提出要求，对制度创新产生推动作用。用政治经济学的话来说，就是经济基础决定上层建筑，生产关系要适应生产力的发展。一个制度僵化的国家不可能支撑产业的不断创新，也就不可能永远保持现代化的领先地位。过去，我们为了调节这种平衡与不平衡的关系，试图采用计划的手段，但效果不彰。随着技术的不断创新，也随着人们需求变化节奏的加快，当然也随着经济全球化的加深，计划调节的弊端越来越明显，市场调节就显得更加灵活，因此让市场在资源配置当中进一步发挥决定性作用就成为改革的方向。正因为如此，计划手段和市场手段不是社会主义和资本主义的分界线。由此可见，产业化提供了制度创新的物质基础。

（2）工业化和产业化是跨越"中等收入陷阱"的现实选择。只有成功跨越"中等收入陷阱"，才能最终实现现代化。

一般来说，大国的人口较多，就业需求大，如果没有强大而先进的工业化和产业化无法解决就业问题，老百姓没有工作，就不可能有持续增长的收入，也难以解决"中等收入陷阱"问题。

人口众多既代表着劳动力丰富，又代表着市场消费需求庞大。以前我们可能更多地关注劳动力的红利效应。实际上人口多而市场大又是支撑经济发展，特别是推动产业结构调整的重要因素。对于经济发展，前者（劳动力丰富）是推动因素，后者（市场庞大）是引领因素。当然这里有一个前提条件，那就是必须实现人均收入较高并不断提高。现在许多地方都在讨论"中等收入陷阱"问题。所谓"中等收入陷阱"，意思是说，一个国家或地区人均收入达到 3000~8000 美元后，如果经济结构调整处理不好，就会陷入经济发展的"滞涨"。一个国家的经济在进入中等收入阶段后，低成本的优势会逐步消失，在低端市场难以与低收入同时又是低成本的国家竞争，在中高端市场又由于研发创新能力不足，难以与发达国家竞争。在这种上下挤压的环境下，国家就会面临经济增长停滞。这种情况世界上许多地方出现过。笔者 10 多年前曾经去过拉美国家考察。一方面，城市中心到处可见 20 世纪末经济高速发展的痕迹，高楼林立，道路宽敞。另一方面，大量的低收入人群集中挤住在城乡接合部，既不想回到乡村，又无能力融入城市的生活，就业和生活都非常艰难，既不能为经济发展贡献劳动，又不能对市场消费创造大的需求。笔者乘飞机从一个城市到另一个城市，刚拿到机票时深为不解，因为从地图上看，也就是 2 到 3 个小时的行程，但时刻表上却注明要 5 个多小时。原来由于经济萧条，乘飞机旅行的人数大大少于以前经济高涨的时期，航线又是已经经营多年，以前这两个城市之间该航班曾是直达，现在航班只能在中途停靠两个城市，目的是以此增加客流，提高上座率。所以航程的时间就增加了。实际上就整个航程来说，由于频繁的起降，反倒提高不了多少经济效益，难以进入良性循环。这个例子从一个侧面说明市场结构性分化明显，原来乘坐飞机旅行的人，由于经济萧条而需求下降，而低收入的人又无法消费。

我国目前人均收入已经超过 7000 美元，刚好处于"中等收入"这个阶段，但更重要的是必须看到我国的"基尼系数"也较高，这说明国内贫富差距和两极分化现象仍比较明显。这种情况下，对于高收入的群体来说，衣食住行的消费需求早已满足，而且是较高程度上的满足，所以他们对应于原有层次的衣食住行消费欲望不强。而对于低收入的人群来说，衣与食的消费刚刚满足，而住与行的消费需求，由于价格较高（如住房），自身收入较低就无法满足，或者说无法消费。这也导致市场需求下降。以上两个因素相加，市场的消费需求会呈现出增速放慢甚至整体萎缩。这样一来，经济发展就会降速甚至陷入"滞涨"。长期如此，就会出现所谓的"中等收入陷阱"。我们国家人口基数庞大，人均收入也已经跨入中等收入的水平，前面我们讲过市场的三要素，如果仅仅从人口和收入的两个要素看，市场是很大的。按理说消费需求对经济发展的拉动作用是"无与伦比"的，但这几年的实际情况并非如此。这说明市场需求的结构性分化非常明显。也说明我们以前仅仅以人均收入增长的多少作为宏观调控目标，没有将缩小"基尼系数"同时作为目标，已经显得简单。辩证地看"中等收入陷阱"，既是挑战，也是机遇。挑战是因为它与"基尼系数"大共同固化了市场结构，导致市场的萎缩。机遇是因为可以把缩小"基尼系数"作为提高人均收入的前提条件，两者同时发力，促进市场结构的不断优化和提升，让市场活力持续跃升。而要抓住这个机遇，解决好这个问题，唯一正确的办法还是不断地进行产业结构调整和产业创新。因为只有不断地推进产业化和产业创新，才能创造更多和更高质量的就业，提高劳动者和国民的收入。反过来又促进经济社会的持续发展。因此，产业化和产业的持续创新是跨越"中等收入陷阱"的重要手段。

（3）工业化和产业化是创造财富的主要途径。而国强民富是现代化的必然要求。

根据经合组织对全球价值链（Global Value Chain，GVC）的测算，我国出口产品价格中包含的国内增加值只有67%，而美国、德国、日本分别为89%、85%、73%。而创造国内增加值的主要途径是工业化和产业化，所以工业化和产业化落后说明创造财富的能力薄弱，就难以实现现代化。

第二次工业革命发生至今已有200多年，有人提出现在第三产业的重要性日益显现，我们作为发展中国家能否弯道超车，只要第三产业足够强大，是否同样可以实现经济的快速发展而成为世界经济强国，甚至成为综合国力强大的国家。这种想法对于一个大国来说是不可取的。人口较少、国土面积较小的国家，通过第三产业的强化发展，在较短时间内成为人均收入较高的国家，这方面已经不乏成功的例子。但对于大国来说，没有说单靠第三产业实现强国目标的成功例子。道理很简单，其一，没有工业，没有制造业，大量人口的就业无法解决，没有就业，就难有人均收入的提高，民不富又何以国强？其二，大国的资源一般较多，本国没有强大的制造业，这些资源不能加工成为有用之物。如果这些资源仅仅以初级原料出口，需要通过别国生产制造，经济价值就会异手他人，有用之物不丰也难以国强。其三，如前所述，产业化特别是工业化又是科技创新的载体，不能科技创新的国家很难实现综合国力的强大。

工业化和产业化不仅是一个国家经济发展的动力和综合国力提升的有效途径，而且还改变了人类战争的目的。竞争是人类的天性，而竞争的最高形式就是战争。纵观人类历史，战争的目的无外乎两个，一是占领土地，二是掳掠或奴役人口。换句话说，占领别人的土地或掳掠人口是战争的终极目标。但是18世纪中叶工业革命以后，战争的目的发生了根本性的变化。战争的目的不再是别人的土地和人口，而是别人的资源或市场。因为一个国家随着自身产业化的发展，国家综合实力的体现是它的产业实力，或者说是它的产业整合能力。只要战败国或者战败一方答应开放市场或输出资源，战胜国从中廉价获得资源，经过产业化生产成产品，再输出到战败国或其他国家。通过这一循环，战胜国就能创造并且占有巨大的财富，获得更快的发展，这种方式远比它派兵长期驻扎在战败国管理为好。1840 年中英鸦片战争就是一个例子，作为战胜国英国的主要目标是要中国开放市场并获得中国廉价的资源。即使占领了中国香港，也是美其名曰"租用"，其中心目的也是为廉价获得资源和扩大中国市场而建立"桥头堡"。1853 年和 1854 年，美国的佩里舰队两次到日本，兵临城下，也是逼迫日本开放门户。一旦日本答应了这个要求，美国也就兵不血刃了。反观两次世界大战，德国和日本等国，虽然自身的产业实力已经颇为强大，但仍然以占领别国的领土为最高目的，反倒拖垮自己，沦为战败国，这是逆历史潮流而动，所以招致惨败。

二战以后，以美国的罗斯福总统为代表的一批世界级的政治家，在成立联合国用来管理世界和平次序和政治活动的同时，还要建立管理世界贸易（也就是 WTO 的前身）和管理国际货币（即 IMF，这一点我们后面还会讨论）的组织，道理就在于工业化和产业化已经改变了战争的性质。在人们的传统观念当中，战争往往是跟政治连在一起的，而贸易往往是和平的产物。殊不知近代以来，形势已经发生了根本性的改变，贸易往往是战争的起因，同时也是战争的主要目的之一。所以为了防止战争再次发生就需要加强国际贸易的管理和协调。同时货币不仅是财富的象征，也是衡量产业化创造价值的尺度，所以货币也需要列入管理之列。反过来，管理贸易和货币又是为了提高自己的产业化能力和实力。之所以如此，原因就在于工业革命后，左右战争目标的主要因素是别国的市场和资源，获得资源和市场就能促进自己的产业化能力，并以此提高自己的综合国力。

（4）工业化和产业化提升了社会文明程度。而社会文明是现代化的必然要求。

有专家研究认为，工业的本质是将无用的东西变成有用的东西，将有害的东西变成无害的东西，这实际上体现出一种文明的价值导向，传递着一种先进的文化理念。这种先进的文化理念是当今一个民族和国家不可缺少的文化基因。没有先进的工业化和产业化就难以形成引领风气之先的先进文化理念。另一方面，产业化必然会带来城市化，城市化又是产业化的必然结果。而城市化的本质将会使人们的生活更加美好。这也体现出一种价值理性，也是先进文化的内涵之一。因此工业化和产业化培养了，同时也传递着先进的文化价值观，这也是一个国家实现现代化必不可少的条件。

综上从四个方面讨论了产业化与现代化的关系，分别是：产业化是创新发展的重要载体；产业化是跨越"中等收入陷阱"的现实选择；产业化是创造财富的主要手段；产业化是促进社会文明的物质基础。可以说这四个方面是在全面建设小康社会进而走向现代化社会过程中，我们对产业化作用和功能认识的深化。换句话说，是新形势新常态下，实现现代化的战略目标赋予产业化的新要求。

经济特区和开发区作为中国对外开放窗口，就是以产业化特别是工业（现代）化作为建设目标和主要突破口，从而为建设小康社会和国家现代化探索方法和路径。兴办开发区的重要目的之一，就是要推动或带动所在地区的产业化和经济发展，进而共同实现现代化。以前许多材料或场合讲到开发区的建设成就，往往列举反映历年发展变化的许多数据，潜台词就是强调开发区本身的发展和实力与自己过去相比，取得了巨大的成绩。但研究开发区对所在区域现代化的影响和作用不多。本文认为在开发区建立30多年后，国家级开发区数量上又是"数以百计"的今天，现在研究开发区仅仅看"个体"成绩显然已经不够了。而应该将考察开发区与所在区域的关系提上"议事日程"。以下尝试在这方面作一些探索。

开发区作为一个典型的区域经济或者说块状经济，它对所在区域的影响可以从点、线、面三个维度去考察。从全国范围看，虽然目前开发区的经济总量占到全国的10%左右，但全面考察开发区对全国发展的影响和作用，还是缺乏必要的条件和可靠的说服力。这是因为：从数量上讲，全国目前有215家国家级开发区（2014年为止），平均每个省（市、区）不到7家。因为开发区一般依托地级市设立，享有县级（及以上）的行政管理权限。与县级行政区相比，全国目前有2800多个县级行政区，平均每个省是90个。按平均数量计算，每个省的国家级开发区不到县级行政区的10%。而且各省的国家级开发区数量相差很大，笼统地比较和考察，缺乏典型或者说普遍的意义。就全国范围来说，国家级开发区建立的时间长短相差很大。就笔者的观察，建区时间较短的开发区，对所在区域的影响难以体现。所以开发区对"面"上的影响，选择全国作为样本，不太可行。本文选择以浙江省为例，也就是以省为单位，考察开发区对所在区域发展和现代化的影响。之所以如此，主要考虑有：其一，浙江省目前有国家级开发区21家，县级行政区90个，占比超过20%。开发区与县（市、区）的比例是1∶4.5。其二，浙江省的国家级开发区建立时间较早，宁波开发区就是第一批14个国家级开发区之一，与全省的开发开放同步。较长时段的考察，比较能说明问题。下面我们就从点、线、面的三个维度来考察开发区对所在区域的影响。以下选取的是2014年的数据（开发区成立30周年的时间点），数据来源是《浙江概览（2015年版）》《浙江商务年鉴2015》和《2014年浙江省开发区综合考核评价报告》。

第一，开发区对"点"的影响。

所谓"点"就是以地级市为研究对象，因为开发区一般依托市设立。研究发现开发区的数量或规模与各市的经济发展存在高度的正相关（见表一）。

表一　各市开发区数量与地区生产总值对比

地区	地区生产总值（万元）	国家级开发区数量（个）	地区生产总值排名	国家级开发区数量排名
杭州市	9206.2	4	1	1

地区	地区生产 总值（万元）	国家级开 发区数量 （个）	地区生产 总值排名	国家级开 发区数量 排名
宁波市	7610.3	4	2	2
温州市	4303.0	1	3	7
嘉兴市	3352.6	3	5	4
湖州市	1956.0	2	8	6
绍兴市	4265.9	3	4	3
金华市	3208.2	2	7	5
衢州市	1115.1	1	9	8
舟山市	1015.3	0	11	11
台州市	3387.4	0	6	10
丽水市	1051.8	1	10	9

注：表格当中的开发区数量排名按多到少排，如果开发区数量相同，则参照地区生产总值排名分前后，这样便于同地区生产总值排名对比。

浙江省目前有21家国家级开发区，分别分布在：杭州市4家（杭州、萧山、余杭和富阳），宁波市4家（宁波、大榭、杭州湾和宁波石化），温州市1家（温州），嘉兴市3家（嘉兴、平湖和嘉善），湖州市2家（湖州和长兴），绍兴市3家（上虞、柯桥和袍江），金华市2家（金华和义乌），衢州市1家（衢州），丽水市1家（丽水）。台州市和舟山市目前没有国家级开发区。从上表可以发现温州市和台州市，他们的国家级开发区数量排名与地区生产总值排名不一致，都是相差4位之外，其余9个市国家级开发区数量排名与地区生产总值排名存在高度的正相关性，如果有差别，也不超过2位。也就是国家级开发区多的市，经济发展（经济总量）也比较快。因此，可以认为开发区对所在地"点"（市）发展的影响是显而易见的。

第二，开发区对"线"的影响。

众所周知，交通（线）建设是国土开发的重要手段和条件，在我国交通建设又有以行政中心为原点，呈放射性布局的特点，如京哈线、京沪线、京广线等。在一个省范围内也有这个特点。浙江省的主要交通线基于以下因素：历史原因、建设时间早晚、道路运输的繁忙程度，主要有沪杭线（上海至杭州）、杭甬线（杭州至宁波）、浙赣线（杭州至衢州）、杭宁线（杭州至湖州）。分析发现，绝大多数国家级开发区就集中分布在这 4 条交通线的沿线。其中沪杭线上有杭州、余杭、嘉兴、平湖和嘉善 5 家。杭甬线上有萧山、柯桥、袍江、上虞、宁波、大榭、杭州湾和宁波石化 8 家。浙赣线上有金华、义乌、衢州，富阳基本上也属于这条线，共 4 家。杭宁线上有湖州、长兴 2 家。浙江省的 21 家国家级开发区中，有 19 家分别分布在 4 条主要交通线上。而这 4 条交通线的沿线地区就是全省经济最发达的地区。由此可见，开发区的数量分布也与沿线地区的经济发展存在高度的正相关。当然也有人可能会说交通建设和开发区分布互为因果，"线"上的交通建设促进了开发区的发展，这也有一定的道理。但是从这 4 条交通线当中高速公路和高速铁路的建设时间看，开发区的设立要早于它们。因此，本文还是认为开发区的建设对推动沿线经济发展和繁荣的因素明显。现在国家正在实施共建"一带一路"倡议，开发区对所在区域的影响，在"线"的维度上表现得非常明显。可以设想，将开发区的发展模式和共建"一带一路"倡议结合起来，本身就是一个创新，效果将会更好。

第三，开发区对"面"的影响，也就是从全省的角度看开发区对所在地区的影响。

浙江省早在 2002 年就提出了"八八战略"的发展构想，就是要进一步发挥 8 个方面的优势，推进 8 个方面的举措。其中就有"进一步发挥浙江的块状特色产业优势，加快先进制造业基地建设，走新型工业化道路"。开发区就是典型的块状经济，又是以工业化为主。所以开发区的建设和全省的发展战略高度契合。改革开放以来，浙江省的经济社会发展在全国是比较靠前的。1978—2014 年，地区生产总值从 123.7 亿元增加到 40174 亿元，在全国的排名从第 12 位上升到第 4 位；人均年生产总值从 331 元增加到 73002 元（约合 11758 美元），在全国排名从第 16 位上升到第 5 位；外贸进出口总额从 0.7 亿美元增加到 3550 亿美元，在全国排名从第 15 位上升到第 5 位；地方财政收入从 27.5 亿元增加到 4122 亿元，在全国排名从 14 位上升到第 5 位。浙江省的国家级开发区从 1984 年宁波开发区作为全国第一批开始建设，到目前已经达到 21 家。对全省的经济发展特别是产业化发展发挥了重要的作用。2014 年，实际利用外资 60.4 亿美元，占全省的 38.2%，外贸进出口总额 899.3 亿美元，占全省的 26.8%，人均工业增加值 21.7 万元，高于全省平均水平 20.6%。

除了定量的经济数据之外，从定性的角度看，开发区对全省发展的影响和推动作用还表现在：一是市场经济的概念和机制，因为开发区一开始就没有计划投资，就要求与国际接轨，这与浙江的市场经济较为发达是一致的。二是新型城镇化建设，浙江的新型城镇化走在全国前列，而开发区的本质就是产业化推动城市化，城市化引领产业化。在浙江省国家级开发区与县级行政区的比例达到 1∶4.5 中不难发现，开发区对新型城镇化的促进作用。三是行政管理或公共管理改革。开发区作为改革开放的窗口，这方面的探索一直走在前面，如优化投资环境等，与全省的改革也是相互促进的。

通过以上讨论，可以得出这样的观点：开发区对所在区域的影响存在正相关性。特别是通过"产业化"这个桥梁，对区域经济社会发展的推动或带动作用是明显的。换句话说，因为产业化既是现代化的必然要求，又是开发区发展的内在优势，所以通过这个"产业化"结合点，开发区推动甚至带动了区域现代化的发展。

第二节　货币与产业化发展

产业化是创造财富的主要途径，货币是衡量财富的价值尺度，而且产业化和货币之间还存在着互为因果的关系。前面已经强调了产业化的本质是社会化，发展产业必需引入社会分工，分工就会产生交换，交换就离不开货币。因此产业化的健康发展必须以货币和货币体系的统一、高效和稳定为条件。产业化催生了货币的统一、高效和稳定。反过来，统一、高效和稳定的货币和货币体系又促进了产业化的发展。对于一个大国强国来说，强大的产业化和强大的货币体系都是它的追求目标。两者缺一不可。我们不妨从英国和美国的产业化和现代化过程作一个简单的了解。

英国 18 世纪中叶工业革命以后，生产能力大幅提升，加上之前 15 世纪和 16 世纪的世界地理大发现，无论是生产能力，还是市场环境都已经为大规模的国际贸易和国际投资准备了条件，此时唯有货币这个经济发展和贸易投资的重要媒介尚未准备好。

人类使用货币已有数千年的历史，从公元前 3200—1500 年，两河流域、古埃及、古印度到中国的黄河流域，这些古文明的发祥地都发现了使用货币的记录。可以说货币一直伴随着经济社会的发展和人类文明的进步，从最早的贝壳类货币到金属类货币，一直到今天的纸币。早在中国北宋时期，在四川还发现了俗称"交子"的纸币。当然这个纸币与今天的纸币不可同日而语。纸币的出现在更大程度上有赖于银行信用的完善和发展。

现代意义上的银行，在公元 12 世纪，首先在意大利出现。由于意大利濒临地中海又处于欧洲的中部，便利的海上交通，使得当地的商业比较繁荣，为了便利商业贸易的发展，从事货币兑换的银行也就应运而生。意大利著名的美第奇银行就诞生于 1397 年。据说还与文艺复兴运动的发展和思想观念的解放有关。英国最早的银行起源于为顾客保管金银业务，这当然与当时流通金属货币有关。

有了银行，也有了货币，按理说贸易和经济就会快速发展，但是由于货币的币值不稳定和货币体系尚未建立，大范围的贸易仍然受到制约，尤其是国际贸易仍然无法得到大的发展。一直到 18 世纪之前，各国的货币实行的基本上都是复本位制，比较典型的就是金银本位制。金和银作为贵金属，具有保值作用，也因为能加工易携带，所以被各国广泛用作货币。但由于金属货币的成色问题，也由于金和银两者之间的产量在不同的时间会此消彼长，伴随着国际贸易的发展，就出现了劣币驱逐良币的"格里欣现象"，自然也就无法适应工业革命后，经济快速增长和国际贸易的急剧扩大。

1717 年，大科学家牛顿担任英国伦敦铸币局局长时，精确测定了英镑与黄金的比价，规定一盎司黄金等值 3 英镑 17 先令 10.5 便士。在当时的情况下，也就是银行信用已经出现，但货币的币值没有国家担保。牛顿以科学家精益求精的科学态度和他本人享誉世界的巨大威望，给出了英镑准确的价值，也就是精确的含金量。为英镑作为世界的主要货币提供了不小的支持。整整 100 年后，也就是 1816 年，英国国会通过法案，以法律的形式规定了这个比价。至此，完全意义上的金本位制终于确立。货币（英镑）的币值通过与黄金挂钩的方式稳定下来。这就为英国开始于 18 世纪中叶的工业革命所带来的生产效率提高、国际贸易扩大、国际收支便利创造了不可或缺的条件。到 1880 年前后，欧洲大陆国家和美国、南非、俄罗斯等主要经济发达国家或产金国都实行了金本位制。当时实行金本位制的国家，其国际贸易占到了世界的三分之二。虽然可以认为 1880 年以后人类历史上第一次出现了国际货币，或者说国际间的核心货币，也就是英镑。但早在 1816 年英国法定英镑的含金量后，英镑就以英国强大的产业化能力和经济实力以及它的国家信用，充当了国际货币。这一格局一直持续到 1914 年，也就是第一次世界大战前，将近 100 年，如果从 1717 年，牛顿测定英镑与黄金比价算起，则将近 200 年。不难想象，没有英镑的国际化，没有英镑充当了国际的核心货币并实行金本位制奠定的货币币值稳定，工业革命带来的生产力大发展的优势是不可能释放出来的，工业革命的持续扩大和不断深化也是不可能的。换句话说，货币的稳定对各国之间的贸易投资乃至世界经济发展的促进作用是巨大的。我们不妨设想，工业革命后，物质财富快速增长，人与人，国与国之间的交往、交换和交易，再采用古代易货贸易，也就是以物换物，那会是一种怎样的景象。也很难想象，即使有了货币，但币值并不稳定又会是怎样的情况。所以，可以肯定地说，长期稳定的可以互相汇兑的货币和货币体系是经济发展的必要条件。许多人把英国成为世界头号强国仅仅归功于工业革命是不全面的，实际上这里面还有英镑的因素。是工业革命造就了英镑作为世界核心货币的地位，反过来又是英镑促进了工业革命巨大能量的释放。是英镑和工业革命一起奠定了英国100多年世界头号强国的地位。

实际上，法国也曾经尝试过建立统一货币的努力，1865年，经法国提议成立了由法国、意大利、比利时、瑞士四国组成的拉丁货币同盟，协议的有效期是15年，即1866—1880年。协议同时规定如果参与国同意，可以再延长第二个15年。但鉴于这些国家经济实力和当时世界的经济形势，拉丁货币同盟到1880年就终止了。美国也作过类似的努力，1878年召集过国际货币会议，希望推出他们的国际货币方案，也没有成功。这些至少可以说明两点：一是产业化发达的国家都希望建立起有利于自己的货币体系；二是在货币体系领域，能否实现自己的想法最后还是要取决于国家的实力。

1914—1945年，也就是第一次世界大战开始到第二次世界大战结束，30多年时间当中，世界上没有建立起稳定的货币和货币体系，导致经济的不稳定。世界大战期间自不必说。1918年一战结束后到1939年二战开始前，20多年当中，对世界的货币体系来说，是比较典型的混乱时期。英国先是企图恢复英镑的金本位制，但由于战争中债务高筑，实力不济，在1931年放弃金本位制。美国虽然拥有强大的经济实力，但由于受国内经济危机的影响，也在1933年放弃金本位制，无力承担国际货币体系的组织者角色。法国虽然是一战的战胜国，也是欧洲的经济大国，但由于受到战争创伤，加上本身的经济体量也不大，缺乏影响力，也在1936年放弃了金本位制。这一时期货币混乱和经济动荡相互影响，严重阻碍了工业化和产业化的发展，也严重阻碍了国际贸易投资的扩大，以邻为壑的贸易保护主义盛行，甚至有人把这看成是第二次世界大战发生的原因之一。

众所周知，货币作为价值尺度和交易媒介，币值的稳定是前提条件。在实物货币时代，包括金属货币出现后，人们是以实物或金银本身的价值来衡量其他物品，一直发展到金本位制，也就是以含金量来度量其他物品的价值。虽然也由于金属货币加工、保管以及结算的不便，出现了纸币，但开始时，纸币还是严格与黄金挂钩，也就是一定数量的纸币必须有规定数量的黄金担保甚至保证兑换。然而，随着工业化和产业化的发展，人类创造财富能力的极大增加。而黄金的天然储量和生产能力已经远远跟不上人类创造物质财富的能力。因此也就出现了以国家信用担保，授权银行发行货币（也有人称之为银行券）的新格局。开始时国家也将所发行的货币与黄金挂钩并承诺兑换，许多为此国家几经努力，但毕竟黄金有限，而工业化和产业化的发展无限，这就导致许多国家不得不放弃金本位制。最终货币和货币体系的稳定与否，则会演变成产业化能力和国家信用之间的关系。企图建立以自己主导的以本币为表征的货币和货币体系，始终是世界上工业化强国和经济强国的目标。因为这样的货币体系不仅是本国工业化或产业化实力的体现，反过来也有利于本国的经济社会发展，而且这一货币体系还能影响到各国之间产业化发展的走向和速度。当然也会影响到世界各国经济实力的此消彼长。

纵观世界发展历史，特别是近代史，经验告诉我们，一个国家经济增长和发展的良好前景，归根到底取决于产业竞争力的强弱。世界近代史已经充分说明工业化和产业化是一个国家发展的主要动力和主要标志。各国之间经济发展和综合国力的此消彼长，取决于其工业化和产业化的广度和深度，农业和商业可以使民众和国家富裕，但无法使国家强大。只有工业化及与之相适应的产业化才是国家强大的基础。我们不妨以美国和英国为例。

英国是世界工业革命的发源地，也是第一个实现现代化的国家。从18世纪中叶工业革命开始，到19世纪中叶，近一个世纪的发展，使它的发展水平雄踞世界之首，1850年英国生产了世界上60.2%的煤，50.9%的铁。到第一次世界大战前，虽然英国传统产业中的工业已经丧失了世界霸主的地位，但他在海外的投资和资产仍达到40亿英镑，占世界对外投资总额的41%，比第二大对外投资国德国高出一倍以上。也正是依靠强大的制造业和产业能力，英国建立起了号称"日不落帝国"的英联邦。

美国是当今世界的第一大强国，其快速发展也是从产业化和工业化开始的。早在19世纪下半叶，1865年南北战争结束后，美国紧紧抓住电力、化学、汽车等产业化为标志的第二次工业革命的机遇，1882年在纽约建成世界上第一座中心发电站，1890年美国的主要城市普及了大规模集中供电，到1900年，电力和内燃机开始成为主要的动力，到1919年国内总动力的三分之一为电力。这段时间，铁路、钢铁、石油一大批联合企业纷纷成立，极大地推动了美国产业化的进程，同时也使得它开始引领世界产业化的潮流和方向。到19世纪末，美国的工业总产值已经超过英国，成为世界第一。到20世纪初，第一次世界大战前，美国的煤炭产量达到4.74亿吨，超过英国的2.74亿吨，美国的钢铁产量达到2600万吨，超过英国的703万吨，代表工业技术水平的机器工业美国已经占到了世界的51.8%，而英国则下降到了12.2%。

美国在19世纪末20世纪初的经济实力已经超越了英国，无论是人口规模，还是实物产量，以及国际贸易投资的比重，都已经成为世界最大。但即便如此，美国却无法成为完全意义上的世界大国强国。原因很简单，美元无法取代英镑成为世界的核心货币。一方面，1914年，也就是第一次世界大战前，尽管美国已经是世界上头号工业大国，但在世界贸易和对外投资中的比重仍低于英国和德国。另一方面，美国虽然在1864年由联邦国会通过了《国民银行体系法》，在美国历史上第一次出现了统一的货币。但美国的金融体系仍然缺乏强有力的统一的中央银行。第一国民银行或其他银行虽然也在历史上获得国会的授权，获得发行货币的权力，但好景不长，授权期满后即终止。也正因为金融体系的不健全，导致19世纪下半叶和20世纪初，美国的经济混乱和金融动荡时有发生。加之其与英国、德国等国的贸易竞争，所有这些都促使美国上下统一思想，在1913年成立了联邦储备体系，也就是现在经常提到的美联储。由此填补了中央银行的缺位。从今天的眼光去看，这不仅是美国，也是世界金融货币史上划时代的事件。不仅为美国的经济发展创造了货币和银行信用条件，而且由此正式开启了美元与英镑争霸世界的时代。经过第一次世界大战（1914—1918年）和第二次世界大战（1939—1945年），美国的经济实力大增，跃居世界首位。即便如此，美国还是没有耐心地等待美元"自然而然"成为世界的核心货币。而是通过 1944 年 7 月（要知道当时二战尚未结束）的布雷顿森林会议，敲定《布雷顿森林协定》，从法律上确立了美元作为世界核心货币的地位。布雷顿森林体系规定美元与黄金挂钩，一盎司黄金等值 35 美元，其他各国的货币则与美元挂钩，各国中央银行有义务共同维护本国货币与美元的汇率稳定。至此，不仅美国的经济有了稳定的货币条件，就是对于世界经济来说，也有了稳定的货币环境，世界经济也由此开启了较长时间的稳定增长周期。

从以上的回顾中我们可以看到，自 18 世纪中叶的工业革命以来，已有 250 年的历史，其中前 150 年（以 1914 年第一次世界大战为标志），尤其是 1816 年英国法定实行金本位制，1880 年世界主要工业化国家推行金本位制，英镑逐步成为世界的核心货币，或者说英镑处于世界货币体系的主导地位。英镑既适应了英国工业革命后生产力大发展的需要，也为英国成为世界强国创造了条件。从 19 世纪末开始，美国谋求美元取代英镑，虽然有强大的工业能力和经济实力作支撑，但由于种种原因，包括其自身银行体系的不健全，到第一次世界大战前，都收效甚微。经过两次世界大战后，到 1945 年，美国携两次世界大战中积累的雄厚的经济实力，也得益于自身银行体系的完善和现代化，终于使美元成为世界的核心货币。同时美元的核心货币地位反过来也大大加强了美国经济的实力。如果说没有英镑和美元成为世界核心货币这个条件，英国和美国在世界上"各领风骚上百年"是不可想象的。这是世界近代史中，由于工业革命，也由于货币体系的现代化，英镑和美元先后主导世界经济大格局的真实写照。而从 1945 年开始至今的近 80 年中，美元一直充当着世界的核心货币，其币值的稳定与否，自然就关系到世界经济的稳定和持续发展。在前面粗线条回顾产业化、货币及货币体系关系后，也就是我们初步建立了产业化和货币或货币体系联系的基础上，有必要对 1945 年以来的时间段进行放大，看看美元的稳定与经济发展到底存在怎样的关系。这是我们展开下一节讨论的原因之一。

另一方面，在现代条件下，货币和金融对经济发展和产业结构调整的影响越来越大。按理说全社会拥有或者创造了多少财富，就应该有多少货币与之相配套。但这种情况只存在于货币实行金本位制的条件下。随着人类货币史上金本位制的逐步谈出，尤其是现代银行体系建立后，通过"储蓄—贷款—再储蓄—再贷款"，导致银行信用的急剧扩张。货币的增长远远高于生产力的增长，也可以说货币的"创新"快于产业的创新。这就带来了两个问题，一是产业创新跟不上货币的增长，货币出现贬值。二是由于货币本身具有逐利的本能，货币对产业创新的介入程度加大，加上货币数量的增加，货币对产业创新的引导作用也就更加明显。本轮世界经济危机是由金融危机所引起的，各国应对经济危机当中往往又都以采用金融货币政策为主要抓手。因此，有必要对金融危机的本质和二战以后美元主导的货币体系进行深入的讨论，找出货币体系和产业调整之间的关系和规律。这是我们展开下一节讨论的原因之二。

还有，熊彼特分析经济波动时，提出了 60 年左右为一个经济长周期的理论，而且每一个长周期对应着新的技术革命，每一个长周期当中包含着若干个中周期，也对应着若干个技术创新。1945—2008 年美国金融危机发生，刚好 63 年，恰恰符合一个长周期的标准，这当中是否存在若干个经济波动周期，技术创新的作用又是怎样。当然我们主要还是再仔细看看这当中货币和货币体系的作用。近年来人民币国际化的话题经常被提起，看看能否从中得到什么启示。这是我们展开下一节讨论的原因之三。

第三节　金融危机

一、金融危机的本质

二战以后，美国是世界经济的发动机和领头羊，也是 2008 年金融危机的发源地。应该说这两方面都与美元的地位有关。布雷顿森林体系后，美元又一直扮演着世界金融体系中基准货币的角色，可以说是货币中的货币。因此分析美国经济发展和美元币值稳定就是认识金融危机的钥匙。

金融危机后，大家最直接的感受就是货币不值钱了。同样的房子，价格下跌，但房子的面积并没有减小，甚至连砖头也不少一块。例如，炼钢用的铁矿砂，价格腰斩了，但矿山资源短期内既没有大量增加也没有大量减少啊，何以如此？前者是生活中的例子，后者是生产中的现象。可见金融危机既影响生产，也改变着生活。与普罗大众息息相关。实际上金融危机中改变的不是房子，也不是矿山资源，而是货币本身。笔者认为金融危机的本质是货币参照系发生了急剧的变化，是货币本身的价值尺度发生了改变，导致市场混乱失序，从而使得经济发展失去动力和方向。就像我们以前学习物理学得到的知识一样，前后相距一千米的两车，以一定的速度向前运动（为了简便这里仅以直线运动为例），如果大家都以 60 千米/小时的速度运动，永远不会发生相撞（追尾）事故。这里的速度 60 千米/小时有一个很重要的前提，就是大家都以静止的地面为参照物。如果相互之间互以对方为参照物，那就是相对速度为零了。如果改变参照物，后车相对于前车的速度是 60 千米/小时，那么后车相对于地面的速度就是 120 千米/小时了，其结果也就可想而知了。同理，经济生活中的价值尺度和自然界中的运动速度一样，都要有一个特定的或稳定的参照系，货币就是扮演着所有商品和生产要素的参照物作用，只有它的稳定，才能正确表示出万物的价值以及相互的比价，一旦它不稳定了，其影响和结果，也就不难想象了。2008 年开始的经济危机，大家都期待它走出一个"V"字形走势，经济能够尽快复苏，可是事与愿违，到目前为止，经济走势还是"L"型。通过上面的分析，可以认识到，经济发展要想走出危机，转入新一轮的发展，首先货币要稳定。换句话说，货币的稳定才能构成了摆脱金融危机并让经济转入增长轨道的必要条件。当然除了必要条件外还需要有充分条件，这里的充分条件就是技术创新或技术革命。

本轮经济危机是由金融危机引起的，它与以往的经济危机有所不同。原来意义的经济危机，它的主要表现形式是从市场失衡开始，市场萎缩，供大于求，导致库存增加，成本上升，生产下降，就业困难，进而致使经济失衡。而本次经济危机是由金融危机引起，具体地说是资产结构和资产价格的动荡，引发了货币的混乱，从而打破了整个经济环境的参照系，尤其是大宗商品、主要资源及主要服务业价格（如海运指数）剧烈变动，使得国民经济各部门找不到新的定价依据，导致生产萎缩，贸易增长乏力，投资意愿下降。特别是构成美元货币锚之一的石油（下面会具体介绍）就表现得特别激烈，2008 年 7 月，也就是金融危机集中爆发时，石油价格曾突破 140 美元/桶，达到 143.8 美元/桶，但到 2015 年初，跌到了 60 美元/桶，2015 年的下半年又跌到 30 美元/桶。石油价格走势，用"过山车"来形容，一点也不为过。大家知道，石油现在不仅是主要的能源，而且还是主要的基础原料，试想石油化工产品的生产商，面对这样的市场环境，他在哪个价位购进原油才是合理的？对比 140 多美元/桶的价格，他在价格 60 美元/桶的时候大量采购是合理的，似乎还应该囤积一些。但谁又能想到不到半年时间，石油价格居然低于 30 美元/桶，如果他当时大量囤积，不就是"冤大头"一个了？实际上，当时我们国内有一些煤化工项目上马，以期代替价格日益见长的石油，当时的测算，石油价格在 80 美元/桶以上，项目是可行的，是有盈利的。但现在石油价格到了 30 美元/桶以下，显然就陷入窘境。所以说，与其说是石油的价格不稳定，不如说是美元的价格不稳定。因此，货币的不稳定，货币体系的不稳定，这才是金融危机的本质。

二、牙买加货币体系

二战以后，决定世界货币体系的主要依据是布雷顿森林体系和牙买加体系。布雷顿森林体系前面已经多次提及，内容也相对简单，这里不再作专门介绍。牙买加体系内容相对复杂，而且也在继续发挥着影响。所以这里有必要作深入的了解。

1971 年 8 月，美国总统尼克松宣布停止美元与黄金的兑换，鉴于世界货币因此失去了规则或次序，国际货币基金组织于 1972 年 7 月成立了一个专门委员会，研究国际货币制度的改革。该委员会于 1974 年 6 月提交了《国际货币体系改革纲要》。1976 年 1 月，国际货币基金组织在牙买加首都金斯顿召开会议并签订了协议，同年 4 月国际货币基金组织理事会通过了《IMF 协定第二修正案》。至此新的国际货币体系产生，史称"牙买加体系"。

牙买加体系的主要内容可以归纳为以下几点：

（1）实行浮动汇率制度。

1971 年 8 月美国关闭黄金窗口后，曾在当年 12 月，与日本、德国（西德）等国签订《史密森协议》，规定美元与日元、马克等主要货币的汇率。同时规定美元与黄金的比价从 35 美元一盎司黄金，调整到 38 美元一盎司黄金，贬值 7.89%。试图在美元适当贬值的基础上，重新建立新的国际货币体系。但由于之前长期实行金本位制，压制了汇率的波动，现在货币一旦与黄金脱钩，就像脱缰的野马难以控制，各国再也无力维护固定汇率。事实上到 1973 年，西方主要国家都已经转变为浮动汇率制。

（2）废除黄金条款，各国中央银行可以按市场价格自由进行黄金交易。取消成员国与国际货币基金组织之间用黄金结算的规定。

（3）增强特别提款权的作用。

牙买加体系的确立是一个划时代的历史事件。牙买加体系的内容包括浮动汇率合法化、黄金非货币化和储备货币多元化，它的本质是货币从贵金属本位制向信用本位制的转变。

早在 200 多年前，也就是 1717 年，英国大科学家牛顿在担任伦敦铸币局局长时确定了英镑的黄金含量，这是在英国工业革命开始前半个世纪。到 1816 年，英国法定了英镑的黄金比价，这是在英国工业革命后半个世纪。这就说明无论是工业革命前还是工业革命后，人们都认为金本位制是最好的，至少是合理的。实际上，黄金作为自然矿产，世界上的黄金储量总是有限的。而工业革命后产业化创造的财富，随着时间的推移，理论上讲是无限的。货币作为衡量财富的价值尺度，既要与有限的黄金挂钩，又要与产业化创造的无限的财富挂钩，这就产生了一个无法解决的矛盾。用经济学的话讲，货币（黄金）相对于经济发展永远存在通货紧缩。在 19 世纪末已经有人认识到这个问题，20 世纪初世界经济出现大范围的动荡，也有人把它归结为这个原因。但到 1945 年的布雷顿森林体系又回到了金本位制。该体系虽然对于二战后的世界经济增长发挥了积极的作用，但终因其内在的矛盾，不到 30 年，被牙买加体系代替。

信用本位制并不是什么新鲜事物。许多国家中央银行成立后，政府授权央行发行货币，就是以政府的信用担保。大家并不觉得有什么不适。但是这种货币的信用本位制应用到国与国之间的交易、结算和保值，问题就产生了，这当中因为已经不是一个政府了，而是有多个政府的信用在起作用。一方面，面对实际问题和具体情况时，很难说各国政府都能步调一致。另一方面，各国的产业化发展也不可能永远同步，经济实力总会此消彼长，货币作为价值尺度必然要反映这种变化。这样一来，货币的信用本位制也就难以"信用"了。但世界经济社会的发展又不能没有稳定的货币和货币体系。怎么办？这个问题理论上解决不了，也没有时间来解决，只能在实践中探索。既然"信用本位制"又无法做到"信用"，而货币（指纸币）本身的价值又很低，那么比较好的也是比较现实的办法只好是寻找一个"组合锚"来进行"锚定"，使得货币的币值不至于"无所适从"。现实的情况是：牙买加体系出现后，至今已有 40 年，美元仍然是世界上的核心货币，或者说是货币中的货币。只是黄金已经不是美元唯一的"货币锚"了，之前美元仅与黄金挂钩，或者说"锚定"黄金。现在美元的货币锚就逐步演变为"组合锚"（组合式的锚）。现在美元的"组合锚"主要是黄金、石油及与世界上主要货币的汇率。首先，黄金由于它的稀有性和金本位制的惯性，仍然是美元的锚之一。其次，石油作为重要的战略资源和石油美元的战略安排，也已经成为美元的锚之一。1973 年 10 月的第四次中东战争后，美国与沙特等 OPEC 国家多次谈判并达成协议，规定只用美元作为唯一的石油定价和结算的货币，同时，把销售石油所取得的美元通过购买美国国债方式再回流到美国。由此石油与美元挂钩成为世界"共识"。再次，由于世界经济多元化的出现并且符合人类历史的发展规律，各主要国家货币的汇率也已经成为美元的锚之一。笔者认为在可以预见的将来，这种三足鼎立的大格局仍将存在，但三者的具体比例、战略资源的组成、主要国家货币汇率的比重还会发生变化。

上述已经讨论了金融危机的本质及二战后国际货币体系中的布雷顿森林体系和牙买加体系，这样就容易了解二战后美国经济波动的成因和现象。

三、美元稳定与美国经济波动

还是一以贯之的观点，稳定的货币和货币体系是经济发展的必要条件。前面章节已经了解了大时段的货币与产业化发展的关系，下面在一个相对较短的时间段中，认识美元与美国经济发展的关系。同时，还要提出，产业化发展乃至整个经济发展除了货币稳定的必要条件外，还必须要有充分条件，这个充分条件就是重点产业的技术创新。

我们选择从 1945 年二战结束以来，一个更短的时段，来看看货币与经济的关系，也就是 70 年左右的时间，与 200 多年的时间，是否有相似的规律。下面给出美国 1945—2008 年的经济增长和通货膨胀的对比图（见图一）。

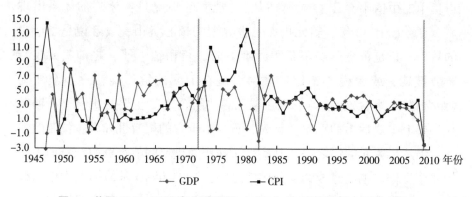

图一　美国 1946—2008 年经济增长（GDP）和通货膨胀（CPI）对比

注：第一阶段：1945—1971 年；
　　第二阶段：1972—1982 年；
　　第三阶段：1983—2008 年。

从图中可以发现，依据 GDP 与 CPI 的对比，1945—2008 年，美国经济发展可以分为三个阶段。1945—1971 年为第一阶段，该阶段经济总体呈现增长；1972—1982 年为第二阶段，经济发展出现了滞涨，该阶段 CPI 都是高于 GDP；1983—2008 年为第三阶段，该阶段经济总体也是增长的。可以说二战后美国经济发展经历了稳定发展、动荡、再稳定发展和危机发生（又动荡）的 4 个阶段。进一步分析还可以发现美元币值稳定与美国经济的发展阶段存在高度的相关性。换句话说，凡美元稳定时，经济就稳定发展；经济不稳定时（危机时），也是美元必不稳定时。

第一阶段，1945—1971 年，历时 26 年。美元稳定，经济持续增长。

1944 年，布雷顿森林体系确立。规定美元与黄金挂钩，每盎司黄金兑换 35 美元，如有需要，美国按此价格与各国兑换。同时各国央行有义务维持各自货币与美元的汇率稳定。也就是说黄金是美元唯一的货币锚。显然这个阶段，美元是稳定的。美国的经济获得了持续的增长，经济增长率大部分时间高于通胀率（见图一），也带动了世界经济（主要是西方经济）的增长。

前面已经提到产业发展和经济增长除了货币稳定这个必要条件外，还需要一个必不可少的充分条件——技术创新引起的主导产业突破性的发展，从而产生革命性和爆发式的市场需求变化，进而带动各个产业的发展和经济的增长。这一阶段构成充分条件的技术创新和主导产业首先是核能的应用，美国在第二次世界大战后期成功研制出原子弹后，分别在 1954 年和 1957 年建成了世界上第一艘核潜艇和第一座商用核电站。可见核能技术的应用已经渗透到国民经济的发展当中。其次还有航空航天技术的发展，美国在 20 世纪 50 年代大规模推广使用了喷气飞机，更有标志性的突破就是 1969 年 7 月 20 日美国宇航员成功登上月球。这些新技术的产业化应用，也就构成了经济发展的充分条件。极大地带动了其他产业的发展，也促成了经济的稳定增长。

第二阶段，1971 年 8 月—1982 年。这个阶段历时 11 年。

这个阶段，美元的币值极不稳定，使得美国的经济发展缓慢，而通货膨胀高企。从图一中可知，这个阶段美国的通胀率均高于经济增长率。特别要引起注意的是，这个阶段也是美元的货币锚从单一锚向组合锚过渡的时期，这不仅是美元，也是世界货币史上具有特殊意义的事件。这标志着世界主要货币从金本位制向复本位制的转变，或者说从贵金属本位制向信用本位制转变（尽管这一次的复本位制与历史上的复本位制具体内容不同）。

美元的货币锚除了黄金外，尝试着增加新的锚内容。1971 年 8 月 15 日，美国总统尼克松宣布停止按一盎司黄金 35 美元的比价兑换，史称"关闭美元黄金兑换窗口"。美元失去了唯一的货币锚，开始大幅度贬值。美国经济也由此开始了 11 年的动荡。这 11 年中，通货膨胀超过 5% 的就有 10 年，而经济增长超过 5% 的只有 4 年。经济负增长的就有 4 年。

为了适应经济发展的需要，美元的货币锚逐步向由黄金和石油的美元价格，以及与主要国家货币的汇率共同组成的组合锚演变。这当中既有客观的原因，也有主观的因素。

先看黄金，1971 年 8 月关闭黄金兑换窗口后，美元与黄金的比价迅速上升，到 1982 年初，上升到 384 美元/盎司，变动幅度达到 1711%。1980 年 1 月 21 日，还达到 850 美元/盎司。可见这个阶段美元与黄金的比价极不稳定。

再看石油，1967 年，世界石油消耗超过煤炭，在一次能源消耗中占到 40.4%（煤炭是 38.8%）。后来美国同沙特签订协议，明确美元作为石油的唯一支付货币，石油作为战略物资，具有了金融功能，成为货币锚之一。1971 年石油的价格是 10 美元/桶，到 1982 年是 69 美元/桶。11 年时间变动幅度为 690%。1979 年和 1980 年还曾达到 89 美元/桶和 90 美元/桶。可见这阶段美元与石油的比价也是极不稳定的。

最后看汇率的情况，布雷顿森林协议实际上是固定汇率体系，关闭美元黄金兑换窗口，也就宣告了固定汇率体系的终止。1976 年国际货币基金组织理事会讨论了《国际货币体系改革纲要》并签署协议，史称"牙买加体系"。正式引入了统一的浮动汇率制。

当时西方的重要经济体是英国，美元和英镑的汇率这一阶段也发生了较大的变化，从 1971 年的 2.44 美元/英镑，上升到 1982 年的 1.75 美元/英镑，11 年时间波动 28.3%。这个阶段德国（西德）和日本的经济发展较快，两国很快成为西方主要经济体。他们与美国之间的贸易出现逆顺差的反转，经济格局可谓此消彼长。美国借用行政力量，通过协议的方式，让马克和日元大幅升值。例如 1971 年 8 月关闭美元黄金兑换窗口后，当年的 12 月 18 日，通过史密森协议，规定马克兑美元的汇率是 3.22，日元兑美元的汇率是 308。与关闭美元黄金兑换窗口前相比，不到半年时间，马克和日元分别升值 12% 和 14%。到 1982 年时，这两个汇率分别达到了 2.29 和 220。10 年时间又分别升值 37% 和 39%。

由上可见，这个阶段美元的币值不稳定。美元与黄金脱钩后，试图寻找新的货币锚。经过 10 多年的努力，也是不断地"试错"，美元转步形成了新的"组合锚"。这既有市场"无形之手"的作用，也有政府"有形之手"的作用。

第三阶段，1983—2007 年，历时 25 年。

这个阶段，美元经过前一阶段的适配，形成了新的组合锚并趋于稳定，美国经济又得到持续稳定发展。

同样先看黄金价格，从 384 美元/盎司（1982 年）到 923 美元/盎司（2008 年初），25 年时间变化为 240%。与第二阶段 11 年时间波动 1711% 相比，范围小多了，而且大部分时间基本上处于 500 美元/盎司左右。

再看石油价格，从 69 美元/桶（1982 年）到 99 美元/桶（2007 年），实际上 2006 年还是 66 美元/桶，之前的 24 年都没有超过 60 美元/桶。应该说也是相当稳定的。

最后看美元与主要货币的汇率，美元与英镑的汇率从 1982 年的 1.75 到 2008 年的 1.85，变动的范围很小。这个阶段美元与日元和马克的汇率变化虽然比较大，但仔细分析可以发现，汇率大幅变动主要发生在 1987 年之前，特别是 1985—1987 年的三年时间。美国在 1985 年 9 月，通过"广场协议"迫使两者的汇率大幅上升，马克与美元的汇率从 1985 年的 2.80 到 1987 年的 1.76。日元与美元的汇率从 1985 年的

200 到 1987 年的 122，三年时间变动幅度分别为 37% 和 39%。1987—2008 年，近 20 年时间变动幅度反倒小得多，以日元与美元的汇率为例（马克 1999 年后为欧元代替），除了 1995 年和发生金融危机的 2008 年分别是 83∶1 和 90∶1 外，其余年份波动不大。

由此可见，该阶段美元币值的组合锚正式形成并相对稳定。这样就为美国经济持续稳定的发展创造了必要的条件。

该阶段促成美国经济稳定增长的充分条件，也就是技术创新带来的主导产业突破是计算机和互联网信息技术的推广应用。技术创新带动了产业化发展，创造了市场需求革命性的变化，进而推动着新一轮技术革命的发展，为经济增长奠定了基础。

第四阶段，2008 至今，已经 8 年。

正如大家所感觉到的那样，金融危机的影响还没有消除。这也与美元的不稳定有关。

黄金价格，2008 年的黄金价格是 923 美元/盎司，2011 年曾经高达 1813 美元/盎司，目前又在 1100 美元/盎司左右。

石油价格，2008 年 1 月突破 100 美元/桶，2008 年 7 月曾超过 140 美元/桶，后来又跌倒 60 美元/桶左右，持续了一段时间，但 2015 年又快速下跌，如果以相对数字表示，短短一年内，降价 50% 以上。可见价格仍未趋向稳定。就如前文所说，生产商无所适从，投资家难以判断。下游产品是降价还是涨价？上游厂家是稳产抑或减产？莫衷一是。经济又何以企稳？

从汇率看，先是美元的量化宽松，又是欧洲主权债务的危机，后是日元的负利率。日元与美元的汇率，从 120∶1 跌到 80∶1 左右，据说现在日本政府的目标又是要回到 120∶1 左右。美元与欧元的汇率也不稳定。这一阶段的世界经济，也就是大家现在所见到的是"L"型了。

综上所述，二战后美国经济发展的 4 个阶段，先是 26 年的高速发展，后是 11 年的动荡，接着又是 25 年的稳定增长，随后金融危机发生。周期循环是否在暗示着什么？经济发展的规律是：稳定（货币是主要因素之一）促进了发展，发展积累的矛盾又会打破原来的稳定，这时就需要寻找新的平衡，为下一轮发展创造必要条件。当然已如前述经济发展除了必要条件外，还需要充分条件，那就是新的技术革命，这在后面的文章再加以讨论。

通过以上分析，可以看到目前美元仍未趋稳，而且随着世界经济的发展，美元原有组合锚的成分已经不能完全反映世界经济的新情况，这也是世界经济仍未走出金融危机影响的重要原因之一。简而言之，世界经济要转入新的可持续或能持续的发展阶段，仍然需要稳定的货币体系，不可否认美元仍然是世界上最重要的基础货币，而美元的稳定需要寻找新的组合锚。根据世界经济新的发展情况，笔者以为将来美元新的组合锚应该还是黄金、战略物资的价格和主要货币的汇率。但内部的构成会发生一些变化。首先，黄金由于其自然属性和历史原因，仍将是组合锚之一。其次，石油作为战略资源也不会从中排除，但根据新技术的发展，特别是信息技术的发展，作为信息技术物质基础的稀有金属将会成为重要的战略资源，和石油一起构成美元组合锚中的战略资源成分组。最后，美元与主要货币的汇率，将会是欧元、英镑、日元和人民币。当然这也是人民币国际化的方向之一。

美国是世界经济强国，一定程度上得益于其金融谋划能力。1944年，二战尚未结束，美国就促成了布雷顿森林协议。20世纪60年代末和70年代初，美国已敲定了石油美元协议。20世纪70年代，美国又推动了"牙买加体系"的浮动汇率制，又在80年代前期与英法德日等国签订了"广场协议"，要求各方联合干预汇率。这一系列动作未雨绸缪并且谋定而动令人叹为观止，应该引起我们的思考。

在上一章了解了货币与产业化相互关系的基础上，本章我们又重点讨论了金融危机的本质和货币稳定与经济增长的相关性。目的是想从更加浓缩的时间段，更短周期的经济被动来加深认识产业化和货币体系两者之间的关系，应该说两者之间存在互为条件又互为因果的关系。当然这些讨论也有助于我们从自身能够亲身经历和体会到的感性认识上升到理性思考，无疑这些思考也是有助于面向未来的思考。而未来的发展首先面临的主要因素就是创新。本轮的经济危机是由金融危机引起，借用一个成语：解铃还须系铃人。既然金融危机引发了经济危机，那么可否从金融工具当中找到方法，或者说应用金融工具来促进创新，促进技术创新和制度创新，从而带动经济转入新的发展阶段和良性循环。当然"高大上"的讨论目的还是要"接地气"。联系到开发区发展的新阶段，就应该有更加主动和自觉的认识。开发区作为改革开放的窗口，现在又已经有了良好的产业基础，运用金融工具促进技术创新和制度创新，有这方面的条件和优势。这也是本篇的主题之一，下面就从技术转让、融资租赁和风险投资（投资基金）三个主题展开讨论。

第三章 开发区创新发展与金融工具

从事开发区工作的人都有切身体会，最缺少的就是资金，特别是早期第一批国家级开发区建立时，我们国家仍然处于计划经济时代，国家对开发区不安排建设资金，当时也没有通过资本市场融资一说，甚至在开发建设的前期还没有土地出让的机制。开发区的起步建设除了依靠银行贷款外，剩下的只能是削尖脑袋招商引资了。经过 30 多年的发展，现在我国金融领域的改革开放成绩斐然，大家有目共睹。特别是大量的金融创新，不仅对我国的现代化建设起到了有力的促进作用，也为开发区的产业转型升级和创新发展提供了更多的金融工具和路径选择。具体联系到如何实现产业和金融的良性互动来说，就是必须做到产业链和创新链、价值链三者之间的有效联结和跃升。众所周知，不同的产业链对应着不同的价值链，这是不难理解的。同时产业链的扩展会推动价值链的提升，也是显而易见的。那么如何通过产业链的延伸或者产业链的跃升来实现价值链的增加呢？笔者认为这就需要创新链的引入和渗透。我们不妨从投入与产出的角度来分析，可以把产业链理解为投入（不同的产业链反映着不同的投入），把价值链理解为产出（生产或创造出多少价值）。衡量它们（投入和产出）的共同尺度都是货币。现在要使创新或创新链成为产业链和价值链之间的桥梁，自然也要找到共同的尺度，那就是货币。经过对前面章节的讨论，我们已经知道创新就是对各种生产因素进行新的组合，而各种生产要素都可以用货币来表示。自然创新也就离不开货币。换句话说，既然产业链、价值链和创新链三者之间的"共同语言"都是货币，那么货币的运用方式，也就是金融工具就可以成为这三者之间的媒介。不仅如此，经验还告诉我们金融工具还是诱导和刺激创新的重要"酵素"。简而言之，通过金融工具就能更好地将创新或创新链渗透或嵌入产业链，从而撬动和促进产业链的跃升和价值链的提高。所以我们讨论创新发展时，就不能不联系到货币条件和金融工具。可以进一步说，只有结合了金融工具和货币的因素，创新发展才是可操作的和可衡量的，才能有效实现和可持续发展。以下结合笔者多年的体会和开发区的特点，对创新发展特别是结合产业创新的特点，如何选用金融工具谈些想法。

第一节　技术贸易

技术贸易是技术转让的一种主要形式，严格来讲，技术贸易并不属于金融工具，但是技术贸易会涉及技术和知识产权的资产评估和作价，技术也往往作为资本品的投入，也就是技术入股和技术投资，在财务会计核算上不同于一般的商品贸易，会受到相关法律法规的约束，这就与金融工具或资本投入有关。所以也把它放在这里讨论。

早在改革开放初期，我国提倡在原有的生产设备和厂房的基础上，通过引进技术，进行技术改造。因此，以技术贸易为主要形式的技术转让一段时间受到广泛的重视。20 世纪 80 年代初，笔者曾在宁波市二轻局负责技术引进和技术改造工作，参与过数个技术转让项目的谈判和实施。到开发区工作后也接触到这方面的工作。建于 1989 年的宁波开发区中外合资华旭化学有限公司，就采用了技术贸易的方式。笔者当时曾作为中方项目考察组负责人，参与了技术贸易和技术引进的谈判等工作。事实证明，技术转让和技术改造是一种节约资源、缩短建设周期、快速进入市场的好方法。但近 10 多年来，技术转让和技术贸易相比于其他投资方式和金融工具，似乎有些不受待见的境况。反倒有渐渐被人遗忘的感觉。

根据中国科学技术发展战略研究院发布的《国家创新指数报告2013》，我国研发经费长期快速增长，2012 年达到 10298.4 亿元，居世界第三位，占全球比重由 2007 年的 1.7%提高到 11.7%，但我国科技成果转化率仅为 10%左右，远低于发达国家的 40%的水平。这说明我国的产学研用仍存在较明显的脱节现象。这当中技术转让或技术贸易的方式没有得到应有的重视和大力推动是一个重要的原因。投资者似乎更钟情于新建项目，因为在资本市场中，这种做法更吸引眼球。就开发区来说，另一个原因可能是有些人希望借新建项目获得价格优惠的土地资源。对技术改造当中的技术转让和技术贸易方式反倒有所淡化。现在各地开发区的土地资源越来越紧张。大家普遍将发展的动力转到技术创新上。另一方面，从科研机构和科研人员的角度看，对技术转让也经历了一个不了解到逐步了解的过程。对技术转让不了解，自然难以推动技术转让，但了解了技术转让，有时也会产生片面的情况，因为高度相信自己的技术，却忽略了市场化和商业化的机制和规律，科研成果的推广应用往往出现"起了个大早，赶了个晚集"的现象。

现在经济发展的客观形势有了变化，有利于技术贸易和技术改造的各种措施重新受到重视。以上海为例，上海已经明确提出要把中国（上海）国际技术进出口交易会作为建设上海具有全球影响力的科技创新中心的重要措施之一，2016 年的交易会上推出了"国家重大科技项目获奖企业""国内知识产权优势企业"和"国家级知识产权示范和专利金奖企业"的专门展区，以此突出和推动技术与资本的紧密结合，推动技术贸易的意图非常明显。我们应该充分认识技术转让对于建设资源节约型社会的重大意义。积极推广应用技术改造的方式来促进开发区的技术创新和转型升级。2015 年 8 月全国人大常委会发布实施经修改的《中华人民共和国促进科技成果转化法》，在下放科技成果处置权、收益权，强化对技术人员的激励，完善科技成果的考核评价体系，加强技术贸易服务，促进科技成果信息公开化等方面都有重大突破，为技术贸易创造了新的大好环境。值得开发区技术创新当中认真研究。

这里我们不妨了解一下美国这方面的情况，美国是一个非常重视技术转让和技术贸易的国家。从 18 世纪初到 20 世纪的 200 多年中，无论是科学革命还是技术革命，美国都不是主要的发源地，对现代工业奠定基础的科学理论和技术突破，如力学和蒸汽动力学产生在英国，化学和材料合成产生在法国（拉瓦锡）和俄国（门捷列夫），电磁理论产生在德国（欧姆）。但美国人非常重视科学技术的应用，这当中自然包含着技术转让和技术贸易的因素。比如应用蒸汽动力的航船，应用电磁转换原理的中心发电厂，都首先出现在美国。乃至于真正意义上的大规模生产和销售的汽车，也是通过福特公司实现。所有这些现象，原因当然很多，但其中美国很早就建立并一直重视专利制度不能不说是很重要的一条原因。早在 1790 年，也就是美国 1789 年选出第一届国会后的第二年，美国国会就制定了保护专利的法律，成立了专利商标局。更令人注意的是，美国的开国元勋、独立宣言的主要起草人、第三任美国总统杰斐逊担任了专利商标局的首任局长。由此可见，美国对专利技术、对知识产权的保护以及对技术的转让和应用是多么的重视。

2015 年 8 月 29 日，第 12 届人大常委会第 16 次会议对《中华人民共和国促进科技成果转化法》进行了重大修改，这可以看成为国家对技术转让工作的重大推动。我们不妨摘录几条来说明。

第九条："国务院和地方各级人民政府应当将科技成果的转化纳入国民经济和社会发展计划，并组织协调实施有关科技成果的转化"。

第十条："采用财政资金设立应用类科技项目和其他相关科技项目，——应明确项目承担者的科技成果转化义务。"

第十八条："国家设立的研发机构、高等院校对其持有的科技成果，可以自主决定转让、许可或者作价投资，但应当通过协议定价，在技术交易市场挂牌交易、拍卖等方式确定。"

第四十三条："国家设立的研发机构、高等院校转让科技成果，所获得的收入，全部留归本单位"。

第四十五条：明确科技成果转让、作价投资的，属于职务发明的收入 50%归有关人员。

从以上内容可以看出，这次修改有了几个方面的突破，一是将科技成果的转化列为法定目标，如必须列入政府计划，国有科研成果有转化的义务。二是国有科研成果的自主权下放到项目单位，科技成果转化的收入全部由项目单位决定，而不再是财政或其他管理机关决定。三是科技成果转化的收入，即使是属于职务发明的，其中 50%可以归个人，此前只有 20%。在《中华人民共和国促进科技成果转化法》修订后，紧接着 2016 年 3 月，国务院又发布了《促进科技成果转化的若干规定》

（国发〔2016〕16号），2016年5月，国务院办公厅又公布了《促进科技成果转移转化行动方案》（国办发〔2016〕28号）。不到一年时间，从法律到规定，再到行动方案，环环紧扣，层层递进，逐步深化。所有这些都给社会一个强烈的信号，国家对科研成果的转化是高度重视的，是要下决心推动的。

综上所述，技术转让和技术贸易是实现科研成果转化进而推动技术创新的非常重要又非常现实的途径。是经济发展进入新常态后，国家大力推动的创新发展的重要措施之一，也是开发区创新发展的重要手段。同时，也应该看到开发区作为一个成立时间不长的区域，大学和科研机构数量少，科研实力相对产业基础来说仍然薄弱。我们提倡的技术创新是"自主"创新，而不是局限于"自己"创新。通过技术贸易和技术引进来推动创新发展就成为一个非常重要而又非常现实的途径。换句话说，开发区更应该以开放的姿态欢迎新技术，进行技术改造，提升产业发展水平。因此，有必要对技术贸易进行详细的讨论。

一、技术贸易的概念

技术贸易是技术转让的一种方式，或者说是有偿的技术转让。技术转让中的技术包括两类内容。一类是有工业产权的技术，如专利、商标、实用新型与外形设计等。这类技术是受有关国家的工业产权法保护的。另一类是无工业产权的技术，主要是专有技术（Know How）。专有技术的内容主要是通过图纸、设计方案、人员指导、技术说明书等予以表示或传授。技术贸易是以无形的技术知识作为买卖标的的交易，虽然在具体业务中，有时一笔技术贸易往往既包含技术知识的买卖，也包含作为部分技术转让载体的机器设备的买卖。但无论如何，在技术贸易中必须要有无形技术知识的成分。如果在一笔具体交易中，只涉及机器设备的买卖，而不带有任何无形技术知识的因素，如商标、专利、专有技术的使用权，或以咨询、设计、安装、培训等方式传授技术知识。那么，这种交易就不属于技术贸易或技术转让，而只是一般的货物买卖交易。认清这一点在法律上具有特别重要的意义。因为在各国，对于一般货物的买卖合同，主要适用于合同法和买卖法的有关规定。而对于技术贸易合同除了适用合同法的一般原则外，还必须受制于工业产权法和技术转让的有关规定。许多国家还规定，技术贸易的有关协议必须呈报政府部门批准。而货物买卖合同一般没有这样的要求。

二、技术贸易的方式和特点

技术贸易的方式有：

（1）许可证贸易（Licensing）；

（2）咨询服务（Consulting Service）；

（3）交钥匙合同（Turn Key Contract）；

（4）承包工程合同（Contract For Works and Installations）；

（5）合作生产（Production Cooperation）；

（6）补偿贸易（Compensation Trade）；

（7）特许专营（Franchising）。

与一般的商品贸易相比，技术贸易的特点是：

（1）贸易的标的是无形的，非物质形态的；

（2）多数情况下，所有权并不随贸易发生变化，可以再次进入市场进行贸易；

（3）买卖双方一般是同行，而且卖方面临一个新的竞争对手，而买方则面临对方技术和其他方面的控制；

（4）技术发明人或所有人最初的目的一般不是出售，而是占有和控制。

三、技术贸易的价格

从理论上讲，商品的价值或价格应取决于生产该商品的必要劳动时间。但实际上，技术贸易的特点决定了技术的价格具有特殊性和难有统一的估价性。这是因为：（1）技术的必要劳动时间无法精确计算；（2）一项技术相当于单个产品，难以同类比价；（3）必要劳动时间与具体成果不成比例，正如马克思所说："对脑力劳动的产物——科学——的估价，总是比它的价值低得多。因为再生产科学所需要的劳动时间是无法相比的。例如学生在一小时内就能学会二项式定理。"但研究二项式定理所花的时间恐怕就不能以小时计算了。所以，技术贸易中，交易双方总是根据该技术应用后所能产生的经济效益为基础，来确定技术贸易的价格。换句话说，技术贸易的价格是以社会或市场承认为基础，而不一定与其投入的成本成比例。

不同的技术贸易方式，其具体的定价方法也不完全相同。本文以许可证贸易的定价和支付方式为例展开讨论。这不仅是因为许可证贸易是技术贸易的主要形式，而且也因为许可证贸易的定价具有技术贸易定价的典型特点。了解和掌握了许可证贸易的定价和支付方式，相信会有触类旁通的作用。

许可证贸易是交易双方通过签订许可证协议（Licensing Agreement），被许可人据此取得许可人拥有的技术，享有使用此项技术，制造并销售某种产品或提供服务的权利，即取得技术的使用权、产品制造权和销售权。许可证协议可以依据被许可人是否取得许可证项下的专利、专有技术或商标的独占使用权或排他使用权而有三种不同的类型。

（1）独占许可证（Exclusive License）；

（2）排他许可证（Sole License）；

（3）普通许可证（Simple License）。

不同类型的许可证贸易其技术的价格也有所不同。一般来说，独占许可证要价最高，排他许可证次之，普通许可证再次之。

许可证贸易中的定价是一个非常复杂的工作，也很难有一个统一的标准。一般认为，价格的确定应考虑技术开发的研究成本、技术转让的机会成本和技术转让的直接费用等方面。以前较为被人们接受的是利润分成法 LSLP（Linso's Share Licensee's Profit）。即许可方的收入（或技术的价格）应占被许可方应用该技术后利润的份额。根据许可证贸易的大量例证分析。这一比例在10%~50%之间，从执行的情况看一般在10%~30%较为合理。

许可证贸易中以下三种支付方式比较典型。

（1）一次总算（Lump Sum Payment）。即将技术转让的一切费用，如技术费、资料费、培训费、专家费等一次算好付清。该方式的特点是：

①操作简便，直观了然。今后不涉及大量的查账计算等工作。

②风险、效益与双方的关系不一样。因为转让技术时对应用该技术所能产生的效益仅仅是测算数，实际执行中的风险或效益全部由被许可方承担。

③技术的改进与发展没有连续性。一次总付的协议中，大多数都不包括许可方继续提供技术改进的内容，有些即使包括了这个条款，也因今后生产和销售的提高对许可方没有好处，而不会有实际效果。

（2）提成支付（Royalty）。技术转让后，被许可方按产量，销售额或利润提取一定比例的技术使用费支付给许可方。该方法克服了一次总算（付）中将来的效益和风险完全由被许可方承担的缺点。但对许可方来说，由于他不参加被许可方的生产经营管理，技术转让后的效益实际上难以核实，使得技术转让价格没有基本保证。所以该方法也很难为许可方接受。

（3）入门费加提成支付（Initial Royalty）。该方法是指被许可方在许可证协议签订后先付一笔入门费给许可方。以后按年（或季）根据产量、销售额或利润提取一定比例的使用费支付给许可方。从某种意义上说，这个方法是前面两种方法的结合或折中，对双方的好处是显而易见的，较易为双方接受。笔者的观点也倾向于多采用该方法。这里有必要对提成的比例（提成率）和基价作进一步的讨论。

在许可证贸易中，大多采用产量、销售额或利润作为提成的基价或基数。

用产品的产量作为提成基数，是比较简便的方法。但被许可方担心产销脱节，生产的产品不一定能实现销售，支付的提成费和实际获得的效益不成比例而不愿采用。

用利润作为提成基价，由于涉及会计处理方法和财务制度的问题，特别是国际间的技术贸易，而财会制度的差异容易引起日后的纠纷。因此目前采用的也不多。

按销售额提成，特别是按净销售额提成，相对于上述方法有其合理性和可操作性。因为在一定程度上，这种方法克服了以上两种方法的缺陷。按总销售额提成操作简单，一般只要根据被许可方的销售发票来计算就可以了。但由于在总销售额中包括了一些非技术转让因素，对被许可方来说，就多了一些不利。解决的办法可以采用按净销售额来计算提成费。这里所说的净销售额是指从总销售额中扣除许可技术以外的成本后的销售额。自然如何精确计算净销售额也非易事。根据我国现行的会计核算制度，同时也考虑到操作上的简便。笔者建议可以将现行会计科目中的销售利润看作净销售额而作为提成基价。因为我国现行的会计制度规定，销售收入（总销售额）减去销售成本、销售费用和销售税金后为销售利润。这里的销售成本相当于原来的工厂生产成本，包括直接材料费，直接人工费，其他直接支出和制造费用。不难理解，所转让的技术都是通过原材料、能源、人工等费用的节省以及销售的扩大，而使得效益提高，在会计核算上，则表现为销售利润的增加。因此，将销售利润看作净销售额而作为提成基价，对双方来说是合理的，对应于现行的会计制度也是便于操作的。

提成率的确定是许可证贸易中的核心问题。自然也是双方关心和谈判的焦点。表二可以说明提成率的高低是决定双方利益的主要因素。同时在表中也可以看出，在提成率一定时，营业利润率越高，许可方的提成费在被许可方利润中的比例越低。这也是被许可方比许可方更关心净销售额和营业利润的扩大，而许可方则不愿放弃入门费的原因。根据以往的经验，许可方在被许可方的利润中分享 10%～30% 是较为合理的。那么参照各行业和平均盈利水平，按总销售额计算的提成率应在 1%～4%。如果在高风险和高技术行业的许可证贸易中（如营业利润率在25% 以上），提成率则应在 5% 以上。

在谈判提成率时，有时还会碰到采用固定提成率还是采用滑动提成率，以及是否需要规定最低提成和最高提成的问题。

固定提成率就是整个合同期间提成率一经确定就不再改变。滑动提成率则是在整个合同期间，按产量的增加或销售额的扩大，逐步降低提成率（亦称递减提成率）。从理论上讲，采用滑动提成率有其合理性。因为从技术本身看，由新到旧，或者说随着时间的推移，技术不断更新，价值也会逐步降低（见表二）。

表二　提成率与营业利润率以及利润分成率的关系

按总销售额提成率	营业利润率	利润分成率（LSLP）
1%	5%	20%
	10%	10%
	20%	5%
3%	5%	60%
	10%	30%
	20%	15%
5%	5%	100%
	10%	50%
	20%	35%

最低提成和最高提成是指提成费的绝对额而言。在实际工作中，技术贸易的双方往往将此作为谈判的砝码，而实际订入合同的并不多见。

现在，随着经济的发展和市场经济观念的不断更新，社会经济生活中已经引入了通货膨胀的观点。特别是金融危机对社会经济各方面的影响，也包括对技术贸易的影响越来越不容忽视。因为金钱是有时间价值的，今天的一元钱不等于将来的一元钱；同样，今天的人工费和原材料费用也与将来的不同。这就必然会影响到许可证贸易中双方将来的实际收益。因此，涉及时间较长的贸易，特别是国际间的技术贸易，采用滑动提成的方法已不鲜见。比较典型的滑动提成公式是：

$$R = R_0 \times (0.5 + 0.3 S/S_0 + 0.2 T/T_0)$$

式中：

R——当年计算提成费的提成基价。

R_0——签订协议时的提成基价。

S——当年被许可方的工资指数。

S_0——签订协议时被许可方的工资指数。

T——当年被许可方使用的材料价格指数。

T_0——签订协议时被许可方使用的材料价格指数。

该公式将工资和材料价格的变动引入提成费的支付中，有其合理性，特别是向某些通货膨胀率较高的国家和地区转让技术时，是非常可取的。当然，涉及国际间的技术贸易和技术转让，在计算提成费或转让价格时，还应考虑汇率的因素。

除了上述所讨论的内容外，许可证贸易中技术使用费提成的年限，支付时所用的货币及按销售额提成中的产品销售价格的认定等，对双方的利益都有直接影响，可以在具体实践中不断探索，积累经验。

第二节　融资租赁

融资租赁 20 世纪 50 年代初首先出现在美国，由于其融物与融资相结合的特点，很好地适应了技术创新和金融创新的要求，加上各国政府纷纷制定优惠政策加以鼓励支持，在国外融资租赁获得了很快发展，尤其是在设备更新的投资业务方面，更是占据了重要的地位。融资租赁市场渗透率（当年通过融资租赁新增的机械设备与当年市场新增机械设备投资的比值）是衡量一国融资租赁市场发展水平的一个重要指标，根据有关报道，我国 2015 年融资租赁市场渗透率在 5% 左右，而发达国家则在 15%～30%，欧洲国家多在 20% 左右，美国多年处于 30% 左右。2012 年，我国融资租赁 GDP 渗透率（当年通过融资租赁投资的机械设备与当年 GDP 之比）为 1.24%，美国为 1.84%，如果考虑到 2012 年我国的 GDP 少于美国，则可见我国融资租赁的规模更是远远低于美国。

我国是在 20 世纪 80 年代初引入融资租赁的。成立于 1979 年的中信公司，1980 年 6 月就与日本东方租赁公司洽谈合作事宜，并于 1981 年 4 月 18 日成立了中外合资的中国东方租赁公司。这是我国第一家现代意义上的融资租赁公司。1981 年 7 月中信公司又与原国家物资总局共同组建全国性综合类的中国租赁有限公司。据有关统计介绍，到

2015 年底，全国的融资租赁公司（含金融租赁公司）已超过 4000 家，其中金融租赁公司 43 家。

20 世纪 80 年代，融资租赁刚刚引入我国时，相对于经营（性）租赁，融资（性质）租赁的概念是清楚的。所谓经营性租赁是指出租人以自己所拥有（不是专为承租人而新购买）的物品出租，并依此收取租金的行为，这当中不涉及资金的融通。而融资租赁是指出租人出租的物品一般通过融资安排而专门购入（具体概念下面详细介绍），所以突出了"融资"的特征。20 世纪 90 年代后，在我国发展出两种融资租赁的概念和公司，一种仍然沿用融资租赁的名称，另一种则称为金融租赁。这两种租赁都涉及融资安排，前面的融资租赁其融资的范围和规模受到较大的限制，后一种金融租赁的融资范围、规模、渠道、方式都较广。而更大的不同在于，前者融资租赁归商务部管理，后者金融租赁归中国人民银行和银监会管理。大家知道，根据中国的国情，不同的管理部门往往还是比较能说明两者的区别，下面将有关部门颁布的管理融资租赁的相关规定给出，想必会有助于读者的了解。

2005 年 2 月，商务部颁布了《外商投资租赁业管理办法》。2013 年 9 月，商务部发布了《融资租赁企业监督管理办法》。2015 年 7 月，商务部发文决定在上海自贸区试行可复制可推广的融资租赁业务。

2000 年 6 月，中国人民银行发布了《金融租赁公司管理办法》。2007 年和 2014 年 3 月，银监会先后发布了经修订的《金融租赁公司管理办法》。

仔细研究上面的这些文件，可以发现狭义的融资租赁，也就是不包括金融租赁的融资租赁，是商务部依据外资企业法的规定发展而来。而依据有关规定，由人民银行和银监会审批和监管的租赁公司就变成了金融租赁公司。因此也就有了融资租赁和金融租赁的分野。为了便于说明，我们不妨将这两类租赁称为广义的融资租赁，因此本文讨论的融资租赁均包含两者，也就是广义的融资租赁，并统一使用融资租赁的提法。

1999 年 3 月公布的《中华人民共和国合同法》涉及融资租赁的内

容。这里请大家特别注意，该合同法当中第十三章专门列出了租赁合同，它所规范的就是本文上面所说的经营性租赁；第十四章专门列出了融资租赁合同，它所规范的就是上面所说的融资租赁。

改革开放以来我国的融资租赁相比于其它金融工具，发展的速度并不块。如果与股票市场的发展相比，更是不可同日而语。2015 年的上半年，融资租赁公司的总资产 2.7 万亿，只及同期上海和深圳证券交易所的股票市场市值的 5% 左右，何况我国的股票市场创立于 20 世纪 90 年代初，还要晚于融资租赁的引入。前面特意提到中信公司 1979 年成立后，第二年即与日本东方租赁公司洽谈合作引入融资租赁，并于 1981 年 4 月成立了中外合资的租赁公司。中信公司当时的全称是中国国际信托投资公司。顾名思义，中信公司最早是以信托投资起步的，仅仅相隔一年，就开始了融资租赁，几乎可以说融资租赁与信托投资是同时开始的。现在过去了 40 多年，融资租赁和信托投资两者的发展速度和规模，两者对于投资者的影响力和对经济社会生活的渗透力，也是不可同日而语的。根据中国信托业协会公布的数据表示，2015 年末，全国 68 家信托公司管理的信托资产规模为 16.3 万亿元，同比增长 16.6%，信托业实现营业收入 1176.06 亿元，同比增长 23.15%，实现利润 750.59 亿元，同比增长 16.86%。而融资租赁行业 2015 年末的融资租赁合同余额仅为 3.6 万亿元。信托投资要远远大于融资租赁。可见同为金融工具，融资租赁的发展水平远远落后。

笔者 20 世纪 80 年代中期，到宁波开发区工作前，在宁波市二轻局工作期间，曾负责过二轻系统的技术改造工作，就曾经通过融资租赁的方式帮助企业进行技术改造，收到较好的效果。在担任宁波塑料五厂厂长期间，就与上面提到的中国东方租赁公司合作，采用融资租赁的方法引进了部分机器设备，对原来的旧设备进行技术改造，特别是聚酯瓶多工位自动成型设备，采用融资租赁方法引进，原定的租赁期限为五年，也就是五年内利用该设备产生的净收益还清租金，实际上不到三年就还清，还清租赁费后，根据事先的约定以象征性价格该设备转让于我们，当然设备的使用年限按有关规定执行。其后的经济效益非常明显。作为亲历者感受很深。对于企业来讲，也就是承租人在没有融资压力的情况下，快速更新了设备和技术，而且还不间断地扩大了产品市场占有率。对于融资租赁公司来说，也就是出租人，增加了金融业务。对于设备生产商来说增加了产品销售。大家各取所需，也各得其所。真可谓何乐而不为。

这些年来一直关注和跟踪国内融资租赁的发展，这方面天津开发区（包括滨海新区）大大地走在了前面，不仅是与其他开发区相比，即使放在全国看，也是佼佼者。其他开发区大规模使用融资租赁还是鲜有报道。这几年许多融资租赁公司为了充分利用开发区的鼓励政策，选择在开发区注册。但针对开发区的企业或项目开展融资租赁服务的并不多。笔者在2009年，为了推动开发区融资租赁的发展，专门组织了以宁波开发区控股公司为主的调研组，对开发区开展融资租赁的政策环境、业务范围、企业想法、产业群体及引进融资租赁公司等进行调研，并在此基础上推动成立了开发区金通融资租赁有限公司。经过几年努力，目前该公司已经在新能源交通、热电联供、环境保护等领域发展出具有优势的融资租赁业务，累计租赁业务已超过5亿元。美中不足的是，国内融资租赁与金融租赁还有区别，融资渠道、范围和融资手段受到限制。或者说要想进一步拓展业务，必须争取升级为金融租赁公司。

20世纪80年代，融资租赁开始引进我国，曾经有过不错的开局，但后来发展不快，并没有成为我国金融创新的主要方向和重要工具，笔者一直在思考这当中的原因，体会是：（1）当时以进口设备融资租赁为主，特别是从日本引进设备。当时正值80年代中期美国与日本等国签订"广场协议"，日元对美元的汇率大幅升值，而当时国内用汇没有更多的选择，只能用美元付汇，造成成本大增，致使国内许多人对融资租赁业务产生误解。（2）与其他金融方式相比，政策鼓励不够。包括针对融资租赁公司的政策和针对作为承租人的企业都缺乏政策支持。（3）融资租赁公司的融资渠道不够拓宽。（4）从产业发展的角度看，各地普遍重视兴办中外合资企业，因为在当时"三资企业"可以享受"三免两减半"等一系列优惠政策。（5）就开发区来说，20世纪80年代和90年代，产业开发刚刚开始，项目以新建为主，引进的设备也较新，工艺技术和设备更新的需求不迫切。

实际上融资租赁是一个非常好的金融创新工具，也是促进技术创新的有效途径。具有很多优势。首先，融资租赁在发展实体经济当中可以发挥很大的作用，尤其是中小企业，资金实力有限，资产负债表往往不支持企业进行大规模的融资。其次，融资租赁中设备的使用权和所有权适当分离，降低了融资租赁公司的风险，也就是金融资产的风险。在出租人保有所有权的前提下，可以让专业设备发挥最大的效用，创造效益。再次，让金融资本与产业实体实现紧密而有效地结合，作为发展手段，本身就是一种创新。最后，融资租赁本身又是现代服务业的重要形式，如果配合资产证券化的措施，发展空间就会更加巨大，对经济发展的促进作用更不可估量。

融资租赁的应用范围是非常广阔的。比如我们现在面临的化解过剩产能就可以采用融资租赁的方法。首先，产能过剩企业往往是资产负债结构不合理，继续融资的条件受到很多限制。其次，企业的产品已经缺乏竞争力，技术设备工艺急需改造更新。再次，企业的市场渠道和营销力量仍然存在，也有提升的空间。最后，企业通过融资租赁进行技术改造，可以避免人员的下岗失业。依据以上条件，采用融资租赁的方法进行企业的技术改造就是很好的选择。比如，开发区的许多小微企业，资本普遍不多，受企业资产负债表的限制，这类企业普遍感到融资困难。但技术创新能力较强，又往往处在成长期，这时候采用融资租赁的方式，也是一个很好的选择。又如，国家实施中国制造2025战略，其中推广智能制造就是一个重要的方向。智能制造具有设备技术含量高、工艺规程复杂、更新速度快等特点。特别是智能制造的信息软件更新频率高，技术周期短，对资本投入往往需要加速折旧。这种情况下，融资租赁不仅能优化企业的资产负债结构，而且还能为不断地进行技术改造创造加速折旧的条件。因此，在笔者看来，融资租赁是今后开发区创新发展的重要方式之一，所以，有必要加以深入研究。

一、融资租赁的概念

所谓融资租赁是指出租人根据承租人的请求及对租赁标的物（如设备）的具体要求，与第三方——供货方订立一项供货合同，在出租人取得租赁标的物（以下简称标的物）所有权的前提下，出租人与承租人同时订立一项租赁合同，以承租人支付租金为条件，出租人授予承租人使用标的物的权力。在这一租赁过程中，承租人表面上是租用出租人的标的物，而实质上是利用了出租人的资金，属于一种金融创新的范畴。因此业界称之为融资租赁。

融资租赁的一般程序是：

（1）先由承租人提出租赁申请和对标的物的具体要求。

（2）承租人和出租人共同选定供货人，商定标的物的交付、安装、验收及维护等具体条件，并由出租人与供货人签订供货合同（属货物买卖合同）。

（3）出租人同时和承租人签订租赁合同。

（4）供货人根据供货合同，将标的物交付给承租人。承租人根据供货合同验收标的物。出租人根据供货合同向供货人支付货款。

（5）租赁期内，承租人享有标的物的使用权并负责维护保养和投保等事项，同时按租赁合同规定按期向出租人支付租赁费。

（6）租赁期满后，出租人和承租人按原租赁合同规定处理标的物。一般都按约定的价格由承租人留购标的物。

与经营性租赁相比，融资租赁具有以下特点：

（1）一笔租赁业务至少涉及三方当事人，即出租人、承租人和供货人。至少需要两个合同，即买卖合同和租赁合同。而且三方当事人相互关联，两个合同相互制约。不难发现，租赁业务不同于一般的租借，其实质是一项融资安排。或者说通过融物来实现融资。

（2）标的物一般由承租人——使用人选定，而不是由出租人——所有人选定。出租人只负责融资安排。涉及标的物的验收、索赔等都由承租人安排或享有。

（3）标的物的所有权和使用权长期分离。除了处置权仍归所有人——出租人外，其余的占有权、使用权和收益权均归使用人——承租人享有。标的物的投保由承租人负责，但享有人仍是出租人。

（4）租赁期满后，承租人对标的物有留购、续租的选择权。当然这要根据租赁合同的先前约定。

（5）租赁合同一般不可解约。因为标的物是由承租人根据自身需要而选定的。同时出租人在租期开始前就为标的物支付了货款，所以一般不能以涨价或标的物不适而中止合同。

（6）租赁费（货款以及利息和费用）一般都会在一个较短的租赁期内收回。而租赁期又较标的物的固定资产折旧期为短。

融资租赁之所以能够获得高速发展，其根本的原因是这种方式使各方当事人的要求都能较好地得到满足。首先，也是最重要的，作为承租人可以在获得设备更新加快技术改造的前提下，又能够改善现金流量，改善资产负债。在政策允许时，还能够减少所得税的支出而增加长期稳定的投资收益。其次，作为供货人来说，既扩大了设备的销售，又能够及时收回货款。再次，对于出租人来说，由于供需双方的积极性，自然扩大了他的金融业务，在保有标的物所有权的前提下，能在较短时期内稳定地收回资金。尤其是稳定的现金流能为资产证券化创造条件。正因为大家都能各得其所，所以融资租赁的快速发展也就不足为奇了。

二、发展融资租赁的建议

我国的融资租赁业务以进口租赁起步，但由于种种原因国内租赁和出口租赁都没有大规模的发展，至少与其他金融工具相比，它的作用还远远没有发挥出来。仔细分析，目前关于融资租赁的法律环境已经具备，国务院又从宏观层面上提出了指导意见，对于开发区来说，应该讲融资租赁面临着前所未有的大好发展时机。要引起高度重视。

第一，从开发区的本质看，开发区是以产业发展作为主要任务的，自然集聚了大量的企业。不同的企业，不同的行业都离不开金融的支持，有些企业适合于进入资本市场，进行直接融资，有些企业习惯于银行信贷借款，还有些企业就适合于融资租赁。特别是那些设备和技术更新比较频繁，资产负债表又对企业财务结构有所限制，这样的企业各地开发区大量存在。在结构调整和转型升级过程中既有困难又有机遇，机遇是有市场潜力，有技术升级的空间，而困难是缺乏有效的金融支持，或者说是传统的金融方式难以解决。对于这种企业这种情况，融资租赁是一个很好的金融工具。尤其是对于大量的民营企业来说，技术装备相对落后，资本积累过程较长。要动用大量的自有资金去购买先进设备搞技术改造困难是很大的。加之我国的银行信用体系不完备，让这些民营企业走银行融资的途径，虽然有些银行也认为有些民营企业的项目不错，民营企业的敬业精神、技术消化能力、市场拓展力量也令人信服。但涉及企业性质和担保手续等问题，往往好事难成。而此时，融资租赁则适得其所。

第二，从开发区的发展阶段看，各地开发区前期引进的企业，经过10~20年的发展，其技术和设备逐步老化，在全社会提倡创新发展的环境下，技术发展不进则退，而且今后技术更新的节奏还会加快，采用小步快跑的方法，不失为上策。这时候融资租赁就是一个很好的选择。此外，现在我们面临知识经济时代，许多创新型和创业型的企业，技术创新快，市场潜力大。但它们的原始资本不大，现金流量有限。不难想象，对于这样的企业融资租赁也是大有作为的。

第三，从开发区作为对外开放窗口的作用看，开发区要利用国内国外两种资源，连接国内国外两个市场。开发区往往以外向型经济见长，对外出口大，而且近年来机电产品和技术含量高的产品出口比重逐步增大，同时国外市场的竞争也越来越大，这个时候，能够合理利用融资租赁的方式支持生产厂商的出口，也就是通过金融的助力，将会大大提高我国产品的竞争力。

第四，发展服务业特别是生产性服务业，也是许多开发区的重点方向，融资租赁本身就是典型的生产性服务业，当然它既可以为开发区内的企业对象服务，也可以为开发区外的企业对象服务。但不管怎样它都提升了开发区的服务业水平，如果再将资产证券化考虑起来，那么发展的空间就更大，对开发区的贡献也就更多。

综上所述，发展融资租赁有利于促进经济的发展，加快产业结构的调整。而在当前投资需求不足、企业技术改造滞后，而政策导向又非常明确的形势下，发展融资租赁可以说天时和地利两者兼备。那么，如何让它再有"人和"呢？那就要提供强有力的政策支持，具体建议有：

（1）制定鼓励发展融资租赁的政策，充分发挥政策的导向作用，调动企业的积极性。这里的核心问题是制定允许承租人企业经过批准或认可的融资租赁项目，其租赁费可以在税前列支。众所周知，企业是社会经济生活的细胞。企业是否充满活力直接关系到经济社会的发展。而企业活力在很大程度上取决于他们的投资欲望，即企业对设备更新、技术改造和产业升级的冲动。不妨将承租人企业看成是融资租赁市场的用户，他们的需求也就决定了融资租赁业务发展的方向和规模。鼓励融资租赁发展的最重要的政策应该是允许承租人企业的租赁费在税前（所得税）列支，这一点在改革开放初期，也就是融资租赁刚刚起步时，各地为了推动融资租赁的发展，曾经有过试行，因为没有获得国家层面的认可，当时俗称"地方粮票"。实际上这与近年来国家决定在某些高新技术企业实行固定资产加速折旧是同样的道理，可谓异曲同工。如果说确实担心融资租赁的规模很大，租赁费列支较多影响当期的财政收入，不妨设定一些具体条件加以规范，如：①作为承租人企业和融资租赁公司必须是经过批准的（项目），没有不良信用记录。②当年列支的租赁费最高以租赁设备产生的效益为限。③设备租赁期必须短于设备的使用期。④租赁期满，租赁设备不再提取折旧。⑤租赁设备或生产线租赁总金额特别大的，租赁费的列支期限适当延长。

（2）重视和支持融资租赁公司的发展。融资租赁公司在融资租赁业务的发展中具有不可替代的独特作用。就像证券公司对于证券市场的作用一样。应该给以高度重视。目前我国融资租赁公司无论是数量还是质量都远远不能适应经济发展的需要。主要的问题有：数量不多（主要指金融租赁公司），规模偏小，特别是融资渠道狭窄，当然也有人才和管理等问题。要解决融资租赁公司融资渠道狭窄的问题，融资租赁公司属于非银行金融机构，按照国际上的通行做法，应鼓励融资租赁公司多渠道筹资。在资本市场逐步发展的情况下，可以选择条件成熟的融资租赁公司通过发行股票或企业债券来解决融资问题。

（3）在大力发展国内融资租赁的同时，要积极开拓国际融资租赁市场。经济全球化和世界经济发展的梯度结构是永远并存的。随着我国经济和技术的快速发展，我国经济发展的梯度结构优势逐步显现出来，出口产品的结构也需要不断优化。这就为出口融资租赁创造了条件。特别是结合共建"一带一路"发展战略，借鉴国际上的通常做法，我们可以采取对融资租赁公司的出口融资租赁业务实行税收减免、融资优先安排和结合使用出口信贷等措施，大力促进出口融资租赁的发展。

（4）加强融资租赁业务知识的推广和管理人才的培训。

第三节　风险投资和股权投资基金

当下是"基金"大行其道的时代，从名称看就不下几十种，令人眼花缭乱，似乎有故弄玄虚之嫌。业内人士尚且有此感觉，更不要说普罗大众了。如证券投资基金、产业投资基金、股权投资基金、风险投资基金、私募基金、公募基金、公司型基金、契约性基金、养老基金、保险基金、共同基金、并购基金、主权基金、创投基金、货币市场基金、固定收益基金、开放式基金、封闭式基金、对冲基金、夹层基金、阳光基金、离岸基金等等。实际上有些内容或内涵是基本相同的，有些基金是从不同的角度，叫法不同而已，有些是从基金的投资方向来区别，有些是从基金的来源和筹集方式来定义。比如风险投资基金就是从它的投资项目具有较大风险来定义，但它同样属于股权权益类投资，所以也属于股权投资基金。大部分风险投资基金通过私募方式来筹集资金，不是通过公开发行来筹集资金，也不受公募基金相关法律法规的约束和规范，因此就属于私募基金，也就是平常说的 PE（Private Equity）。又如对冲基金是投资股票和金融衍生产品的，根据对冲的方法赚取利润，如果不公开发行，当然也属于私募基金。再如公司型基金是根据其组织形式按《公司法》相关要求组建的，而契约型基金就是不按公司形式组建，而是按合伙企业相关法律规定或其他法规规定组成的。还有基金既可以是开放式的，也可以是封闭式的，这是依据其基金份额是否可以被赎回来区分。迄今为止，在所有的基金当中，与创新紧密相关并最具活跃的是风险投资基金。研究美国的"硅谷"现象后，不难发现，"硅谷"的发展不仅仅是科学发现、技术发明和产业开发以及产业集聚的技术或物质因素，更重要的还有风险投资公司和风险投资基金等中介服务机构的大量存在和努力开拓，这些中介机构以其专业化的特长，对市场和技术的敏感性，以及资金筹措、激励约束机制的设计等管理优势，有力地促进了创新，也有效地促成了创新。对于以产业开发和产业集聚为特征的开发区来说，这些经验都是很有意义的启发。根据以上这些情况，本文将风险投资和股权投资基金作为重要的金融工具加以讨论，并结合开发区创新发展的要求，重点介绍风险投资和股权投资基金的特点和笔者这方面的体会。

前面介绍到创新发展的时代特征是技术创新，而技术创新成功的重要因素之一就是风险投资。所谓风险投资，是指把资金投向蕴藏着有较大失败风险的高新技术项目，以期成功后取得高资本回报的一种商业行为。实际操作中，多以建立一种基金，对不同的项目或项目群进行投资组合，将其中成功的项目进行产权（权益）转让收回投资从而实现高额回报。一般来说，一个科研项目的成功开发，一项技术成果的研发应用推广要经过三个阶段：第一阶段是科研，第二阶段是开发应用，第三阶段是成熟推广。这当中需要较大投资同时又存在很大风险的是第二阶段。因为在第一阶段，项目成功与否虽然难以预料，风险大，但投资不多。而在第三阶段，技术已经成熟，市场前景明朗，大规模的投入虽然在所难免，但风险相对较小。所以处于第一和第三阶段的项目不难得到投资，而处于第二阶段的项目就难以获得及时、足够的投资，这时候就需要风险投资来推动。风险投资主要集中在高新技术领域，高新技术项目因为其技术不成熟，市场前景不明朗，商业模式不确定，传统的金融方法和金融工具难以适应。当然高新技术项目一旦成功，由于其技术创新的特点，就会开发出巨大的潜在市场，产生巨大的收益，因此又具有高收益的特点，所以高风险与高收益并存。由此可见，风险投资（基金）主要是根据其所投资的标的具有高风险而言。有些地方将风险投资（风投）称为 VC（Venture Capital），也有人将此称为创业投资（创投）。这类基金由于高风险的特点，往往不适合公开募集。大多是通过私募设立。同时从投入和退出的角度看，又具有权益类投资的性质，所以又属于 PE。但 PE 不见得都属于风险投资基金，因为 PE 可以投向非风险项目。这几年我国 PE 发展很快，由于一些客观原因多投资于 IPO 企业，获得了很好的收益，这当中包括了部分创业板上市企业，自然应属于风险投资。但仍有许多 PE 投资于成熟企业的转制上市，这种情况就不属于风险投资了。厘清这些关系，有助于深刻认识风险投资和股权投资基金，也有利于今后风险投资的实际应用和可持续发展。

一般认为，风险投资是第二世界大战后诞生于美国。1946 年，美国波士顿联邦储备银行行长弗兰德斯（Ralph Flanders）和哈佛大学教授多里奥特（Georges Doriot）发起成立了世界上第一家真正意义上的风险投资公司——美国研究与发展公司（American Research Development, ARD）。二战期间，战争中军方对高新技术的需求很大，刺激了波士顿地区麻省理工学院等高校对高新技术的研发，随着战争的结束，这些高新技术军方已经不再需要，但仍有许多高新技术具有商业化的市场前景，这些高新技术要实施商业化就离不开资金，也离不开商业管理人才和经验。为此 ARD 成立并设想了三个目标，一是希望建立一种机制来吸引机构投资者，为初创企业或小型企业的资金需求提供解决办法。二是希望建立一个能够为新办企业特别是技术型企业提供商业管理经验的管理咨询公司。三是尝试或者说培育适应技术型高风险企业的投资模式。这些目标从两位发起人的职业背景就不难看出。1946—1971 年的 25 年存续期当中，ARD 为投资者带来了超过 15% 的年复合收益率，但这主要来自一个项目，1957 年，ARD 向数字设备公司投资了 7 万美元的风险投资，到 1971 年，该笔投资增长到了 3.55 亿美元，平均年增长 84%。尽管 ARD 公司的其他投资项目不太成功，但凭借数字设备公司的投资成功，ARD 公司 25 年的经营期，还是实现了年均回报率15.18%。这就充分说明，就单个项目来说，某些高新技术项目的确是高风险与高收入并存，但就整体投资来说，还是实现了较好的平稳的投资回报。因此这种集合资金而又分散投资于高新技术项目的方式被证明是有生命力的，也是有效的。这既实现了投资收益，又促进了高新技术的发展，还有效回避了投资风险。

1958 年美国国会通过了《中小企业投资法》，同时成立了小企业投资公司（Small Business Investment Company，SBIC），规定美国小企业管理局可向小企业投资公司提供 3 倍于其自身资产的贷款，同时小企业投资公司也能享受部分税收优惠，这一措施有力地促进了风险投资事业的发展。1978 年美国修改了《雇员退休收入保障法》，放宽了养老基金的部分投资限制，又为风险投资的资金来源拓宽了新的渠道。据上海市有关部门的考察报告介绍，在美国由风险投资公司投资的企业，只有5%~20%获得成功，80%左右的投资是失败的。即使如此，美国长期从事风险投资的年均回报率仍高于20%，要高于投资于股票的年均回报率9%~15%，投资于债券的年均回报率5%~6%。

美国不仅是诞生风险投资的摇篮，也是首先建立孵化器的地方。一般认为世界上孵化器出现在 20 世纪 50 年代末，美国人约瑟夫·曼库索创立的巴达维亚工业中心是孵化器的雏形。为了解决经济不景气整栋厂房（农机厂）难以出租的困难，该中心就将厂房划分为若干个小单元出租给小企业，同时提供办公设备和企业管理咨询服务。20 世纪 80 年代，美国伦斯勒理工学院为了推进科技成果的商业化，建立了科技孵化器。80 年代中后期联合国开发计划署将孵化器作为一种小企业服务设施加以推广。风险投资的发展，与科技型孵化器的结合，为技术创新创造了新的发展模式和发展空间。特别是大企业举办的孵化器更是获得了快速的发展，这种现象在开发区已经出现。以广州开发区为例。广州开发区的孵化器成效非常突出。截至 2015 年底，孵化器的数量已达到 45家，使用的建筑面积达到 360 万平方米。已经吸引了一名诺贝尔奖获得者，50 个以上的"千人计划"团队。已经有 12 家上市企业。2015 年孵化器企业销售收入超过 280 亿元。特别值得一提的是，广州开发区的孵化器虽然有政府的大力推动，但已经由企业为主举办，引入了市场机制，转入了良性循环。以达安基因、金发科技为代表的优秀企业已经成为承办孵化器的主角，这些企业既可以发挥自身市场营销的渠道，帮助被孵化企业尽快打开市场，同时还能帮助解决被孵化企业的技术共性问题，当然还能帮助提供企业管理方面的经验。就广州开发区来说，这45 家孵化器就相当多了 45 个招商单位。所以，举办孵化器对开发区来说是一举多得的创新。

以色列是风险投资比较发达也是比较成功的国家。这里有必要作一个简单的介绍。以色列是 1985 年引入风险投资的，时间不算太长，但成绩斐然引人注目。其成功有几个主要特点，或者说有别于欧美国家的特点。

一是政府干预的力度较大，除了颁布有关的法律，比如 1985 年的《鼓励工业研究与开发法》，对风险投资给予扶持外，还直接出资设立风险基金（YOZMA），同时还通过政府控制的保险公司参与风险投资，在以色列的风险投资基金中，约三分之一来自政府或政府背景的资金。

二是创立了独特的技术孵化器模式，鉴于创业者具有较好的科技知识和科研能力，但往往缺乏商业方面的经营管理经验，技术孵化器就充当了风险投资项目的管理者。通常对每一个风险项目建立一个风险企业，接受风险投资基金的管理。孵化器的管理者既对接资金（金融）资本，又对接技术项目；既充当管理者，又充当运营者。每个孵化器通常能接纳 10~15 个处于早期发展阶段的企业，每个企业一般有 5~10 名的技术研发人员。

三是以色列有良好的全民创新意识，围绕高等院校和科研机构，形成良好的创新创业生态环境，包括金融环境，正如哈佛大学教授迈克尔·波特的集群效应理论所描述的那样：集群由高密度的大学、大型研究企业、创业公司组成，还有更重要的是有将他们联系在一起的生态系统，包括供应商、大学、大量的工程师及风险资本，集群最关键的还是更深层次上的各种学科、领域之间的融合，是独立的更是联系的，虽以小的形式存在，却有大的发展目标和文化基因。

四是以色列非常重视包括风险投资在内的创新发展的国际合作。例如全球创新领域著名的以色列理工学院 2015 年与广东汕头大学合作，建立了广东以色列理工学院，旨在共同推动创新发展。

一、我国风险投资和股权投资基金的发展概况

中国的风险投资事业，改革开放以来的发展情况可以用三个特点来总结，一是"起步较早"，二是"生态制约"，三是"移情别恋"。

首先来说"起步较早"。早在 1985 年 9 月，应该说与第一批国家级开发区成立几乎同步，国务院就批准成立了我国第一家风险投资公司——中国新技术创业投资公司，这是一家专门从事风险投资和创业投资的全国性公司。据有关资料介绍，1984 年 11 月，当时的国家科委向中央有关部门提交了《对成立科技风险投资公司展开可行性研究的建议》的报告，该报告针对当时科研管理体制的严重弊端，也就是科研成果不能有效转化，或者说科研与经济发展脱节的现象，提出成立风险投资公司，为科研成果的产业化架设桥梁。公司是成立了，也可以说是应运而生，更是被大家寄予厚望。但由于种种原因，却出现了严重困难，1998 年 6 月，被中国人民银行停业关闭，这不能不说是中国风险投资事业的一个挫折，当然也为后面的风险投资做出了探索。

再来说"生态制约"。1998 年 3 月，在当年的全国"两会"期间，经民建中央主席成思危先生提议，民建中央提交了《尽快发展我国风险投资事业》的提案，曾被列为当年"两会"的一号提案，产生了较大的影响，也可见提案的质量之高和会议的重视程度。1999 年，国务院办公厅正式批转了国家七个部委《关于建立风险投资机制的若干意见》。2010 年 9 月 2 日，笔者在北京专门拜访了（也是民建中央倡导成立的）中国风险投资有限公司，了解到当年成思危先生提出发展证券交易所创业板分三步走的思路：第一步在现有法律框架内，成立一批风险投资公司；第二步建立风险投资基金；第三步建立包括创业板在内的风险投资体系。从风险投资公司到风险投资基金再到风险投资体系，这

是一幅既符合国情，又符合风险投资规律的图景，清晰地展现在人们的面前。这与80年代中国新技术创业投资公司成立时的孤军奋进已经是大有不同了。

从国家层面正式提到风险投资或创业投资，以上三个（中国新技术创业投资公司成立和"两会"提案与国务院发文）是极具标志性意义的事件。但后来的事实说明，我国的风险投资事业发展仍然缓慢，这不能不说是风险投资的生态环境还不具备。可喜的是，成思危先生提出三步走的思路，已经将风险投资公司、风险投资基金和创业板作为一个完整的风险投资体系来对待，这说明风险投资不仅仅是几个投资公司的事情，更是一个完整的体系，甚至是一个"生态系统"。这也从一个侧面说明我国当时发展风险投资受到环境条件或者说"生态系统"还不完善的制约。这代表了我们国家风险投资事业的研究和认识，有了一个质的飞跃，这对于风险投资事业来说是至关重要的。后来的发展也证明了这一点。

接下来还要说说"移情别恋"。这里不妨再详细说说PE，也就是私募股权投资基金。PE的关键词有两个，一是私募，即非公开发行，二是股权权益类投资。从这两点来看，风险投资也属于PE。但PE不完全是风险投资，换句话说，除了风险投资基金外，还有其他通过私募方式设立并投资于股权的基金，也是PE。两者的区别是，一个是投资于风险项目或企业，也就是尚未成熟的项目。另一个投资于成熟期的项目，而这一类投资，恰恰是这几年市场投资的主要领域。这一类PE，往往寻找已经成熟的企业，其特点是其产品技术和商业模式已经成熟，需要扩大生产或其他原因而需要融资。PE在企业上市前参与投资，一方面发挥资金优势，另一方面也发挥管理特长，特别是上市方面的经验，推动企业改制并上市。深圳交易所创业板2009年10月正式上市（开板），在此之前，2009年7月，开始创业板上市公司的IPO。据有关资料介绍，从2009年7月到2011年7月的两年时间里，先后有242家具有PE背景的公司在创业板成功上市，涉及283家PE机构，累计投资160.2亿元，期间PE已经减持及分红回报是144.2亿元，占初始投资近 90%，未减持部分尚有市值 1233.5 亿元。如果将分红、已经减持的收入、未减持的市值加在一起，其价值达到 1377.7 亿元，浮盈率高达 760%。应该承认，PE 在实现高回报的同时，也促进了创业板乃至整个资本市场的发展。同时还要看到，这当中有一部分投资显然与严格意义上的风险投资有一定的差距，也就是项目已经成熟（无论技术还是市场），有些 PE 主要起到了改制上市的作用。再加上后来上交所和深交所主板的 IPO 企业当中也出现了许多 PE 的身影，这也说明有些号称"风投"或"创投"的基金并没有完全将风险投资作为目标。这正是我们前面指出的风险投资的"移情别恋"。这在一定程度上混淆了风险投资与一般股权权益类投资的概念。从长远讲，不利于风险投资的健康发展。这也是本文前面花了较大篇幅讨论风险投资和股权投资基金之间关系的原因。当然也要承认这种特定历史时期的"移情别恋"是符合我国发展阶段国情的，尤其是风险投资在发展的初始阶段进行多方面的探索，为更好地运行风险投资积累了经验，特别是对市场端的管理积累了宝贵的经验。

现在我们回过头来讨论：为什么从 1985 年国务院批准成立第一家新技术创业投资公司以来，一直到 2006 年，我国的风险投资事业一直未有大的发展。我们不妨具体了解一下政府和企业对风险投资的推动情况。

前面提到我国第一家风险投资企业的成立几乎与国家级开发区的成立同时。1998 年全国"两会"的"一号提案"和次年国务院办公厅的正式发文，应该说已经将风险投资提升到国家战略的层面。除此之外，各部门和各路资金也一直在推动风险投资的事业，以下可以列出比较关键的时点和事件。

从主管部门的工作看。

1991 年，国务院关于《国家高新技术产业开发区若干政策的暂行规定》，其中第六条规定"有关部门可以在高新技术产业开发区建立风险投资基金，用于风险较大的高新技术产业开发，条件成熟的高新技术产业开发区可创办投资公司"。

1995 年 8 月，中国人民银行发布《设立境外中国产业投资基金管理办法》。

2001 年 8 月，外经贸部、科技部和工商总局发布《关于设立外商投资创业投资企业等暂行规定》。

2006 年，国家发改委发布《创业投资企业管理暂行办法》。

从以上时点和事件可以看出，国务院及有关经济综合管理部门都发布过有关风险投资、创业投资、投资基金的文件，而且相隔都在 5 年左右，说明各方面都看到这个行业的潜力和前景，也看到了存在的问题，才会不断发文加以推进。

再从企业的行动看。

1992 年，美国国际数据集团下属的太平洋投资基金与上海市科委合作成立了太平洋技术风险投资（中国）基金。

2000 年，深圳创新投资集团公司成立。

2002 年，具有中金公司背景的鼎辉投资成立。

2003 年，具有联想集团背景的弘毅投资成立。

从以上这些影响力较大的事件，我们可以看到企业的力量和各路资金也对风险投资和股权投资进行积极的开拓。既有政府的鼓励，也有企业的努力。

但风险投资的发展并非一片坦途。2009 年之前，我国的风险投资甚至也包括非风险投资的股权投资基金，仍然是发展相当缓慢。到了 2009 年后，股权投资基金才有了快速的发展。笔者认为这得益于三大改革：一是 2005 年 4 月开始的上市公司股权分置改革，二是 2007 年 6 月开始的新的《合伙企业法》，三是 2009 年 10 月深圳交易所设立的创业板。上述第一和第三点原因是我国股票市场的完善和发展的标志性事件，从根本上解决了上市公司同股不同权、同股不同利的结构性矛盾，也改变了我国股票市场建立之初曾经有过的主要为大中型国有企业融资服务的思路，真正体现了各类市场主体平等的原则，也真正体现了市场机制起决定性作用的改革导向。而第二点原因所说的实施新的《合伙企业法》，引入普通合伙人的制度，更是体现了改革创新特别是制度创新的精神，解决了围绕投资基金发展当中，如何发挥专业人员管理经验与如何拓宽融资渠道之间的矛盾，也突破了资金（金融）资本和管理资本同享收益的政策限制。从某种意义来说，这一点改革或创新更具有历史性的意义。因为从改革开放以来，包括实行市场经济改革以来，我们虽然承认知识（包括技术知识和管理知识）也是生产力，但仍然局限于多劳多得；也认可科研人员和管理人员对项目对企业的贡献大，其报酬可以多得，但这个多得仅限于当期的报酬。如果将科研人员和管理人员的劳动作为资本，也就是知识资本和创业资本，与资金（金融）资本一样，分享企业净收入的分红，或者说分享资本利得，这仍然是一个说不清道不明的问题，也是一个欲迎还拒的问题。虽然发布过许多文件，比如科技人员的发明可以入股，但许多具体的配套政策还是不完备，还是没有大的突破，没有发挥应有的作用。新的《合伙企业法》的实施，从法律上获得一大突破。最近国家又修改了《中华人民共和国科技成果转化促进法》，进一步明确了科技发明成果的占有和转让以及收益权利。这些法律法规的完善，相信下一步风险投资和科技创新会迎来大发展的黄金时期。以上所有这些都说明股权投资基金和风险投资有其自身的规律，也需要有与之配套的生态系统。纵观历史，不能不说这是艰难发展的经历，也是弥足珍贵的经验；这是锐意进取的实践，也是逐步深化的认识。

二、风险投资的特点和主要形式

上面我们重点讨论了风险投资的外部情况，接下来讨论风险投资的内部运作。

风险投资的运作模式和投资特点：

（1）风险投资是股权权益类投资，一般又参与投资项目的管理，提供管理经验，尤其是商业方面的经验。

（2）被投资企业往往引入科研人员的技术股份。

（3）风险投资一般是分期投入，可以将风险投资划分为四到五个阶段：

第一阶段：钟子期投入 1%。

第二阶段：创建期投入 25%。

第三阶段：扩充期投入 17%。

第四阶段：成熟期投入 41%。

第五阶段：重整期投入 16%。

可见资金主要投入集中在创建期和成熟期。

（4）就风险投资的整体运作来说，必须实行对一揽子项目的投资，也就是必须做到"投资组合"，这也应验了一句经典的投资格言：所有的鸡蛋不能放在一个篮子里。因为风险投资项目高风险的特性，如果所有投资集中在一个项目，或者集中在一个行业，那么这个项目的失败对整个风险投资公司和风险投资基金将是毁灭性的打击。前面我们提到的世界上第一家真正意义上的风险投资公司美国的 ARD 公司，就是进行分散投资，从而分散了风险。美国的风险投资项目也就是 5%～20% 的成功率，80% 以上的项目都是失败的。所以对风险投资公司来说，组合式投资（横向结构）和分期投资（纵向组合）是非常重要的，这也是这个行业的特点所决定的。

风险投资的退出方式。风险投资作为权益类投资，一般不以长期持有股权为目的，权衡投资的风险和时间成本，同时考虑项目成长性的特点，一般都会在项目成长期选择退出。退出的方式有回购、出售和上市套现。回购是指风险企业已经渡过了风险期，参与风险企业的科研人员或其他股东根据先前合同的规定，购回风险投资基金的股权。出售是指另一家大的企业或风险投资的母公司收购风险投资股权。上市套现是风险投资退出的重要方式，因为这当中市场机制发挥的作用最充分，出售的价格往往更理想，更符合风险投资者当时出资的初衷。因此本文将股权分置改革和创业板的建立作为推进我国风险投资事业决定性的措施，就是这个道理。可以毫不夸张地说，如果没有这两个改革，对风险投资事业乃至于科研体制的改革及技术创新促进产业结构调整都是根本性的制度缺陷。这里还要指出的是，风险投资项目到成熟期后，风险投资选择退出时，如果不是通过上市交易，而是选择一般的股权转让方式，要注意原来公司章程的限制问题，因为风险投资项目前期很多都是采用有限责任公司方式，如果没有特别约定，按照现有法律规定，原来的股东有权在同等价格下，优先购买其他股东的股权，这样实际上就会对风险投资的股权转让价格造成限制，投资收益自然受到影响。解决的办法有两个，一是当初设立公司时采用股份制模式，二是在公司章程中事先约定日后股权转让中原股东没有优先权。

这里还需要更新一个概念，对于开发区的招商引资工作，以前曾经强调"不求所有，只求所在"，这主要是出于对增加当地税收和增加就业的考虑。但对于开发区的风险投资来说，则可以视情况贯彻"先求所有，后求所在"。客观上讲，各种科研机构和团队多位于开发区之外，如果开发区的风险投资一开始就坚持"不求所有，只求所在"的话，项目的选择余地就会少之又少。我们强调的是自主创新，并不是简单的自己创新。所以，可以让风险投资投向区外，但希望在相关的协议中约定项目的产业化必须放在区内。

还要提出的是，开发区的风险投资乃至于我国的风险投资事业要突破原来的公与私关系的认识。以前我们谈投资，习惯于公对公，法人对法人，单位对单位。如果是国有资金为主的风险投资企业或风险投资基金，最好投资于单位法人，其中又最好投资于国有的企事业单位。如果投资有损失，也不涉及国有资产的流失。而现实中风险投资面对的项目往往又是自然人，比如以某学术带头人领衔的科研团队，有时即使是国有的科研机构或大专院校，投资项目也难以回避个人的技术股权问题。而这些项目往往又是成功率不高的风险投资。换句话说，很大部分项目会以失败而告终。如果我们仍然机械地按照过去的惯性思维去界定和评价公与私的关系，或者国有资产是否流失，那么风险投资事业也将会举步维艰。

风险投资（基金）企业的组织形式一般有三种主要的形式。

第一种是有限合伙制，这是风险投资企业的重要形式，在这种形式中，风险投资的管理人为普通合伙人，其余投资者是有限合伙人，其投资比例占到95%~99%，以其出资为限，对企业承担有限责任，不参与企业的日常管理。普通合伙人对企业少量出资，一般在 1%~5%，承担企业的日常管理，对企业承担无限责任，普通合伙人一般先享有企业净收益的一定比例，比如 20% 后，其余 80% 的净收益再由所有股东按出资比例分享。另外，企业（主要是普通合伙人使用）可以每年在收入中按管理的风险投资金额提取 2% 的管理费用。

第二种是公开上市的风险投资公司，这一类企业往往经过较长时间的发展，已经比较稳定，除了强调对所投资企业要参与决策管理外，其他的运作方式与一般上市公司无异。

第三种是大企业下面的风险投资公司。许多大公司发展到一定规模后，为了寻找战略性的投资机会，同时又为了隔离风险，往往采用专设一个子公司从事风险投资的方式。在实行金融混业经营的国家，许多大的金融机构，也会建立附属的风险投资公司，以区分并隔离风险投资业务。

必须强调的是，不管采用哪一种形式，都是按企业模式进行运作，每一个投资都是一种商业行为。这与我国实行的科研经费的管理办法是有本质区别的，尽管近年来，有关部门一再强调要提高科研经费使用效率，要使科研真正面向经济建设，但科研经费的管理和使用效率仍然饱受诟病。作一下对比，恐怕还是有认识、观念和体制机制的问题。

三、股权投资基金的实践

经过以上的讨论，相信大家对风险投资和股权投资基金应该有了一个比较完整的了解。笔者认为包括风险投资在内的股权投资对开发区的产业发展，特别是创新发展具有非常重要的作用。笔者一直以来高度关注风险投资的发展情况，早在 2000 年，也就是我国加入 WTO 之前，就曾经在有关刊物上发表了《风险投资与高新技术项目引进》一文，介绍风险投资的情况，呼吁各界重视风险投资这一方式，为开发区的改革开放服务。2007 年新的《合伙企业法》颁布后，有感于国内渤海产业基金等一大批新基金的设立和股权投资基金生态系统的初步具备，2008 年笔者组织了开发区控股公司和国资办等有关部门调研并撰写了组建产业投资基金的调研报告，并在一定范围内分析了开发区组建投资公司和发起成立各类投资基金的可能性及利弊。2009 年以后，也就是上面所说的国家层面关系到风险投资和股权投资基金生态系统的三项改革实施后，应该说在开发区推动股权投资工作的条件已经具备。因此，从 2010 年初开始，笔者花了大量的精力，投入极大的热情来推动这项工作。

2010 年 1 月，在宁波开发区控股公司转让其投资的上市公司的股权后，用转让收入成立了专营投资的开发区金帆投资公司，并以此为平台陆续发起成立了若干个契约型的股权投资基金。

2010 年 8 月，主持在象山石浦召开的投资基金组建和企业股份制改造的专题会议，筛选了区内 15 家企业作为股份制改造的样本。同时对各个投资基金的规模、组建方式、投资方向、管理模式等进行了详细的讨论。之所以选择在外地研究此事，一是出于能够静下心来深入探讨，二是希望相关信息在工作全面铺开之前能够保密。记得当时会上就有人说，几年以后这些企业改制和上市成功，是否有人会知道今天的会议。

笔者一直认为，上市公司是资本市场的基石，要想使资本市场健康发展，就必须让上市公司"健康合格"。而对上市公司的监管核心是两条，一是企业的治理结构是否合格和优良，二是企业的信息披露是否规范。至于其他的事情，应该让市场去做。原因很简单，因为上市公司是公众公司，它的决策和信息必须突出"公众性"的要求。因此，在这次会议上，笔者特别就企业的治理结构和信息披露作了反复强调：这些企业的基本面不错，企业生产经营都有良好的发展前景，值得投资并推动企业上市。股份制改造后，我们并不担心企业的盈利情况，更要关注的是企业的治理结构和信息披露。对这些企业来讲，企业的治理结构将是关乎企业能否上市的重要因素。企业的治理结构必须完善、有效、提升。信息披露必须透明、公开、及时。我们推动企业上市，要跟大家讲明这个道理。投资基金的投资比例虽然不高，但作为有政府背景的投资者，作为这个"关键少数"的股东（代表），要提高并发挥自己的管理能力和优势，从企业内部着手，花大力气推动企业治理结构的改善和信息披露水平的提升。

2010年9月，笔者专程赴北京拜访中国风险投资有限公司，了解相关政策和探讨合作的可能性。考虑到新设立的投资公司先要解决业务开展和人才培训等基础工作，同时也考虑到开发区招商引资和固定资产投资增长的现实要求，决定将投资公司的先期工作重点放在推动区内企业上市工作上。

2010年11月，针对当时开发区许多企业对包括风险投资在内的股权投资业务和企业上市业务不太熟悉，有关政策了解不多，对企业改制上市存有疑虑的情况，笔者邀请宁波市证监局领导来开发区召开推动企业改制上市的座谈会，并请宁波上市公司的金牌董事会秘书介绍企业上市的有关业务和股权投资及企业并购的市场情况。30多家企业领导参加了座谈会，反响很好，为后来区内企业上市起到了有力的推动作用。笔者主持了会议，并在会上发表了一通企业"上市策"：

一是企业上市是对接市场直接融资最好的平台。企业上市以后，实行了资本多元化，改善了资产负债表的结构，增加了现金流量。这是最直接的最明显的效果。同时，还应该看到资本市场与各种商品市场和生产要素市场的关联度最高。搞市场经济，或者说熟悉市场经济的企业家都知道，企业面临各种各样的市场，有商品（产品）市场、劳动力市场、不动产（土地和建筑物）市场、技术和设备市场等等。这些市场都是相互独立的，反映的是某一方面的情况。只有资本市场是与以上各个市场都相互联系的，可以说资本市场是各种市场的集中反映。比如，企业的产品畅销，市场占有率大并且盈利高，企业的股票价格也高。企业的技术有了新的发展，企业的股票价格也会上升。所以说资本市场可以反映出企业各种要素或产品的竞争力，即反映出企业的综合竞争力。因此，这样的市场效率最高。搞企业懂市场的企业家，最高境界就是要带领企业上市。全国有多少个企业，你是多少分之一？全国有多少个上市企业，你又是几分之几？

二是企业上市是提升管理水平的主要载体。有些企业家担心企业上市后，自己的决策大权会旁落。许多民营企业创业之初，往往是自己一个人说了算。等到企业发展到一定规模以后，一个人管不过来，就聘请了一些亲朋好友和其他人才帮助打理企业，这时候是一个团队说了算。等到企业上市后，是一个制度说了算。表面上看，你的权力在减少，但实际上你的能力在增长，你所掌握的资源也在增加。通俗点讲，权力无非是管人和管钱，你掌握的资源更多了，管理的人也更多了，你的权力不是更大了吗？你从"一言九鼎"到"驾驭团队"再到"引领市场"，代表的是你的能力的增长。考验的是你的知识、你的见识和你的经验。从管理学上讲，权力本质上来自能力和制度，你的能力增长了，你遵守制度又能利用制度，权力自然是扩大的。不受制度制约的权力太大反倒是坏事，那是"伪权力"。

三是企业上市是创新发展的重要渠道。如前所述，资本市场与其它市场的关联度最广、市场效率最高。另一方面，企业家的创新精神就是要实行生产要素的新组合，而通过资本市场实行生产要素的新组合是最方便、最高效的。我们不妨设想，如果没有资本市场，如果发现了新技术，要收购技术，就需要融资；采购新设备，购置土地厂房，又需要融资。通过不同的市场渠道融资，还涉及信息的不对称。这样成本就会增加，效率就会很低。而依托资本市场，这些问题都可以打通。如果是企业内部（原有法人内部）技术改造，通过增发就可以解决，如果企业并购（各个法人之间），通过增发或换股等方式也可以"一次性"解决。

2011年7月，针对金帆投资公司业务开展当中碰到的一些困难，也考虑到当时资本市场IPO延后引起的有些模糊认识，笔者专门利用调研的机会，在公司内部讲了一次话，这里摘录部分内容如下："受金融危机影响，我区的产业投资乏力，企业家的投资意愿下降。成立金帆投资公司并且与区金融办形成良性互动，让政府引导和资本纽带有机结合，来扎实推动我区的产业投资。大力招商引资，引进各类投资基金、产业基金以及金融类企业。如果仅仅着眼于自己的钱，全部投出去也就是5个亿，起不了大的作用。如果通过金帆公司发起或者吸引区外的投资基金进来，那么这个作用就更大了。……作为一个投资公司，作为从事投资工作的人，工作性质客观上要求大家把眼光看得更远，看得更准，只有这样，投资才能成功。"

由于 2012—2014 年国内资本市场上 IPO 暂停，一部分已经完成股份制改革的公司有疑虑，担心前功尽弃。在区政协经济界联组会议上，笔者与大家共同分析经济形势，并鼓励东方电缆公司负责人坚定信心。在继峰公司调研时，笔者提出能否成功上市，除了企业技术、市场和盈利能力外，企业治理结构也是重要因素，建议将完善企业治理结构作为核心竞争力来对待。在拓普公司担心 IPO 等待时间太久，影响拟上市企业的其它工作，专门商量可否让投资基金退股时，笔者分别与有关股东多次分析讨论，耐心做好各方的工作，促成大家统一思想，坚定了上市的决心。

这几年，区内新上市的企业数量较快增长，市场融资接近 50 亿元。相当于增加了新的招商渠道和拓展了新的招商方式。其中金帆投资公司所享有的股份，按 2015 年底的价格计算，所持股份的市值达 12.35 亿元。如果加上另外几家已经完成股份制改造等待上市的企业，投资价值就更大了。另外从招商引资的角度看，与原来的项目招商引资方式相比，企业上市融资后的新项目投资，效率更高，见效更快。更可喜的是，金融创新的理念逐步被大家接受，利用资本市场配置生产要素的观点更加深入人心。这些对于开发区的发展，尤其是对今后创新发展的推动作用是巨大的，哪怕它是潜在的、无声的。

本节从重点介绍风险投资入手，讨论了包括风险投资在内的股权投资基金。如前所述，所谓风险投资主要是从所投资项目具有高风险而言。如果从投资的性质来说，风险投资还是属于股权投资的范畴。因此，了解了风险投资，也就了解了股权投资（基金）。但是从这些年实践的结果看，严格意义上的风险投资发展仍然不快。而一般意义的股权投资发展很快，收益也很高。这个高收益是由于企业上市的制度因素产生的。严格来说并非来自项目的高技术和高风险因素。如果不能正确认识到这一点，对于发展真正的风险投资事业是不利的。自然这对于创新发展也是不利的。现在国家层面已经大幅度修改了《中华人民共和国科技成果转化促进法》，也出台了相关的政策措施。其目的就是要大力推动创新发展，这当中自然需要风险投资发挥重要作用。相信随着创新发展成为经济结构调整的主动力，也随着股权投资基金管理经验和经济实力的积累，并向风险投资领域渗透拓展，风险投资事业也一定会有更快、更大、更好的发展。

第四节 开发区创新发展结合金融工具的思考

以上介绍了技术贸易、融资租赁和包括风险投资在内的股权投资三个方面的认识。这主要是出于笔者的经历和实践。实际上金融创新的工具远不止这三个。下面就从一般的金融深化层面再作一个简单的介绍。

1973 年，有两位美国的经济学家爱德华·肖（Edward Show）和罗纳德·麦金农（Ronald Mchinnon）分别出版了两本经济学著作，一本是《经济发展中的金融深化》，另一本是《经济发展中的货币和资本》。这两本书都不约而同地分析了金融与经济发展之间的密切关系，其中的思想改变了二战以来西方主流经济学理论中忽视金融与经济增长相互关系的观点，也改变了不重视将金融政策纳入促进经济增长的重要因素的现象。他们都认为，落后的经济发展与僵化的金融政策互相约束，形成了恶性循环。为此，他们提出金融抑制和金融深化的概念：认为二战后的经济发展，特别是发展中国家实际采用的是金融抑制的政策。具体表现有，金融资产数量有限，金融机构类型单一，直接融资比重很小，金融资产的价格扭曲，其中最主要的表现是利率被人为地长期压制在市场均衡水平之下。国际货币基金组织的官员对 20 多个发展中国家 1971—1980 年的有关数据进行了分析，发现实际利率（名义利率减去消费物价增长率）为正值的国家，金融资产增长率普遍较高，国内生产总值增长率也较高。实际利率为高负值的国家，情况正好相反。实际利率介于两者之间的国家，其金融资产增长率和国内生产总值增长率也介于两者之间。这从一个侧面印证了以上两位经济学家的理论观点。

笔者认为，二战以后到20世纪60年代末，20多年时间中出现这种情况有它的特殊性。当时主要是工业的恢复阶段（这个阶段除了美国外，其他国家包括原来工业基础较好的欧洲国家都是如此），对新技术，对技术创新远没有像现在这样迫切，这也从需求方面降低了对金融工具和金融创新的需求。另一方面，当时经济全球化远没有现在这样深化。生产要素，特别是资金和资本的流动远没有像现在这样规模大而又频率高。在这种情况下，资金极度短缺，利率的市场化与否并不是主要因素。所以出现了金融抑制的情况，或者说在较长时间内存在金融深化不够的现象，是可以想象的。经过20多年的发展后，也就是从20世纪60年代后期开始，以德国和日本对美国贸易出现顺差为标志，情况就发生了变化，逐步发展到美国在1971年关闭美元黄金兑换窗口，说明原来的金融体系已不适应经济发展趋势了，引起各国政策制定者的关注。当然也包括上面讲的两位经济学家的观点引起了人们的重视。

由贸易失衡到货币体系重构，再到金融创新，世界经济形势为之大变。这种情况下，一个国家或一个地区的金融抑制就会对经济增长产生更大的影响。笔者认同两位学者关于金融深化对于经济发展具有促进作用的观点，但同时认为不能简单地停留在信贷为主的金融工具上，而应该深刻认识到金融市场和货币体系已经是今非昔比了。换句话说，金融深化和金融抑制不仅仅是利率的问题，而应该联系到当今世界货币总量和金融创新已经发生了极大的变化。仅举一例，从事投资基金管理的人是否已有感觉，早几年还是资金少项目多，这几年已经是资金多项目少了。这从一个侧面说明，巨量资金已经不能为实体经济所吸收和消化，这是一个危险的信号。笔者认为资金流动、实体经济和市场需求三者之间不能形成良性互动和良性循环的话，经济发展就是低效率的，也是不和谐的，更是不可持续的。前面已经提到2014年开发区以制造业为主体的第二产业增加值占全国的比重已经达到20%，开发区高新技术进出口总额占全国的比重是29.7%，而且高新技术出口已经大于进口。开发区作为产业开发和集聚的活跃地区，理应受到社会各界的高度关注和重视。现在我们又已经提出供给侧结构性改革的战略，也就是从产业结构调整入手，实行转型升级。这既需要金融深化的支持，同时也为金融深化提供了很好的出口。开发区自身更应该主动运用好金融工具和金融创新。加快产业发展和创新。联想到我国改革开放将近 50 年，金融体系改革有了很大的进展，开发区建立 40 年，也已经有了相当不错的产业基础，同时又面临需要技术创新来引领结构调整和转型升级的艰巨任务，如何善用金融工具来加快发展，或者说如何提高金融深化的作用，为开发区的发展服务，已经非常现实地摆在我们面前。通过本文的介绍，具体方向应该是明确的，这里不妨提出以下的一些想法。

（1）对于产品和市场已经成熟或有一定规模的企业，通过引入股权投资基金加快进入资本市场，是一个不错的选择。其优点：一是通过募集资金，加快新技术、新项目的建设，这就相当于招商引资，而且这种方式的实际效率和实施的可靠性更高。二是通过公众公司（上市公司）的改造，能够较好地提高企业管理水平，实现现代企业治理结构，更好地实现可持续发展。

（2）对于产品有市场前景，有一定技术含量但规模又较小的企业，可以采用融资租赁的方式。其优点：一是引进先进的设备和技术，提高产品的竞争力，迅速扩大市场占有率。二是在不突破企业资产负债表结构的前提下，解决好融资问题，也可以有效化解资金链的风险。三是有助于提升企业的管理水平。

（3）对于尚未成功的科研项目，包括区内机构或区外机构，也包括企业和科研单位及科研团队，可以选择进行风险投资，相比前两者，这需要一个或数个平台，更需要管理团队和专业的管理人才，当然还需要思想认识及机制的创新。

（4）对于科研成果已经成功，但尚未产业化的项目，可以采用技术转让的方式，相比上述第三种方式，这种方式的投资风险也不可小视，许多技术在实验室，甚至在中试阶段都是成功的，但并不等于大规模商业化就一定能成功，这里除了技术因素外，不能忽视商业因素，也就是市场因素的影响，而这一点恰恰是前面科研阶段没有遇到的，一般来说也是原来的管理团队的弱项。这种情况下，如果配合采用孵化器的模式，应该是一个更好的措施。

　　创新发展离不开金融工具，早在 100 多年前，熊彼特就希望能够建立起一种以创新活动为中心，兼顾货币因素影响来说明经济周期的理论模式。在经历了由金融危机引起的世界经济危机后，又促使大家把目光更多地聚集到了创新发展。30 多年前，开发区刚刚建立时，计划经济正向市场经济转轨，面临的是严重的短缺经济。经历了金融危机后，世界各国却是货币的多次"量化宽松"。无论是开发区，还是国家的现代化，发展还在继续，环境却已改变。需要不断地实践和思考。当然，无论是实践还是思考，其中的核心要素都是创新。

第四篇
国企改革与市场经济

　　本章是本书第二版新增的内容，之所以要在讨论开发区的话题中增加国企改革与市场经济的内容，主要是基于以下考虑。

　　第一，笔者一直有这方面的想法，也有这方面的经历。1985 年，笔者担任宁波开发区第一家中外合资企业的总经理，在这之前，已经在宁波市区担任过国企的厂长。90 年代后又担任了宁波开发区联合发展有限公司（系宁波开发区与央企中国五矿中国机械合资），以及后来的上市公司宁波联合集团股份有限公司党委副书记、董事、常务副总裁，历时 10 余年。在开发区管委会工作期间，还长期分管国有资产的运营和管理工作。可以说有过计划经济时代的企业管理经历，也有市场经济环境下企业管理的直接体会，还有政府部门管理监督国有资产的经验。丰富多彩的实践加上平时多有这方面的思考。一直想把有些想法贡献给出来。当然更希望能抛砖引玉。

　　第二，笔者一直有一个观点，开发区的发展应该孕育出一大批"区域开发运营公司"。

　　开发区和经济特区一样，从一开始就被要求"以市场调节为主"。可以说我国的市场经济改革正是从经济特区和开发区开始探索实践的。笔者长期在开发区工作，自然多有这方面的经验和体会。我们可以通过开发区的发展来认识市场经济。同样我们也可以通过开发区来认识国企改革，这是因为：

　　（1）中国的开发区取得那么大的成功，理应培育出一大批适应市场经济机制并善于负责开发区开发建设的公司，我们不妨称之为区域开发运营公司（或园区开发运营公司，简称园区公司）。在前面讨论开发区管理体制时，曾介绍了三种典型的管理体制，其中就有企业管理模式。有些开发区从成立之初一直到现在，都沿用企业管理的模式，而且都取得了不错的成绩。这当中尤以上海的许多开发区最为典型。而这些开发建设公司大都是国有企业。再有深圳蛇口工业区，虽然名字不叫开发区，但从本质特征看，它也是开发区，是由招商局集团开发建设管理的。而且招商局集团现在已经将这一模式移植到国外产业园区的开发和管理。这当中有许多成功经验可以提炼总结。还有近年来许多地方都明确提出要在开发区体制创新当中，推行"管委会+公司"制。这就把"公司"的制度创新上升到了顶层设计。但具体实施中碰到不少困惑和困难。既有成功的案例。也有现实的问题。促使我们深入研究这一问题。

近年来，许多房地产公司有感于房地产市场的下行趋势，将目光转向了开发产业地产。也就是承担一些地方或区域的基础设施建设，也承担一部分产业项目的招商，同时自己拿到其中的一部分土地来建设商业住宅。有人称之为"产业地产公司"。笔者并不看好这种产业地产公司的定位，因为这类公司的着眼点和落脚点还是放在商业地产上。再通俗一点说，还是瞄准商业住宅。项目招商能力、产业整合能力，营商环境的服务能力并非所长。甚至也不是非常热心于区域的开发建设。即便有时关心或宣传开发区，也是应景之作。笔者认为既然有那么多、那么成功的开发区，也就应该培养出一大批擅长于开发建设和运营管理的区域开发运营公司，它们除了规划、基建外，更应具备项目招商能力、产业整合能力和营商环境服务能力。这一直是笔者多年来的想法，再加上近几年各地推动"管委会+公司"制的改革，正是推动这方面工作的时机。这也是本书再版增加本篇的出发点之一。

（2）2020年4月，中央提出进入新发展阶段，要构建"双循环"新格局。笔者认为"双循环"当中，最重要的是生产要素的循环；"双循环"新格局当中开发区之间的合作是非常重要的抓手和载体，这样既有利于合作者之间生产要素的循环，又有助于营商环境的提升；而开发区之间的合作又以资产为纽带的合作最为有效，因为这样可以产生内生动力，使得"双循环"充满活力并可持续。由此也就不难发现区域开发运营公司（双方合资）应该大力推广。当然，在目前条件下，区域开发运营公司的主要形式还是国有企业或国有资本为主。所以就有必要将它纳入国企改革与市场经济的课题下讨论。

（3）这几年，共建"一带一路"稳步推进，随着各项基础设施项目如高速铁路、高速公路、能源等类型项目的建成，国外一些地方希望借鉴我国开发区的经验，在"一带一路"共建国家兴办开发区，以促进产业集聚和产域融合发展。这样既能提高当地的就业（减贫），增加当地税收，又能提高"一带一路"建设中基础设施项目的利用率，提高投资的经济效益。随着"一带一路"共建国家的产业园区、经贸合作园区等各类开发区的布局和建设逐渐多起来。这当中自然有许多借鉴国内开发区成功经验和做法的地方，最好的抓手就是上面提到的区域开发运营公司的模式。

综上所述，结合开发区的发展，讨论国企改革与市场经济，就有了必要性和可行性。

第三，我国改革开放已有 40 多年，国企改革的探索始终贯穿整个改革开放的过程。取得很大成绩的同时，也一直争论不断。笔者认为其核心问题还是国有企业（国有资本）与市场经济如何相适应的问题。因为改革开放之前，我们就有国有企业，改革开放之后同样也有国有企业。改革开放前后不变的，是党的领导和社会主义制度，改变的则是从计划经济转变为市场经济。换言之，作为国有企业在改革开放前后，面对的政治环境是不变的，而改变的是经济环境。讨论国企改革自然要抓住这个变量。而且我国的市场经济改革是从经济特区和开发区开始的，既然经济特区和开发区是市场经济的探索者和先行者，那么我们就不妨通过开发区这个"窗口"来窥探市场经济的改革进程，还可以对比在计划经济和市场经济不同环境下国有企业如何适应和改革的。进入新的发展阶段后，如何让市场在资源配置中起决定性作用；如何在构建"双循环"的新格局中走创新驱动发展道路；开发区都肩负着"开拓性发展和开创性发展"的使命，同样这又会给国有企业的改革提供思考。

如果我们再将视野拓展到更大的范围和更长的时间，就会发现国有企业到底能不能适应市场经济。国内外上百年，都对这个问题争议不断，而且持否定观点的人不在少数。但另一边，资本主义国家，即使是历经数百年资本主义市场经济的国家，也有国有企业存在，其中不乏发展的不错的国有企业。之所以会出现并长期存在这个问题或争论，一个很重要的原因还是对市场经济的认识不深刻，对国企改革与市场经济的关系，认识不全面。这当中既有实践问题，也有理论问题，这也是一个时代的命题。因此在研究开发区的同时，讨论国有企业改革，有它们的合理性和逻辑性。

本章内容将按照以下的逻辑展开。

什么是市场经济？

市场经济改革是从开发区开始的，从开发区的发展过程认识市场经济是一个很好的样本。

改革开放以来，我国市场经济的改革是如何展开的？不妨从一些标志性的时间节点和改革举措来回顾和认识市场经济，更有其时代感。

同样是国有企业，改革开放前和改革开放后面临的经济环境发生了改变，前是计划经济，后是市场经济。企业是社会经济生活的细胞，作为细胞就应该适应环境并具有活力。所谓物竞天择，适者生存。那么我们就可以从适应经济环境来讨论国企改革的重点和难点是什么？在以上讨论市场经济改革的基础上，进而提出国企改革的一些设想。

第一章　认识市场经济

我国经济体制改革的目标是建立社会主义市场经济。市场经济的本质是通过竞争提高效率。而企业是市场的主体和细胞，细胞要想充满活力，也就是企业要想适应市场经济，就应该首先搞清楚什么是市场经济，尤其是跟计划经济相比有什么不同。所以有必要首先对市场经济和市场经济三大支柱的改革进行讨论。在此基础上，对照市场经济的特点和要求，找到企业或企业改革存在的问题并提出相应的改革方法和路径。需要说明的是，这些方法和路径，不仅适用于国有企业的改革，也适合其他的各类企业。因为市场经济的环境是相同的，适应市场环境的要求也是一致的，同为市场经济的主体和细胞，改革的方向也是一致的。所以在讨论国企改革之前先来了解市场经济。

何为市场？

市场就是商品和服务交换的场所或集合形式。一般从组成市场的三个要素来帮助理解市场和市场经济的概念——人口、购买力和购买欲望。本书第二篇在讨论"可行性研究的研究"中，关于市场三要素已有详细的介绍，这里不再具体展开。

何为市场经济？

市场经济就是以市场为导向来配置资源的经济运行方式。一般与计划经济相对应。

市场导向的本质（底层逻辑）是由人的需求决定。这可以从上面提到的市场三要素，即人口、购买力和购买欲望中得到证明。购买力是人可以支配的经济能力，购买欲望是人的主观要求，人口当然指代需要相应产品和服务的群体。这三者就构成了丰富多彩而又千差万别的市场需求，并通过价格信号层层传递到生产端（供应端），从而给投入产出的经济活动产生引导。在计划经济时代，从事项目（投入产出）投资管理的人都知道一个说法，就是任何项目的出发点无外乎两种情况，一是面向市场，二是面向资源（原料）。经过市场经济的实践，我们深刻地体会到：任何项目依然是要么面向市场，要么面向资源，但归根结底都是要面向市场的。因为面向资源的项目生产出来的中间产品，还是要逐级进入下游生产过程，直至生产出最终产品满足人的消费。如矿石变成钢材，钢材变成汽车。也就是说，任何经济活动（投入产出）都是由人的需求为起点，也是以人的需求为归宿，人的需求通过价格信号层层传导来配置资源或调节经济活动，就构成了市场经济。

众所周知，在改革开放以前，我国实行的是计划经济体制，也就是用计划的手段来配置资源。改革开放以后，从 1978 年开始到 1992 年，经过 14 年的探索，这期间 1980 年开始先在经济特区，1984 年开始又在开发区探索市场经济的改革。一直到 1992 年，党的十四大正式将社会主义市场经济作为改革的总目标，将市场经济改革推向全国。这不仅为我国此后几十年的快速发展奠定了体制机制基础，也为世界经济的发展创立了一种新的模式，其意义非常重大，影响也足够深远。说它改写了世界经济学理论和经济发展史也不为过。经济特区和开发区作为先行先试和先行示范的典型，对此样本进行认真的讨论和总结，想必是一件很有意义的事情。这在本书各个章节都有体现。

何为社会主义市场经济？

社会主义是讲公平的，市场经济是讲效率的。我们将社会主义与市场经济放在一起，也就是将效率和公平放在一起，看起来是矛盾的和对立的。我们能不能让这两者实现辩证的统一呢？也就是在效率的基础上实现公平，在公平的指引下提高效率。改革开放以来的事实已经证明，这是可能的，也是可行的。正如大家所见，我们实现了经济的高速增长，同时又保持了社会的稳定。这是对世界经济理论和经济学史的重大贡献。从哲学和文化的层面来讲，效率和效益是国家发展和人类文明进步的物质基础，而追求效率和效益本身就是文明进步的精神标识。进入现代社会以来，企业则是创造效率和效益的重要载体。国有企业作为先进生产力代表，更应该责无旁贷并理直气壮地高举效率和效益的旗帜，引领经济技术的发展。为社会的文明进步作出贡献。

市场经济的本质特征。

市场经济的本质特征就是通过竞争提高效率。因此各项经济活动和制度都应该围绕这一目标展开。自然关于国企改革与市场经济的讨论也要紧扣这一目标，这样讨论的本身才有意义。市场经济对参与者主体的所有制并不存在先决条件的限制，国有企业不等于低效率，国有企业只是在自身效率低下，不能适应市场竞争的情况下而被淘汰。

市场经济的三大支柱。

相对于计划经济，市场经济的构筑必须要有三大支柱。换句话说，没有这三大支柱，就无法构筑也不能使市场经济得以有效运行。这三大支柱分别是产权制度、价格机制和法律体系。

第一个支柱是产权制度。参与市场交易活动的可以是生产要素，也可以是物品或劳务，还可以是各种性质的企业产权。其品类和数量繁多，可以用数不胜数来形容。但都有一个前提条件必须满足，那就是它们的权属必须明确界定，否则就无法进行交易或交换。在现代社会中，这又往往需要通过法律的手段来加以明确。

第二个支柱是价格机制。要想让市场交易或交换正常进行和发挥效率，就必须建立起一套价格机制。价格不能人为地加以控制，而应该由市场供求关系来产生或决定。否则就会使市场交换失真，市场效率低下，甚至失去市场经济本来的意义。

第三个支柱是法律体系。不难理解上面提到的产权制度和价格机制，都需要法律法规来界定和保护。

笔者将以上这三个产权制度、价格机制、法律体系作为构成市场经济的三大支柱。换句话说，只有这三个支柱建立起来，才能构筑起市场经济的大厦。所谓"三足鼎立"，缺一不可。特别需要指出的是，请大家注意这里的用词。对产权这里用了"制度"，对价格这里用了"机制"，对法律这里用了"体系"。"制度"内在的要求是明确，也就是说"产权"必需明确。"机制"内在的要求是灵敏，也就是说"价格"必需灵敏。"体系"内在的要求是完备，也就是说"法律"必须完备。市场经济的建立有赖于这三个支柱的建立并逐步完善，即产权制度明确、价格机制灵敏、法律体系完备。由此我们又可以得到两个启示，一是市场化改革的成熟程度，可以从这三个方面的进程来衡量。二是这三个支柱需要不断加固，恰恰说明市场经济改革只能是进行时，而没有完成时。下面第二章，我们就会从这三个方面来了解改革开放以来我国市场经济改革的历程。

学习和认识市场经济，不妨借用或研究开发区的样本。因为我国的市场经济改革是从经济特区和开发区开始的，本书第一篇讨论开发区发展阶段时，将开发区第一个发展阶段（1984—1992 年）总结为：开发区突破了计划经济的束缚，探索了市场化的改革，实现了从计划经济到市场经济的突破。也就是说，开发区开拓了或开创了市场经济条件下的新发展模式和新发展路径。这里我们不妨再简单回顾一下经济特区和开发区开始建设时就明确的政策要求。1980 年 5 月 16 日，中共中央以中发〔1980〕41 号文件批转《广东、福建两省工作会议纪要》，决定在深圳、珠海、汕头、厦门试办经济特区，同时明确指出：特区采取与内地不同的管理体制和政策，特区主要是实行市场调节。1980 年 8 月 26 日，第五届全国人民代表大会常务委员会第 15 次会议批准了《广东省经济特区条例》，其中明确要实行一套适应特区性质和要求的管理体制。提出特区内的经济活动，以市场调节为主。这不同于内地的计划指导为主。

1984 年 1 月，邓小平同志视察了深圳、珠海、厦门经济特区，并为深圳经济特区题词："深圳的发展和经验证明，我们建立经济特区的政策是正确的。"同年 2 月，邓小平同志回到北京后正式提出："除现在的特区之外，可以再开放几个点，增加几个港口城市，这些地方不叫特区，但可以实行特区的某些政策。"根据邓小平同志的指示，1984 年 3 月 26 日至 4 月 6 日，中共中央书记处和国务院在北京召开了"沿海部分城市座谈会"，5 月 4 日，中共中央以中发〔1984〕13 号文批转《沿海部分城市座谈会纪要》，决定进一步开放沿海 14 个港口城市，并在有条件的地方兴办经济技术开发区，实行经济特区的某些政策。

由此可见，20 世纪 80 年代开始建设的经济特区和开发区，开启了市场化改革的探索。对照新中国成立后，产业化与城市化建设互相促进，从而走向现代化的发展进程可以知道，改革开放之前，我国已经有过两波产业化和城市化互动，进而走向现代化的开发建设高潮。一是20世纪50年代中期开始的依托重点矿藏资源的开发，建立相应的城市或城镇，如大庆油田和大庆市。二是20世纪60年代开始的"三线建设"，由特定产业项目迁建或新建来带动产业集聚和相关城市建设，如东风汽车制造厂（第二汽车厂）和湖北省十堰市。需要特别指出的是，这两波开发建设高潮都是在计划经济条件下进行的，带有浓厚的计划经济特征。不仅基础设施投资全部由国家投入，就是建区建厂所用的原材料、能源物料和劳动用工的招聘录用都列入国家计划，大学生分配和工人的工资标准也由计划规定。应该看到，在人均资本很低、市场需求单调、产业模式明确的时候，通过计划手段安排有些重点项目的建设，也起到过积极的作用。但随着项目建成投产后，技术和市场都是动态变化的，发展永无止境，后续的发展是向该产业的纵深延伸？还是向相关产业的横向拓展？就会演化出成千上万个组合。到那时就不是计划手段能够很好解决的问题了，或者说计划经济的手段难以适应新形势下提高效率和效益的要求了。

就笔者个人到开发区工作的前后一段时间体会来说，从计划经济向市场经济转变，几件大事亲力亲为也记忆犹新。从中学习到了市场经济的知识，也经历了市场经济思想的洗礼，对后来的工作有很大的启发和影响。

事件一，探索并实践"股权开发"模式。

20世纪80年代开始的经济特区和开发区建设，一开始就明确大胆探索运用市场经济的办法。不仅国家没有安排预算内投资，所用的基建原材料、能源供应也不列入计划分配，区内就业的工人也突破了国家的用工"指标"和人事部门规定的工资"标准"，由企业自主决定。一方面，开发区内的企业，无论外资企业，还是国有企业，作为市场经济的主体，受到两种体制的困扰自不待言。但从结果看，应该说各种所有制的企业都较快也较好地适应了经济体制转型的要求，绝大部分企业都确立了市场竞争的意识和优势。另一方面，对于开发区整个区域的开发来说，也不得不面临经济体制转型的挑战。当时有一些非常形象的说法，如"自费开发""自主开发""自负盈亏""自我平衡"等就是非常生动的写照。就区域开发建设来说，从计划经济转向市场经济后，还会演变出两种具体的模式，即债权开发（投入产出按债权分析和处理）和股权开发（投入产出按股权分析和处理）。开发区管委会通过向银行借款进行开发，从开发主体的角度看，主要体现的是债权开发。这是当时大部分开发区的做法。而由企业作为开发主体进行开发，更多表现为股权开发。如蛇口工业区，就是由招商局公司负责开发建设。1988年，笔者所在的宁波开发区进入第四个年头。开发初期人民银行按经过批准的开发面积提供的开发贷款已经用完，基础设施建设尚未全部完成，招商引资和产业开发刚刚艰难起步，一时做不到滚动开发。我们就大胆探索吸引中国五矿和中国机械两大央企共同开发。两大央企现金出资1.4亿元人民币，和宁波方面组成联合开发建设公司，各占50%的股份。商定由合资公司统筹整体开发建设整个开发区。这是我们大胆探索市场经济条件下区域开发建设的一个尝试，在当时引起轰动，被誉为"宁波模式"。笔者当时具体承担了企业营业执照的办理，在《公司法》还没有出台的情况下，如何规范公司的成立，又如何将区域开发纳入经营范围等等，既充满困难，也积极探索，更学习到了许多知识。

事件二，办理国家开发贷款。

第一批开发区成立时，按当时的有关规定，各个开发区经过批准的首期开发面积，可以按照每平方千米1亿元人民币的标准，向人民银行申请基础设施建设的人民币贴息贷款，年实际利率是4.32%。宁波开发区当时经批准的首期开发面积是1.3平方公里，可以获得1.3亿元的贴息贷款，笔者前后历时数年，曾亲手经办过这笔款项的贷与还。细心的读者可能会从以上这段文字中发现一个问题：人民银行作为央行怎么会办理具体贷款业务呢？这恰恰是当时计划经济与市场经济矛盾的一个侧影。因为1985年后，工商银行才从人民银行分离，具体承担商业贷款业务。这之前人民银行既承担央行的职责，又承担商业银行的贷款业务。记得当时全国开发区的开发贷款总数也就是 20 多亿元。后来没有继续安排，而是逐步走向完全的市场化改革。作为基层一线工作的同志，我们也曾经向有关部门反映，希望这个开发贷款能按照计划经济的办法，作为国家投资，不用归还了。这是因为一方面感到经济压力较大，另一方面也出于计划经济的习惯思维。但有关部门没有同意，同时也耐心做我们的工作，说明探索市场经济改革的意义。作为具体从事这项工作的人员，不仅理解了国家改革开放的决心，也学到市场经济当中的金融知识，也使得开发区的同志较早地接受了市场经济思想的洗礼。

事件三，学习并应用"可行性研究方法"。

可行性研究是市场经济当中研究投入产出分析的方法。在开发区工作，搞市场经济改革，对外开放与国外资本打交道，首先就要学习可行性研究方法，或者说先要掌握"可行性研究报告"这个工具。就像我们与外国人打交道，先要学习并掌握外语这个工具一样。笔者参加了1984 年秋天由中国科协和天津市经济管理干部学院联合举办的"项目引进可行性研究培训班"学习，比较早地接触了可行性研究知识。又因为较早参加开发区的工作，也是比较早地接触并熟悉了市场经济的知识。40 多年前就能够学习并实际接触到的市场经济这些知识和理念，至今记忆犹新，受益匪浅。

学习可行性研究方法，本身就是学习和了解市场经济的知识。因为可行性研究首先就是研究市场机会，其次是对投入产出进行动态分析。过去我们测算投资不算利息，也不算贴现，没有金钱的时间概念，再次还要研究价格，还要引入影子价格等等。整个过程都贯穿了市场经济的理念和观点，运用可行性研究报告本身就是学习并适应市场经济的过程。使用可行性研究方法来熟悉市场经济，还体现在项目的选择和评价上。因为可行性研究当中就有一句话，叫做"市场是前提，技术是关键，经济是核心"。

1992 年后，全国开始进行社会主义市场经济改革。因为有了这些学习和实践的经历，笔者曾应邀在《浙江金融》杂志上发表了《项目的经济评价问题探讨》，文章依据自身的体会，就市场经济改革全面推开后，对可行性研究的经济分析提出了三个层次、四个原则、五个指标的建议。受到了许多同行的欢迎。

1992 年以后，国家明确社会主义市场经济的改革目标，不仅改变了开发区发展的外部条件，也为我们彻底突破传统经济理论和经济思想史的约束创造了条件。当然作为开发区工作的同志，有了经验和知识的积累，建立起了市场经济的底层思维，对此后的工作大有裨益。

社会主义市场经济改革，至今已有 30 多年，其成就有目共睹，其经验弥足珍贵。正如习近平总书记指出，理论和实践都证明，市场配置资源是最有效率的形式。市场决定资源配置是市场经济的一般规律，市场经济本质上就是市场决定资源配置的经济。

第二章 市场经济的改革历程

如前所述，笔者认为市场经济有三大支柱，分别是产权制度、价格机制和法律体系。换句话说，这三大支柱支撑起了市场经济的大厦。改革开放以来，我国分别在这三个方向进行了循序渐进的改革，取得了巨大的成功，引起世人的瞩目和称赞。下面就重点从产权制度和价格机制的改革来了解我国市场经济的改革过程。

一、产权制度的改革

在我国市场化改革进程当中，产权制度的改革具有特殊的重要意义，这可以从以下两个方面来加以理解。

首先，从改革的过程看，我们是从计划经济转向市场经济。计划经济暗含着一个前提条件，就是所有制性质必须是公有制，甚至是全民所有的公有制，也就是产权必须是公有的。否则就不存在国家代表全体人民利用行政手段配置生产要素的基本前提。而市场经济的本质是竞争促进效率提高，这当中也暗含着一个前提条件，就是市场主体必须是多元的，否则竞争也无从谈起。或者说，市场主体无法根据市场给出的价格信号，自己或自主进行配置资源的决策和调整。而市场主体之所以具有这些权力和权利的基础是他们拥有产权，并且这个产权必须通过法律加以界定。因此从计划经济向市场经济转变，产权制度是绕不过去的一个关键点。

其次，从改革的目标看，众所周知，我们改革的目标是社会主义市场经济。社会主义的本质是实现公平，市场经济的要求是提高效率。而市场经济本身对于企业所有制的性质，也就是市场经济对于参加市场活动主体的所有制并没有严格的整齐划一的限定，也没有说各种生产要素和生产资料必须是公有制的。这就提示我们，产权制度的改革有很大的创新空间。

综上所述，从市场经济的构成条件看，产权必须先予界定。但从市场经济改革的过程看，界定产权又可以循序渐进。这就为我国的市场化改革提供了边干边学的条件，"摸着石头过河"就是非常形象的写照。这一点不同于苏联和东欧国家的改革，实践证明，这样循序渐进的改革至关重要。回顾我国在产权制度方面的改革实践，简单地讲就是两条：一是承认私有产权，二是两权分离。

下面从改革开放的过程，梳理了 5 个主要生产要素（生产资料）界定产权并进行产权制度改革的具体内容和时间节点，并加以讨论。

1. 农村土地使用权与所有权分离

1978 年改革开放以后，首先推动的产权制度改革，就是农村的土地两权分离，也就是土地使用权和所有权的分离。在土地为国家所有，即公有制的大框架下，以家庭联产承包责任制为载体，尝试土地两权即所有权和使用权分离的改革。明确以农户为单位，拥有土地的使用权，并独立经营，自负盈亏。农户以土地作为生产资料的使用权为基础，同时占有劳动成果（土地产出）的所有权。这是对产权制度的重大调整，也是我国改革开放以来调整和推行产权制度改革的发端之作，其意义非常重大。从某种意义来说，正是农村土地两权分离改革的推行和成功，使更多的人，当然包括更多的非农民群体认识和理解了产权改革的意义。许多文件（政策规定）和文章（学术讨论），都将此作为我国改革开放标志性事件和突破性改革是有道理的。

2. 个（体）私（营）经济

这里有必要先说一下个体经营。据有关资料介绍，改革开放前，全国只留下个体经营户 14 万户，从业人员 15 万人。1980 年 8 月，中共中央发布《进一步做好城镇劳动就业工作》的通知。支持返城的知识青年开展个体经营。在 1980 年底，全国从事个体经营的人数达到 80.6 万人。另据资料介绍，农村改革全面推开后，出现了社队企业，1984 年又正式更名为乡镇企业。开办之初其财产为社队所有，产权并不明晰。90 年代中期开始产权制度改革，到 2000 年，95% 的乡镇企业（168 万户）完成产权制度重构。其中 20 多万户转为股份制或股份合作制，130

多万户转为个体私营企业。

同在基层改革的同期。1983年1月，中共中央发布《当前农村经济政策的若干问题》（第一个1号文件），1988年4月，全国人大七届一次会议通过《宪法》修正案，都正式明确了"私营经济是社会主义公有制经济的补充"。同年，各地工商行政部门开始办理私营企业的注册登记。

1981年7月颁布的《国务院关于城镇非农业个体经营若干政策性规定》，明确个体经营户一般是个人或家庭经营。从个体经济和私营经济在生产资料的所有和劳动成果的占有两方面来讲，都是私人占有。而在劳动用工的雇佣方面，严格来讲在当时是有所区别的。但随着时间的推移，界线也逐步模糊。在产权的转让交易方面，则有明显的差别。个体经济从理论上讲，这是个人或家庭经营，一般不会涉及（企业）产权的交易。但私营企业则有产权的转让，当然也有经营上的有限责任，所以这里也将它列为产权改革的一个方面。

3. 外资经济

《中外合资经营企业法》（1979年）、《外资企业法》（1986年）和《中外合作经营企业法》（1988年），分别规范了涉及外资的三种类型的企业，对外资企业的设立、章程、经营期限以及相关的权利义务责任作出了规范和规定。在1993年《公司法》颁布后，三类涉外企业应该说同时要适应《公司法》和"外资三法"，对企业产权的规定并无太大的冲突。因此可以说外资经济一开始产权就是明确的。

4. 国有经济（国有企业改革，1984年、1988年、1992年、1993年）

1984年，中共十二届三中全会，通过了《关于经济体制改革的决定》，首次提出了经营权与所有权分开的观点。

1988年，先后颁布了《全民所有制工业企业经营责任制暂行条例》和《全民所有制工业企业法》（以下简称《企业法》）。《企业法》当中规定"国家依照所有权与经营权分离的原则授予企业经营管理"；企业"依法自主经营，自负盈亏，独立核算"。这当中非常重要的一点就是回避了"有限责任"的规定。

1992 年，中共十四大明确，社会主义市场经济是我们改革的目标，关于国有企业改革则提出"产权明晰，权责明确，政企分开，管理科学"的要求。

1993 年《公司法》颁布，国有企业作为企业形态之一，同样受到《公司法》的规范。这也为社会主义市场经济当中，所有企业平等对待和规范经营奠定了法律基础。

5. 知识产权改革

知识是一种重要的生产要素，市场经济条件下，也必须界定权属。

从我国市场经济改革的角度看，对知识产权的认可和立法保护，倒是一点不慢，早在 1982 年 8 月 23 日，我国就制订商标法；1984 年 3 月 12 日制定了专利法；1990 年 9 月 7 日，制定了著作权法，这三部法律都在 1992 年决定社会主义市场经济改革目标之前，就已经出台，充分体现我们作为文明古国，重视知识、重视文化的优良传统，在市场经济条件下得到发扬光大。如果说这是情理之中，那么相比之下这些年来我们在实行知识产权的价格形成和执法保护方面，似有不足则是意外。进入新的发展阶段以来，特别是大力倡导创新驱动发展的要求下，各地纷纷以技术交易市场的方式，推动知识产权的价格形成，是一大进步，也是市场经济改革的进一步深化，相信会对市场经济的发展起到积极的作用。

二、价格改革的重要事件和时间节点

一个有效率、有规则、有秩序的价格体系，是市场经济的重要支柱，舍此，市场经济就无从谈起。价格改革也是我国计划经济向市场经济转型的重要内容，我国的价格改革具有以下几个特点：

第一，经历的时间很长，贯彻整个改革过程。即使到目前为止，价格改革也不能说都完成了，也不能说适应我国市场经济要求的价格体系都完全建立起来了。

苏联和东欧国家，进行市场经济改革时，采用了所谓的"休克疗法"。可以说一夜之间放开价格，结果引起严重的通货膨胀，甚至造成社会动荡。而我国的价格改革循序渐进，不断总结经验，这是我国改革开放取得巨大成功的又一个重要条件和成功经验。

第二，我国的价格改革，涉及的面很广，从农副产品到一般工业消费品，从生产资料到土地资源要素，从企业产权到知识产权，几乎涵盖了国民经济运行的所有领域。这一方面反映出，我们市场经济改革的深度和广度。另一方面也反映出我们改革开放的态度和决心。

第三，我国的价格改革有许多往往与产权制度的改革相伴相生。我国的改革不仅是从计划经济简单地转向市场经济，而是要建立社会主义的市场经济，自然会超出传统经济理论认知的局限。这当中不仅会涉及商品和要素的所有权问题，而且还会触及企业产权的价格和所有制问题。因为企业作为市场经济的参与者，它本身也会面临交易转让的定价问题，所以我们这里同时结合价格改革和产权改革的具体情况加以说明。

下面，就从六个方面价格改革的若干个标志性步骤，来简单回顾价格改革的进程。

1. 农产品、工业消费品、工业生产资料（1985 年、1991 年、1994 年）

价格改革首先是在农副产品当中开始。随着农村家庭联产承包经营责任制的推开，农副产品马上丰富起来。随着产量的大量增加，农副产品价格改革的条件也趋于成熟。"交够国家的，留足集体的，剩下的全是自己的。"农民对劳动产品的占有权得到充分保障。1985 年开始，国家用合同定购取代粮食统购。1993 年，实行粮食市场自由购销。

工业消费品的价格改革也与农村改革有关。农村家庭联产经营承包责任制全面推广后，农业生产效率大幅提高，使得农村劳动力富裕，也有了资金积累。同时针对当时工业消费品的短缺，国家实行轻重工业之间的结构调整，实行轻工业"六优先"政策，即原材料、燃料、电力供应优先、技术改造优先、基本建设优先、交通运输优先、银行贷款优先、外汇和技术引进优先。在国家政策鼓励下，大量农村富余劳动力就转向社队企业和乡镇企业生产工业消费品。乡镇企业生产的大量工业消费品不仅较快弥补了市场短缺，也为其后的价格改革创造了条件。

20 世纪 80 年代，国家已经开始生产资料的价格改革。工业产品包括生活资料和生产资料在完成企业承包经营计划任务后，超产部分国家允许实行"市场价格"销售。这样就出现了既有"计划价"又有"市场价"的双轨制。根据 1985 年的统计，国家定价部分比例，也就是实行计划价格的产品比例：采掘工业品 95.1%，原材料产品 74.6%，加工工业品 41.4%。到 1991 年以后，计划价逐步与市场价并轨，双轨制取消。1992 年党的十四大明确社会主义市场经济改革目标后，1993 年开始到 1995 年，生产资料价格的市场化改革基本到位。

2. 企业产权的价格改革

前文提到，改革开放初期，我国就非常重视企业产权的改革，但企业产权必须通过流通和转让及其定价机制才能实现。否则企业产权只能是"虚"的，或者说有价无市。企业产权价格改革最重要的标志和最集中的反映就是证券交易所的成立，或者称之为资本市场的建立。

1990 年 11 月和 12 月，上海证券交易所（上交所）和深圳证券所（深交所）成立。

2004 年，深交所设立中小企业板。

2009 年，深交所设立创业板。

2019 年，上交所设立科创板。

这里特别值得一提的是，2005 年我国对证券交易所的上市企业进行了股权分置改革。证券市场设立之初，许多上市企业都是由原有企业改制（股份制改造）而来。这就涉及新进股东和原有股东的关系。由于经验缺乏，相关的制度配套不健全（如老职工的社会保障问题），所以就将新老的股权划分为流通股和非流通股。顾名思义，流通股在企业上市时，就可以直接流通，价格也就由市场供求关系决定。而非流通股，不能在证券交易所流通交易。随着时间的推移和上市公司的增多，两种不同性质的股权越积越多，对企业的治理产生了不良的影响，甚至对整个市场经济的改革也产生了阻碍。2005 年，经过大量的调查研究和改革论证，采用非流通股给予流通股一定补偿的办法，解决了非流通股的上市流通问题。用发展的方法来解决发展中存在的问题，这是一个非常成功的实践。这样自然也就解决了同股不同价的问题，这是企业产权价格改革当中的一个里程碑式的事件，是市场经济当中价格改革的一次重大实践和成功范例。

企业产权市场的建立，对市场经济的价格改革具有重大的意义，不仅为产权提供价格。而且因应了企业产权价格是各种生产要素价格集中反映的重要命题。因为企业产权市场是处于各种市场包括产品市场和要素市场的中心枢纽地位，所以它的价格往往也是各种价格的综合反映。对于价格体系的建成乃至于市场经济总体改革都具有基础性和决定性的作用。

3. 土地使用权价格

用于住宅用地的土地价格改革下面结合房地产改革来谈。这里主要谈谈作为生产要素的工商业土地使用权的价格改革，也就是主要用于生产经营用的土地使用权的价格改革。

1979 年通过的《中外合资经营企业法》，规定出于鼓励引进外资兴办合资企业的需要，中方可以用场地使用权作价，作为中方出资的股份，或土地用于出租，可以向合资企业收取土地使用费。这是我国土地使用权制度和价格改革的肇始，打破了无偿使用的制度。1982 年，深圳经济特区开始按不同等级收取土地使用费。

1988 年，七届人大一次会议修订的《宪法》规定"城市土地使用权可以依法转让"。在这之前，1987 年，国务院批准深圳、上海、天津、广州、厦门、福州进行土地使用制度改革试点。1990 年 5 月国务院发布《城镇国有土地使用权出让和转让暂行条例》和《外商投资开发经营成片土地暂行管理方法》，明确可以采用协议、招标和拍卖三种方式。

4. 城市房改

城市房改是市场经济改革的重要内容，这里我们把住宅用地制度改革放在价格改革当中来介绍，实际上它既涉及价格改革，又涉及产权改革。

早在 1983 年，国务院发布的《城市私有房屋管理条例》中就提到国家依法保护城市公民私有房屋的所有权。这可以认为国家承认了住房的私有产权性质。1987 年 12 月 1 日，深圳进行第一次土地公开拍卖，标志着与商品住宅结合的土地使用权市场化改革的尝试。1986—1997 年，住房制度一直尝试从福利制度转向与市场经济接轨的改革，其间也实行过双轨制。1997 年亚洲金融危机后，国内正式确立房地产行业是国民经济重要支柱产业的定位，之后全面市场化的改革逐步推开。

5. 汇率改革（资金价格）

众所周知，资金作为重要的生产要素，其价格改革对市场经济的建立起到至关重要的作用。资金的价格改革一般涉及利率和汇率。下面重点以汇率改革加以简述。

1984 年之前（开发区成立之前），我国实行官方汇率和贸易内部结算汇率并存的双重汇率制度。贸易内部结算价按当时国内出口商品的平均换汇成本加 10% 利润确定。为 1 美元兑汇 2.8 元人民币（官方汇率）。1985 年开始，实行双轨制的汇率政策，这一点跟当时我国价格改革推行双轨制相仿，除了官方汇率（可以理解为计划价），同时存在外汇调剂市场价格（也可与当时的市场价相仿），其后汇率在 1：5.3（美元/人民币）左右。

1994 年，根据建立社会主义市场经济的改革要求，随着各类价格市场化改革的推行，汇率也进行了较大幅度的改革。主要内容有：取消双轨制、取消外汇留成、实行银行结售汇制度。同时设立银行间外汇市场，汇率调整到 1：8.7（美元/人民币），后长期停留在 1：8.27（美元/人民币）左右。

2005 年开始进一步改革汇率制度，以建立有管理的活动汇率形成机制为目标，其后又有多次类似的改革，如 2010 年（6.19 改革）、2015 年（8.11 改革）和 2017 年（5.26 改革），这些改革的主要内容以市场供求为基础，从单一钉住美元汇率到参照货币篮子，实行货币当局的适当管理等。汇率以 2008 年美国金融危机发生为界，后期在 1：7（美元/人民币）以下。

上面我们简要介绍了产权和价格改革的历程。至于市场经济的另一支柱法律体系，重要性不难理解。甚至有人说市场经济就是法治经济。总的来说，社会上对此认识比较一致，过去几十年的立法和普及工作多有说明。各种法律的立法时间和主要目的，相关的资料都有介绍，这里就不做深入讨论。

党的十九大报告指出："经济体制改革必须以完善产权制度和要素市场化配置为重点，实现产权有效激励，要素自由流动，价格反应灵活，竞争公平有序，企业优胜劣汰。"从以上的十九大报告内容中，我们也就不难领会产权制度、价格机制及法律体系这三大支柱之于市场经济的重要性。

通过以上介绍，想必大家对我国市场经济的改革历史不仅有了时空感和时代感，也会对市场经济改革的难度进一步加深了了解，当然我们还应该意识到，市场经济的改革仍在继续。

第三章　国企改革的回顾和思考

第一节　国企改革的回顾

一、改革开放以来国企改革简述

以下摘取改革开放以来（党的十一届三中全会），有关国企改革重要时间节点和主要内容，我们不仅可以从中了解国企改革的艰难历程，也希望有助于我们从中理出改革的逻辑路径。

（1）1978 年 12 月，党的十一届三中全会决定：把党的工作中心转移到经济建设上来。1978 年 12 月，邓小平同志指出："现在我国的经济管理体制权力过于集中，应该有计划地大胆下放，否则不利于充分发挥国家、地方、企业和劳动者个人四个方面的积极性，也不利于实现现代化的经济管理和提高劳动生产率。"这当中已经把企业作为调动积极性的对象之一。

（2）1979 年，国家选定 8 家企业作为承包经营的试点企业。第一家实行承包制的企业是首钢。

（3）1983 年，国有企业实行"利改税"。这不仅为国企改革提供了理论认识创新的空间（两权分离），也为其后的改革创造了条件（政企分开，企业成为市场主体）。

（4）1984 年，党的十二届三中全会通过《关于经济体制改革的决定》。首次提出国企改革的方向是实现经营权与所有权分开，同时提出社会主义经济是公有制基础上的有计划的产品经济。这是一个非常重要的时间节点。离党的十一届三中全会召开，也就是开始改革开放已经有6 年，但改革的目标仍在探索当中，这里的提法还是有计划的产品经济。也是在这一年第一批国家级开发区批准成立，并且参照经济特区的经验，实行"以市场调节为主"。表明国家要求经济特区和开发区能够开拓新的发展路径，开创新的发展模式，这当中自然也包括了开发区的国有企业需要运用改革的思路开拓发展。本书前述已经详细研究了开发区在市场经济条件下开拓新发展路径和开创新发展模式的经验。

（5）1988年国家先后出台了《全民所有制工业企业承包经营责任制暂行条例》和《全民所有制工业企业法》。后者规定国有企业"依法自主经营，自负盈亏，独立核算。"国家依照所有权与经营权分离的原则授予企业经营权。请注意，这里没有"有限责任"的表述。一方面可以理解为当时国有企业亏损面较大，难以实行"有限责任"的操作，另一方面也反映出对于市场经济中产权制度（权利与义务）的认识还不够深刻。

（6）1992年春天，邓小平同志发表南方谈话。同年秋，党的十四大明确提出社会主义市场经济的改革目标，其中关于国有企业改革的目标则是：建立"产权明晰，权责明确，政企分开，管理科学"的现代企业制度。

（7）1993年《公司法》颁布。其中关于国有企业规定："国有企业改革为公司，必须依照法律，行政法规规定的条件和要求，转换经营机制，有步骤地清理债务，评估资产，建立规范的内部管理机构。"《公司法》中专门设立第三节为国有独资公司。以上关于国有企业改制的具体路径和规定已经在2005年《公司法》的修订中去除。

（8）1999年，党的十五届四中全会《关于国有企业改革和发展若干重大问题的决定》，提出推进投资主体多元化，健全法人治理结构。该决定对于优化企业股东结构和提高企业治理结构提出了新的要求。可以说为国企改革，特别是适应市场经济要求的改革进一步指明了方向。

（9）2003年，国务院国资委成立。党的十六届三中全会公布《中共中央关于完善社会主义市场经济体制若干问题的决定》，明确了政府管理职责和国有企业出资人职能的分开。至此有了更加具体的国企改革方向和原则。

2013年10月，党的十八届三中全会通过《中共中央关于全面深化改革若干重大问题的决定》，关于国企改革提出："推动国有企业完善现代企业制度。"关于经济体系改革提出："经济体制改革是全面深化改革的重点，核心问题是处理好政府和市场的关系，使市场在资源配置中起决定性作用和更好发挥政府作用。市场决定资源配置是市场经济的一般规律。健全社会主义市场经济必须遵循这条规律，着力解决市场体系不完善、政府干预过多和监管不到位问题。"党的十八届三中全会为继续深化改革作出了全面的部署，其中经济体制改革和国有企业改革不仅是重要内容，而且由于经历了多年的实践探索，无论是总结经验，还是开创新局面，我们又站上了新的起点，更加令人期待。

通过以上对改革开放以来我国国企改革历程的回顾，我们不仅可以了解国企改革的具体进程，在建立历史纵深感的基础上获取自豪感和责任感。我们还可以从中得到一些有益的启示：与别的领域一样，国企改革也是循序渐进的；国企改革必须与市场环境相辅相成；国企改革和市场经济的建立都是动态的，是不断完善不断提升的过程；任何以为市场经济改革和国企改革已经完成的想法，是不符合实际的。有道是让历史照亮未来。笔者认为当下和未来的国企改革必须坚持贯彻现代企业制度的定位，即"产权明晰、权责明确、政企分开、管理科学"。国企改革的重点应该抓住"现代企业治理结构"这个中心问题，针对现代企业所有权与经营权分离的特点，建立一套组织结构和制度安排，形成有效制衡，从而降低委托代理成本，提高企业的竞争力和效率。

第二节　国企改革的思考

当前国企改革面临的主要问题：

（1）股东的人格化倾向弱化。

（2）比照行政级别现象明显且固化。

（3）企业内部人控制现象时有存在，委托代理关系不清晰不合理不科学。

（4）企业层级过多，管理链条太长。有时还会导致突出主营业务与多元化经营之间的矛盾。

（5）董事会与经理层的职责划分不清晰，运作不顺畅，成为现代企业治理结构的核心问题。

（6）激励机制作用有待加强。

（7）信息不对称（公众公司的普遍现象）。

我们讨论国企改革就是要解决以上这些问题，必须把握问题的两面性，一方面，市场经济对企业的所有制性质并没有给出特定的限制，市场经济的参与者可以是私有制的企业，也可以是公有制的企业。就像国外的市场经济，也有一些国有企业或国有控股企业。所谓国有企业与市场经济不相适应或不能适应，实际上是一个伪命题，也可以说这是属于人为制造的焦虑感。另一方面，我们改革的目标是建立社会主义市场经济，而企业作为市场的主体或细胞，就要做到适应市场经济。前文已经讨论过市场经济的本质是竞争促进效率，所以国有企业的改革就应该将适应市场竞争，进而提高效率作为中心目标。本文认为，虽然国有企业改革提高效率的路径和内容有许多，但其中的重中之重就是提升"现代企业治理结构"水平。另一方面，即使是私有制企业，如果没有建立良好的现代企业治理结构，也不能适应市场经济，也要被市场淘汰，这方面的例子并不少。因此，现代企业治理结构是所有企业"适者生存"的价值观，也是各类企业"物竞天择"的方法论。正如 2013 年 11月 15 日发布的《中共中央关于全面深化改革若干重大问题的决定》中提出："健全协调运转、有效制衡的公司法人治理结构。建立职业经理人制度，更好发挥企业家作用。"

这里有必要说明的是，本文所提的现代企业治理结构既是一种状态，表现为有没有达到。也是一种内容，表现为我们应该紧紧抓住的工作。下面就此展开详细讨论。

第三节　提升现代企业治理结构水平

现代企业治理结构是现代企业运行的一套工作规则、制度和运行机制。重点突出各相关方之间责权利的平衡、制衡和均衡。本节重点针对国企改革如何进一步适应市场经济的要求，讨论现代企业治理结构的完善和提升。

现代企业治理结构的前提条件：（1）法人财产独立，负有限责任。（2）所有权与经营权分离，存在委托代理关系。（3）参与主体法律上平等，没有明显的从属关系。

现代企业治理结构的具体内容包括：（1）股东结构和行为。（2）信息披露公开。（3）委托代理关系，重点表现为董事会和经理层的关系。（4）对外投资架构和管理，重点表现为企业管理层次和管理链条。广义的治理结构还包括其他利益相关方，如企业员工、供货商、银行等。以下重点就第（1）（3）（4）方面的内容，围绕如何提高现代企业治理结构展开详细讨论。

一、优化股东结构和强化股东的人格化倾向

改善国有企业的治理结构要从股东做起，改革的重点方向应该是优化股东结构和强化股东的人格化行为模式。

先来讨论股东的人格化问题。按照《公司法》规定，公司股东享有公司资产和收益的占有权和处置权以及公司管理上的人事委派权，即财产处置权、盈利分配权、人事选择权。毋庸置疑，股东投资的目的自然是收益，对于投资的财产和收益理所当然享有占有和处置的权力。但也应该知道其用于投资的资产，客观上已经形成了独立承担民事责任的财产，也就是我们平常所说的新的法人财产。由此不难理解，股东对投资财产的占有和处置权更多地表现为一种权属，而不是具体资产的使用。同时显而易见，各个股东对投资财产的处理或管理需要面对新的法人机构。换言之，股东之间及股东与所投资公司之间都是以法人或自然人（股东）的面目出现。从这个意义上说，现代企业治理结构当中，要善于处理"人"的关系。因此，突出股东的人格化倾向（包括法人股东和自然人股东），也就显得有了特别的意义。

首先，突出和强化股东的人格化倾向和行为，有利于市场经济的改革和完善。就市场经济来说，无论是政府的宏观调控，还是市场的自身

调节，市场的预期是否理性，都至关重要。从经济学理论看，虽然有不断的修正和前提条件的约束，但理性经济人的假设仍然是市场经济当中一个最基础的前提条件。股东（包括法人和自然人）把自己定位于市场经济的具体参与者，自然也在潜意识当中充当了理性经济人的角色，现代企业治理结构当中要强化股东的人格化倾向，引导股东拟人化思考，如此，股东的行为才是可预期、可分析、可判断、可合作的。只有这样，才有利于企业各参与方对相关方的行为以及对市场的预期更趋理性，也只有这样，才能让市场对企业的行为（包括股东的行为）产生理性预期，从而促进市场主体与市场环境的良性互动。这也是现代企业（公司）制度所暗含的必须适应市场经济的一个前提条件，否则也就没有所谓"现代企业制度"了。

其次，突出或强化股东的人格化倾向和行为，有利于摆脱计划经济的惯性思维，更好地实现政企分开。众所周知，社会主义市场经济是由计划经济转变而来。受此影响，国企股东尤其是国有大股东的人格化倾向往往不明显，甚至还会有意无意间延续政府行政的思维。强化股东的人格化行为，做一个积极而有限的股东，既有利于克服政企不分的惯性思维，又有助于避免产生股东虚化的现象，从而促进股东与股东之间以及股东与企业之间的行为理性、目标趋同、合作愉快。

前文已经提到，早在 1988 年，宁波开发区与中国五矿中国机械成立了宁波联合集团公司，注册资金一亿元人民币，负责整个宁波开发区（一期 3.9 平方千米）的开发建设和招商引资等。这在当时是很有突破性的创举，曾被誉为"宁波模式"。就公司治理结构来说，成立了股东会、董事会、监事会和经理层。每年一般召开两次董事会，在当时来说，这已经是非常规范的有限责任公司和公司治理结构。要知道我国的《公司法》是 1993 年才正式出现，市场经济全面改革也只是在 1992 年才确立。笔者担任过该公司的董事（代表开发区管委会一方）和公司总裁助理兼财务处的处长，对有些工作至今记忆犹新，这里单就公司治理介绍一点情况和体会。

开始几年每次开董事会不仅工作量大，而且难度不小，主要原因之一是作为政府出资人的一方，股东的人格化倾向不突出，对开发建设的经营意识不强，把自己等同于政府行为，财务部门编制的董事会材料习惯沿用政府机关投入产出的核算方法，也就是收付实现制，以此来计算基础设施的投入和招商引资的土地出租和出让收入。这样一来在建设前期就不可能反映基础设施投入的盈利，客观地讲也不能真实地反映公司资产负债表的真实情况。中国五矿和中国机械的董事和代表，不能理解这样的核算方法，每次开会大家就会反复讨论，甚至争论，难以取得一致意见。董事会会议有时会开上一个星期。1992 年财政部公布了《企业会计准则》和《企业财务准则》，作为公司的财务处处长，笔者在详细研究之后，意识到这两个准则是我们合作各方的共同语言，也是转变企业经营意识和推动股东人格化倾向的现实抓手。所以决定在整个集团公司推行了这个新制度，虽然当时财政部门还没有硬性规定要实行这个制度，我们宁可新旧两个制度并行，增加工作量，也还是要求各下属企业采纳了新制度。后来根据新制度编制的财务会计资料，上报董事会，很容易取得共识，达成一致。这当中的核心问题就是我们借用新的财务核算制度和方法，使得各方在此基础上更容易也更准确地表达了股东作为市场主体的参与者和理性经济人的判断或诉求。当然更突出的转变，就是作为政府一方的股东，我们强化了股东的人格化倾向和行为，也扮演了更加积极而有限的股东角色。

强化股东的人格化倾向还应该从股东的内部管理着手，从投资企业与被投资企业的关系来说，这一点对于国有股东尤其是控股的国有大股东来说更有重要意义。下面结合讨论优化股东结构后再对此作详细介绍。

再次，优化股东结构问题。众所周知，国有企业改革的目标从党的十四届三中全会提出："产权清晰、权责明确、政企分开、管理科学。"其中产权清晰放在最前面，这就说明了优化股东结构的重要性。许多国有企业往往是由国有独资公司改制而来，有些国企的股东就是国资委出面，如何强化国有股东尤其是控股股东的人格化倾向，仍然是一个值得重视的问题。这当中首先面临的就是如何使股东构成上持续优化。笔者认为已经上市的国有控股企业不妨利用资本市场来优化其股东结构，更加具有操作性和示范意义。下面不妨以央企为例具体展开讨论。

2003 年以后，国务院国资委和各级地方政府的国资委逐步成立，国有企业的出资人有了明确定位，但国企不能适应市场经济改革要求的现象时有出现，其中一个原因就是股东构成不够合理，不利于强化股东的人格化倾向，尤其是一股独大的现象不利于现代企业治理结构的提升。一段时间以来，决策层积极探索国有资本投资运营公司的模式也从一个侧面也反映出这方面的问题。另一方面，从发展的眼光看，随着我国进入人均中等收入阶段以后（人均 GDP 的增长），许多老百姓的收入可以转化为资本投入。充分利用资本市场来发展国有企业，这既是我国发展的一个有利条件，也是全体人民拓展财产性收入，走共同富裕道路，体现社会主义本质要求的一个重要内容。这当然也会给国企改革和现代企业治理结构提出新的要求。

这几年关于国企改革有一个推行"混合所有制"的说法。推行这个改革的意图是进一步优化股东结构，应该说这个说法的出发点是对的，但这个说法具体所指的做法，未必合适，也不科学。众所周知，这个说法的具体含义是指"不同所有制"的混合。笔者认为混合的重点并不是不同的"所有制"，而只要是不同的"法人"联合就可以，其着眼点还是要聚焦于"结构治理"。国企改革比较现实的选择，可以引入同样是国有性质的股东，并在此基础上完善国企的董事会、监事会组成。具体来说，不妨以国资股比占到 70% 的央企为例（其他也可类推）。如果国资占 70% 的，可以将这一部分的股份分为三部分，34%（超过总股份三分之一），仍由国资委持有。余下的 36% 分成两部分，一部分转到社保基金，另一部分转到中投公司（或类似的国有投资运营公司）。这三个出资人都代表国有资本，在企业发展的大目标上肯定是一致的，但对于企业的具体经营管理的要求上是有差异的。社保基金对资产增值和现金分红会有较高的要求，因为他们迫于当期社保基金的支出压力，中投公司作为企业，对现金分红的要求可能低于社保基金，但对资产增值的要求会很高，同时他们作为来自企业的股东或董事会成员，有着丰富的企业管理经验和治理结构的实践经验，与其他股东代表或董事会成员形成相互之间的交流和借鉴，可以弥补国资委作为政府部门或社保基金在企业管理经验和企业治理方面的经验不足。这样一来，三个同为国有性质的出资人，其目标追求既有大方向上的一致，又有具体工作经验的差异，这就有助于强化股东的人格化倾向。由这三个出资人委派的董事、监事，再加独立董事就会在企业治理结构当中形成制衡。同时由于这三个国有股东分属于不同的系统，一般会由不同的上级领导分管。如果三个股东之间产生分歧，或者企业经营存在较大风险，也会通过不同渠道得到及时反映。综上所述，如果非要把目标限定在"所有制"的混合，就提升现代企业治理结构来说，本文认为意义不大。实际上，现在许多上市的国有控股股份公司早就是混合所有制了，许多股民早就持有这些公司的股票，但这些企业的现代企业治理结构仍不理想。现实情况已经说明股东的人格化行为和现代企业治理水平并不与所有制性质画等号。现在仍然泛泛地谈混合所有制，改革的指向和措施就显得不够明确。同时事实也说明即使实现了混合所有制，一般也会由于社会资本的比重太低，股东构成趋于分散，现实环境下实现不了良好的现代企业治理结构，这是其一。其二，如果拘泥于股东的所有者性质，非要找一个或几个社会资本进行所谓的混合所有制改革，这当中涉及资产评估和股权交易等工作费时费力，徒增成本。所以，无论是混合所有制，还是多家国有企业的联合（合资）企业，解决问题还是要回到突出股东的人格化倾向上来。只有这样，才能有利于各类股东之间的对话和合作，促使各类股东都成为积极股东，也有助于突出法人（产权）意识，适应产权制度变革，推动两权分离，更好地引导股东接受法律法规的约束。

这几年也在推广企业职工参加的混合所有制改革。这个做法值得进一步积极探索，可以成立职工参股的持股平台公司。但这类公司只能专门用于参加本企业的股份制改造。可以将此类平台公司作为一类特别的有限合伙企业纳入合伙企业法管理，由法律作出专门的规定。这样既能对接解决企业的混合所有制改造，又能适应国家迈向中高收入阶段后，使劳动者增加新的财产性收入，实现共同富裕的要求。将劳动所得和劳动者资本收入有机结合起来，还会对新形势下资本的作用赋予新的含义。

在优化股东结构的基础上，强化股东的人格化倾向，还应该从股东单位的管理制度入手。具体来说，就是股东单位要通过建立规范地对其所派出董事监事的管理制度来支持和完善所投资企业的治理水平。因为对外投资成立新的独立法人公司后，从理论上讲，投资公司和被投资公司之间不存在上下级的从属关系，相互之间都是独立的法人实体，都独立承担法律上的民事责任。要想实行有效的管理，既合法又合适的方法是通过董事、监事来落实。一方面从投资公司来说，既要让董事、监事有效地行使职权，又要让董事和监事对股东负责，并做到让他们切实负得起这个责任。另一方面从被投资公司来说，董事会监事会作为一个管理监督机构，承担着许多重要的决策职能，但客观上许多公司的董事监事并不常驻在企业，董事会和监事会会议也有一定的时间间隔。再者董事会和监事会会议讨论和审议的有关议题范围广泛，涉及面很广，专业性也比较强，派出的董事监事也需要派出单位的后方支持。如果投资企业（派出单位）没有制定好和贯彻好相关的制度，那么董事会和监事会（被投资企业）的管理监督就会存在缺陷，就不能形成一个完整的闭环。换句话说，加强被投资企业的现代企业治理结构建设，也需要从投资企业着手，投资企业需要在自己内部建立起一套完整的制度体系，来促进或保障被投资企业的现代企业治理结构，尤其对于控股股东来说，这是非常需要的，也是很有实际意义的。笔者分管开发区国资工作时，就曾积极探索并推动了这方面的改革，以适应市场经济改革的要求。2014年4月笔者组织推动开发区控股公司制订了派出董事监事的工作规则，对董事监事的任职资格，董事监事的职责、权利和义务，特别是董事监事的工作规程作出了具体规定，对董事监事出席相关会议。参加投资公司相关事项的投票表决（授权）、信息收集分析、事后汇报检查控制等，都作出了比较详细的规定和规范。做到对外统一授权，履行职责，对内各董事监事与职能部门之间分工明确相互配合各负其责。

这样做既支持了所投资企业的治理结构建设，又完善了投资股东，特别是控股股东的管理制度。

二、减少企业层次

企业治理结构也与企业的结构层次和管理链条有关。企业的对外投资，尤其是居于控股地位的对外投资，要不要纳入现代企业治理结构的内容，有不同的看法。本文认为有必要将此纳入现代企业治理结构的架构，进行深入的讨论。因为对外投资，形成了新的法人财产，作为市场新的主体，独立承担民事责任。当然还会有投资的投资，不断地产生新的主体。如何对投资企业进行管理，这与企业内部的管理是完全不同的。这种情况更符合以上我们关于现代企业治理结构适用的条件。所以有必要将关于现代企业治理结构的讨论延伸到对外投资及其形成的企业层次和管理链条。

为便于讨论，这里不妨先对企业的不同层次作一个界定。本文特指的一级企业对外投资形成"二级企业"，二级企业再对外投资形成"三级企业"，以此类推。这里"一级企业"的界定条件是其股东一般不直接从事生产经营业务，也就是作为其出资人的股东就是个人（自然人股东）和单位（法人股东），他们并不开展具体的生产经营业务，而是仅仅作为出资人而已，股东与公司之间没有生产经营业务上的关联或冲突。本文的"一级企业"往往与习惯当中所说的集团公司相当。

市场经济的本质是通过竞争来提高效率，企业作为一个市场经济的组织主体，毫无疑问必须将提高效率作为适应市场竞争的主要问题加以考虑。这就决定了国有企业的层次架构设置必需对市场反应灵敏。具体来说，国有企业应该采取"横宽纵浅"的层次结构，而应避免"横窄纵深"的层次结构。只有这样的结构模式，才能为提高效率奠定组织架构基础。而现实情况当中，国有企业往往规模较大，客观上就导致企业层次较多，管理链条很长，从而降低了效率，这往往成为国有企业不能适应市场经济的一个重要原因，受人诟病。

先来看看实际情况。在我国的央企中，由于讲究与政府行政级别对应等缘故，组织结构往往呈现出多层金字塔形。企业层次结构有时大于五级甚至更多。以一个相当于"部级"的央企为例，往往对应于省、市、县、乡或部、局、处、科、股的级别，建立起5层或以上的组织结构。按照现代企业治理结构的要求，每一个层级的企业经营和管理都必须遵守企业章程和相关法律法规的规定，有些业务尤其是对外投资的申报和批准等事项都必须逐级完成相关程序。比如包括对外投资在内的许多重大事项，根据《公司法》和企业章程等有关规定，除了企业管理层做出决定外，还需要经过董事会和股东大会批准。如果一个（一个层级）企业的经理层对某项重大事项作出决定后，再按程序先后提交董事会和股东会讨论批准，按照现有规定，董事会在7到10天内，股东会在20到30天内作出决定，都是合理的，也已经算是高效的。这样一来，如果一个基层的公司，由于市场变化和技术创新等原因，需要做出重大技术改造、对外投资或与科研单位联合进行技术开发（涉及股权）等重大决策时，一个层级的公司做出一项决策，前后已经耗时一个月了。从最基层的公司算起，呈报到最高一层的公司批准，那么就是5个月以后的事情了。这还仅仅是理论上的时间累计，实际工作中往往不能达到。到那时技术市场是怎样的变化？合作方是怎样的变化？竞争对手又是怎样的变化？如果涉及跨境设立的公司，那就更难想象了，一切都已时过境迁。这样的效率显然是无法适应市场经济需要的。更不用说管理链条的延长，管理压力的层层递减，徒增管理风险和管理漏洞。而且还会出现信息传递过程中的失真。从组织结构设计和完善现代企业治理结构的角度看，这样的效率显然是不能适应现代市场经济需要的。

再来看看有关组织设计的相关理论。关于"组织"和管理层次的关系，管理学上有很多研究。英国管理学家厄威克认为，上级管理者管理下级的有效数量是4个。后来许多研究者结合技术的发展和管理手段的提高，提出有效管理幅度以8个以下为宜。这里不妨参照一下军队的情况，众所周知，以前军队的体制是"三三制"，即由三个下级单位对应一个上级管理者。或者说每个上级管理三个下级的直线命令单位（当然还有若干个参谋部门）。而现在根据形势的发展，军队的体制已经演变成"集团军"模式，也就是一个上级管理其所辖的接受直线命令的下级单位已经扩大到三个以上，已经出现横宽纵浅的"扁平化"现象。以经济活动为主的企业组织，其组织结构的"扁平化"趋势更加明显。近年来"扁平化"的组织架构越来越受到重视，表面上看这是组织的管理幅度和管理层级问题，本质上这还是组织的"效率"问题。企业作为以提高效率为主要目标的组织，自然应该坚定贯彻这一目标。现代企业，也就是公司制的企业，由于资本的多元化，经营的效率性、管理的复杂性、技术的交叉性和市场的竞争力等等因素，要求企业的管理层次压缩和管理链条缩短。当今社会，随着技术的发展，特别是信息技术和网络技术的发展，管理工作的便利性大大增加，这就使得管理的幅度可以大为加宽，而管理的深度则趋向缩短，也就是组织结构向"扁平化"演变。这种"扁平化"的组织结构更适合于当今社会的潮流，更符合提高效率的要求。

笔者有基层企业和集团公司工作的经历，也曾在开发区分管过国有企业，曾就减少企业层次缩短管理链条做过尝试。2007 年开始，笔者接手分管全区的国有资产管理工作。当时首先面临的是如何确立全区国有资产的管理体制或管理架构。比较突出的一个问题就是要不要成立开发区的区级国有资产监督管理委员会，也就是开发区国资委。根据有关规定，中央、省和市政府都要求建立国资委，但市以下或相应级别的政府要不要建立国资委，允许各地根据实际情况而定。依据这一精神和开发区的具体情况，我们决定将国有资产的监督和管理（运行）职能分开。将监督职能放在财政部门的国有资产管理办公室，由他们承担监督职责。而将管理（运行）职能放在开发区控股公司（国有独资公司）。这样做除了政策允许探索创新的因素外，主要是结合本地的实际情况考虑。开发区国有资产管理的实际情况或特点有：（1）作为基层政府的国有资产管理，需要直接面对的管理对象大多是开展具体生产经营业务的企业。这种情况下国资监管部门承担出资人职责时，经常会面临国有股权的转让，一些股权还需要在资本市场上转让。这时候以控股公司作为企业法人出面更加方便。如果以国资委直接出面，有的时候就不太方便。（2）控股公司作为出资人，对投资企业（也就是具体的生产经营企业）委派董事、监事和推荐高管人员参与企业的管理，更便于对接现代企业治理结构的建立。如果面向市场选聘经理人员推荐到企业担任高管时，处理人员编制性质或实行激励和约束机制，都可以直接对接市场化和企业化的要求。如果以国资委直接出面，无论委派董事、监事，还是选聘经营管理人员，就会碰到一些制度性的障碍。（3）按照管理的组织职能要求，组织设计应该体现"高效率"和"扁平化"的原则。在我区整个国有资产管理体制中，我们原则上要求国有资产的组织架构最多不能超过三层。一般都以实行两层结构为好，也就是控股公司（管理运行平台）和具体业务企业（经营具体业务）。如果其中的某一个业务板块确实需要举办新企业，可以由具体经营企业以对外投资的方式，最多再设立一个下一层级的子公司。有些业务关联度不大的，或者是新领域需要投资发展的，干脆在控股公司下面再设立新的二级子公司。这样就较好地实现了"扁平化"的要求。管理链条一般为两级，即使加上开发区国资管理部门也是三级，符合上文倡导的管理链条控制在三级以内为好的要求。现代信息技术和管理手段的发展，都有力地支持了这种"横宽纵浅"的模式要求。根据我们这些年的实施经验，这种组织架构，既能满足企业经营和业务发展的需要，同时又能实现缩短管理链条，提高管理效率，减少组织成本的要求。

综合以上讨论，笔者的观点是一个集团公司对投资企业的管理最好就控制在三级（三个层级）企业以内，也就是包含"一级企业"在内，企业层次控制在三级以内为好。如果经营业务确有需要往下发展业务，可以通过一级企业和二级企业共同出资的方式，组建二级或三级企业，而应该尽量避免出现四级甚至更多层级的企业。现在有些企业尤其是央企出现"提级管理"的现象，实际上也是缩短管理链条减少管理成本的新尝试。

在各层级企业具体职能的设计或划分方面，一级企业（集团公司）应该重视五大职能和十大能力建设。五大职能分别是：组织、计划、决策、控制和创新。十大能力建设分别是：战略管控能力、市场感知能力、人才开发能力、产业研发能力、资本运营能力、投资管理能力、财（务）金（融）规（范）整（合）能力、审计监督能力、风险控制能力、信息驾驭能力。各层次企业的职能划分以及五项职能和十大能力可见下面的结构图（见图一）。这里特别将市场感知能力排在前面。也有强调市场导向缩短管理链条，体现出一级企业（集团公司）需要直接研究市场的要求。总之，考虑到委托代理关系的存在和多重委托带来的效率和风险因素，尽可能缩短初始委托人和最终代理人之间的链条，将国企层次（独立法人）控制在三层以内为好。

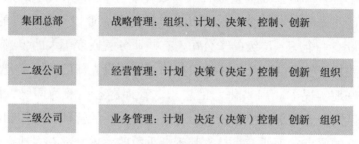

图一　集团公司的三层结构和职能划分

三、董事会和经理层关系是现代企业治理结构的重中之重

现代企业治理结构的核心问题是董事会和经理层之间责权利的优化和制（平）衡。公司股东来源多元化是经济社会发展的必然结果，可以肯定地说，这也是今后发展的大趋势。因此，一方面，要做到反映股东诉求，平衡各方面利益，集思广益，上下沟通，就需要加强董事会的建设。另一方面，由于市场竞争激烈，技术更新加快，要使企业对市场反应灵敏和经营团队执行力高效，又需要加强经理层的建设。这两者看似矛盾，如何辩证地统一，就需要将董事会和经理层的关系作为现代企业治理结构的核心问题来深入研究。对此我们不妨从以下几方面来加深理解。

从人员构成看。经理层及其管理团队一般包括技术、营销、人力资源、财务会计等方面的专业（或职业）管理人才。在组建经理层及其管理团队时，比较注重成员之间的工作经历和知识结构的互补。而董事会成员虽然也有擅长法律、会计和技术工程的专家学者，但成员主体构成还是股东的代表，外界并不看重他们的专业背景，往往更关心他们在股东单位所担任的职务，而独立董事有时候又被认为是中小股东的代表。因此，如果说经理层成员强调的是专业性和互补性，那么董事会构成突出的则是代表性和平衡性。

从行为方式看。经理层采用的是裁决制，有些公司总经理改称总裁，也从一个侧面反映出这一点。经理层及其管理团队的各位成员可以就企业事务发表各自的意见，在此基础上最终由总经理裁决。而董事会采用的是票决制，有些公司董事长改称董事会主席，顾名思义是主持会议的主席者，各位董事必须就各项议题进行表决，最终以得票多少决定议题是否通过。可见经理层强调的是执行力和高效率，董事会则突出意见的代表性和程序的合规性。

从工作目标的价值取向看。经理层及其管理团队的薪酬直接与企业的经营业绩挂钩。而董事会成员一般并无薪酬，他们关注的是资产（投资）的回报率。因此，如果说经理层关联的是劳动（工作）所得，那么董事会则看重资本利得。

从信息是否对称看。信息是否对称，越来越成为市场或企业治理的重大问题，也是经济学和社会各界重点研究的现象。经理层作为企业日常经营的管理者，自然是掌握企业内部信息的一方。而股东、市场相关方（如债权人）、社会公众和监管机构，又是信息不对称的一方。要解决这个矛盾，相关制度多有规定或越来越倾向于通过董事会会议来解决这个问题。因此，对于企业内部信息，经理层客观上会存在保密的初衷和动机，而董事会则需要有制衡的机制和制度。

综上所述，我们就不难认识到董事会和经理层之间的关系有以下特点：（1）现代企业要求所有权和经营权的分离往往在此得到集中体现。（2）各方追求更高效益和承担有限风险在此实现辩证统一。（3）企业适应市场经济高效率要求和采纳各方专业性意见的优势在此有机结合。因此。必须将董事会和经理层的关系作为现代企业治理结构的重中之重。本节的题目是"提升现代企业治理结构水平",但集中指向就是这个重中之重的问题。

从我国改革开放的实践过程看。国企改革也是围绕着两权分离的平衡和制衡展开。改革开放以来国企改革的进程,大致经历了三个阶段。第一阶段是 1978—1988 年,该阶段国企改革的重点内容或重要抓手是承包经营,主要是借鉴农村改革成功的经验。第二阶段是 1989—1992 年,以《全民所有制工业企业法》公布和试行为标志,正式提出了"两权分离",即经营权与所有权分离。第三个阶段是 1993 年开始到现在仍在继续,以党的十四大把建设社会主义市场经济作为改革目标,同时对国企改革提出建立"产权清晰,权责明确,政企分开,管理科学"的现代企业制度的要求。我们可以提炼出这三个阶段改革的重点标识分别为:承包经营、两权分离和权责明确的企业治理。不难发现,这当中都涉及一个关键词"权"。承包经营强调的是权力的下放,两权分离强调的是权力的分构,企业治理强调的是权力的平衡和制衡。由以上国企改革和发展的轨迹来看,我们可以体会到改革的重点就是责权利的统一,或者说必须构建适应市场经济的责权利的统一。而企业能将这个责权利实现辩证统一而又内化处理的关键环节就是董事会和经理层的关系如何处理。

关于董事会和经理层的职能划分,各种讨论文章汗牛充栋,也不乏相关的文件规定,但实际工作当中仍然是矛盾不少。笔者认为加强董事会和经理层的治理结构建设,可以从企业内部的机构设置和工作制度着手,这是一个比较现实的举措。换言之,通过对职能部门的设置和工作流程的梳理,来探索和优化董事会和经理层的工作关系。

现代企业的治理结构中,涉及的机构有股东会、董事会、监事会和经理层。有必要先说一下经理层与管理层的名称问题。许多地方或文章都把经理层称为管理层,这里有必要对此作出更精确的界定。事实上,股东会、董事会和监事会从广义上讲都具有管理的功能和责任,都是从不同的角度承担着一部分管理的职能。单独将承担企业日常经营管理工作的经理层称为管理层，并不确切，也容易与其他"三会"的管理职能混淆。所以应该将企业的高管人员或经营班子称为"经理层"更加符合实际，也便于从管理的角度区分股东会、董事会、监事会和经理层的工作性质和工作任务。

回到我们对企业治理结构的讨论。在上述所提的"三会一层"中，董事会与经理层的关系无疑处在现代企业治理结构的核心地位，这一点随着现代企业制度的发展越来越得到证明，也越来越为人们所认识。企业作为社会经济活动的细胞，要具有活力，要追求工作效率和经济效益，就必须尽可能缩短与市场的距离。客观上要求经理层对市场变化快速反应，需要适当的集权，要有很强的执行力。但另一方面，市场经济越来越复杂，技术发展越来越专业，股东的权益客观上又要求控制风险并慎重决策，还要周全应对各方的诉求。这就要求加强董事会的作用和地位。如果说现代市场经济越来越需要企业经理层趋向集权化和加强执行力，那么也越来越需要董事会加强决策和控制职能的建设。这是现代企业治理结构必须同时得到贯彻的原则。换言之，"两手都要硬"是现代企业治理结构的关键。

国有企业的治理结构除了一般的企业治理结构要素外，还要考虑加强党的领导，使党的领导和企业治理结构形成有机的整体。要贯彻这一原则，应该将党委工作融入现代企业治理结构，要将党委工作部门与董事会和经理层的部门统筹考虑，形成有机结合。三者之间的具体职能部门的设置和对应关系可以用图二表示。党委的工作部门和董事会的工作部门可以考虑合署办公。经理层的职能部门则需要与上述部门分开。可以将党委会定位为企业的"领导"中心，董事会定位为"运筹"中心，经理层定位为"运营"中心。董事会负责发展谋划，经理层负责日常经营。

根据笔者的自身经历和跟踪观察，涉及具体人事安排和工作流程，有几点值得强调。

一是董事长兼任党委书记，将党的政治领导和法人财产的管理监督有机结合起来。总经理进入党委会，除总经理外，其他经理层人员不进

党委会、董事会、经理层职能部门的对应设置

● 董事会：	● 党委会：	● 经理层：
● 办公室 →	● 办公室	● 办公室
● 提名委员会 →	● 组织部 ——	● 人事部
● 审计委员会 →	● 纪检监察室 ——	● 审计部
● 发展战略委员会 →	● 发展（政策）研究室 ——	● 企划部
● 董事会秘书 →	● 宣传部 ——	● 公关部
● 考核委员会		● 财务部
		● 业务部门
		……

图二　党委会董事会经理层工作部门

入董事会。经理层或部分成员逐步过渡到职业经理人。

二是具体工作程序可以掌握以下原则：讨论人事和干部问题，党委会在经理层和董事会之前，职能部门工作有具体关联的，则需进一步划分界定。如董事会的提名委员会、党委的组织部和经理层的人事部（或人力资源部）三者之间就既有交叉又有区别。如企业高管等人事问题，在董事会会议前先由党委会讨论，然后提交董事会。企业高管的聘任由组织部门（提名委员会）考察，也就是党委和董事会决定。企业员工的招聘和晋升由经理层决定。企业中层干部可以由党委决定，也可以由经理层决定，还可以将中层正职划到党委（组织部）管理，中层副职由人事部（经理层）管理。二级企业的经理层人员可照此办理。这一条可以根据各企业的情况适当调整。

三是对于经营业务类事务的处理。讨论重大经营问题，如财务预决算和对外投资，党委会在经理层和董事会之后，股东会之前。还可以将党委会决定批准的事项分成两类，一类放在董事会会议之前，另一类放在董事会会议之后。原则上将是否需要股东大会批准作为划分标准。对企业重大决策，先由董事会讨论，再提交党委会，党委会同意与否可以通过股东大会表决的方式来实现，因为董事会实行的票决制，也就是少数服从多数；而股东大会实行的股份比例制，国有企业基本上国有股权比例较高，党委会的决定通过股东表决，自然能得以实现。这样既能发挥董事会联系市场广泛，长于经济管理的作用，又能使党委会通过股东

大会保证企业发展方向符合要求。另一类不需要股东会决定，只要董事会决定的经济事务，则党委会讨论放在董事会之前。

就国企改革来说，完善现代企业治理结构，还应注意以下几个重点内容。

第一，平衡好出资人与相关利益方的关系。各位出资人共同出资建立新的企业法人组织，目的是创造经济效益，发展生产力。此过程势必会涉及多方的利益。企业除了涉及各位出资人也即各位股东的关系外，还涉及债权人、供应商、消费者、企业员工等方面的关系。如何处理其中的各种责权利关系，自然也成了现代企业治理结构的重要内容。而且企业与各利益相关方的关系还会呈现出动态变化的趋势。譬如，随着员工持股的推广，企业职工既可以作为劳动者在企业获得劳动报酬，又可能作为职工股东而分享资本收益。又譬如随着可转债等金融创新业务的出现，有些机构有时会作为债权人，有时又会作为出资人，或同时作为出资人和债权人出现。所以推进各方利益的良性互动，也是现代企业治理结构的重要内容，必须认真对待。

第二，提高信息披露质量。随着人均收入水平提高，社会财富增加和社会资本越来越多元，股份公司、上市公司也会越来越多。作为"公众"公司，高质量的信息披露也越来越重要，这不仅对公司本身发展至关重要，即使对整个市场经济的稳定也影响很大。众所周知，信息不对称容易诱发内部人控制。这一点对于国有企业来说，更有其特殊意义。因为从理论上讲，国有企业是"全民所有"。但由于信息不对称或出资人的人格化倾向弱化等原因，信息不透明或信息不及时，往往为人诟病。现在关于信息披露的相关规定，应该说不少，这里不一一记述。需要强调的是，现阶段相比信息披露的制度，倒是信息披露的文化远远落后。按理说从计划经济转轨到市场经济，或者说以公有制为主体的社会环境，这方面的文化应该走在前面才是。但实际情况并非如此，多年来信息打假屡屡见报，就能说明此问题的严重性。所以这方面改革仍然是任重道远，国有企业应该走在前面。

综上所述，社会主义市场经济不可能没有国有（控股下同）企业，而国有企业又不能没有效率，那么做好现代企业治理结构就是最现实的选择，也是最务实的措施。在改革开放 40 多年后，我们深入探讨国企改革的问题，特别是讨论国企的现代企业治理结构问题，仍然具有重要意义。

先从我们国家面临的发展阶段来看。我们进入人均中等收入阶段后，一方面，用于投资的社会资本越来越多，居民个人和各类组织共同投资的形式，特别是股份有限公司的形式越来越成为联合投资（联合资本）的主要形式。另一方面，为了实现共同富裕的目标，国家政策和体制机制也应该支持和鼓励老百姓获得财产性的收入。综合以上两个因素，公司特别是股份公司的现代企业治理结构问题就会成为全社会关注的问题，也是与老百姓息息相关的话题，所以我们讨论现代企业治理结构不仅具有现实意义和时代意义，甚至说它具有历史意义也不为过。这当中国有企业的现代企业治理结构建设自然更是重中之重。

再从国际环境看。经合组织 OECD（经济合作与发展组织）1999年第一次推出《公司治理原则》，这是第一个为公司治理结构开发出的国际标准，得到国际社会的积极响应。该原则为各国政府部门制定有关公司治理结构的监管制度提供了参考。也为公司、投资者及其他参与者或利益相关方的治理行为提供了指导。其后该原则又在 2004 年和 2015年经过两次修订。我国作为参与修订国，赞成并推广《公司治理原则》，这也是我们融入世界经济，坚持对外开放的重要一环。我们讲对外开放，就是要连接国内国外两个市场，利用国内国外两种资源。一个市场大还是两个市场大？当然是两个市场大。一种资源多还是两种资源多？当然是两种资源多。而企业正是利用两种资源，连接两个市场的主体。不难设想，提升现代企业治理结构水平，正是我们与国外企业加强联系的共同语言，同时结合国情创新实践，并以此为契机找到提升现代企业治理结构水平的学理依据和叙事逻辑，也是我们进一步提升对外开放水平的应有之义。

我国已经正式提出加入 CPTPP（全面与进步跨太平洋伙伴关系协定）。对国有企业的活动有明确要求正是 CPTPP 的一大特点。通过本文的讨论，不难理解市场经济本身对市场活动参与者的所有制并没有限制，市场经济的本质是通过竞争提高效率。换言之，只要能够适应市场经济提高效率的要求，国有企业的性质并不构成我们加入 CPTPP 的障碍。我国也已经表明要参与 WTO 改革的意愿，可以预计国企改革也是 WTO 改革绕不开的话题。又通过本文的讨论，相信大家都会进一步认同国有企业通过改革提高效率的关键正是完善和提升现代企业治理结构的水平。

综上所述，我们可否充满自信地举起市场经济的旗帜、国企改革的旗帜和提升现代企业治理结构的旗帜，不仅关系到我国提升社会主义市场经济生命力和影响力，也关系到我们进一步扩大制度型开放的话语权和主动权。

参考文献

［1］罗纳德·哈里·科斯. 企业、市场与法律［M］. 盛洪、陈郁，译. 上海：格致出版社、上海三联书店、上海人民出版社，2009.

［2］卢现祥. 西方新制度经济学［M］. 2 版. 北京：中国发展出版社，2003.

［3］陈振明. 政府再造［M］. 北京：中国人民大学出版社，2003.

［4］威廉·西尔伯. 力挽狂澜——保罗·沃尔克和他改变的金融世界［M］. 綦相、刘丽娜，译. 上海：上海财经大学出版社，2013.

［5］世界银行项目管理编写组. 世界银行项目管理［M］. 北京：中国财政经济出版社，1983.

［6］联合国工业发展组织. 工业可行性研究编制手册［M］. 进出口管理委员会调研室，译. 北京：中国财政经济出版社，1981.

［7］国家发改委、建设部. 建设项目经济评价方法与参数［M］. 3 版. 北京：中国计划出版社，2006.

［8］国务院技术经济研究中心. 可行性研究及经济评价［M］. 太原：山西人民出版社，1984.

［9］国家计委. 建设项目经济评价方法与参数［M］. 北京：中国计划出版社，1987.

［10］可行性研究的内容和方法编写组. 可行性研究的内容和方法［M］. 北京：中国社会科学出版社，1982.

［11］L. E. 布西. 工业投资项目的经济分析［M］. 陈启申等，译. 北京：机械工业出版社，1985.

［12］联合国工业发展组织. 项目评价准则［M］. 北京：中国对外翻译出版公司，1982.

［13］联合国工业发展组织. 项目评价实用指南［M］. 北京：中国对外翻译出版公司，1982.

［14］吴国盛. 科学的历程 ［M］. 长沙：湖南科学技术出版社，2015.

［15］冯跃威. 三权鼎立 ［M］. 北京：石油工业出版社，2016.

［16］约瑟夫・熊彼特. 经济发展理论——对于利润、资本、信贷、利息和经济周期的考察 ［M］. 何畏、易家祥等，译. 北京：商务印书馆，1991.

［17］黄薇. 汇率制度与国际货币体系 ［M］. 北京：社会科学文献出版社，2014.

［18］徐则荣. 熊彼特 ［M］. 北京：中国财政经济出版社，2006.

［19］周炜. 解读私募股权基金 ［M］. 北京：机械工业出版社，2008.

［20］宋国友. 中美金融关系研究 ［M］. 北京：时事出版社，2013.

［21］金碚. 中国制造 2025 ［M］. 北京：中信出版公司，2015.

［22］易纲、吴有昌. 货币银行学 ［M］. 2 版. 上海：格致出版社、上海人民出版社，2014.

［23］李弘. 图说金融史 ［M］. 北京：中信出版公司，2015.

［24］方振邦、徐东华. 管理思想史 ［M］. 北京：中国人民大学出版社，2014.

［25］张纲. 公共管理学引论 ［M］. 杭州：浙江大学出版社，2003.

［26］郭咸纲. 西方管理学说史 ［M］. 北京：中国经济出版社，2003.

［27］周三多. 管理学原理与方法 ［M］. 2 版. 上海：复旦大学出版社，1997.

［28］兰德尔・K. 莫克. 公司治理的历史 ［M］. 许俊哲，译. 上海：格致出版社，上海人民出版社，2022.

［29］中共中央文献研究室. 习近平关于社会主义经济建设论述摘编 ［M］. 北京：中央文献出版社，2017.